Elegia erótica romana

FUNDAÇÃO EDITORA DA UNESP

Presidente do Conselho Curador
Mário Sérgio Vasconcelos

Diretor-Presidente
Jézio Hernani Bomfim Gutierre

Editor-Executivo
Tulio Y. Kawata

Superintendente Administrativo e Financeiro
William de Souza Agostinho

Conselho Editorial Acadêmico
Áureo Busetto
Carlos Magno Castelo Branco Fortaleza
Elisabete Maniglia
Henrique Nunes de Oliveira
João Francisco Galera Monico
José Leonardo do Nascimento
Lourenço Chacon Jurado Filho
Maria de Lourdes Ortiz Gandini Baldan
Paula da Cruz Landim
Rogério Rosenfeld

Editores-Assistentes
Anderson Nobara
Jorge Pereira Filho
Leandro Rodrigues

Paul Veyne

Elegia erótica romana
O amor, a poesia e o Ocidente

Tradução
Mariana Echalar

editora
unesp

© 1983 Éditions du Seuil
© 2013 Editora Unesp
Título original: *L'élégie érotique romaine – L'amour, la poésie et l'Occident*

Fundação Editora da Unesp (FEU)
Praça da Sé, 108
01001-900 – São Paulo – SP
Tel.: (0xx11) 3242-7171
Fax: (0xx11) 3242-7172
www.editoraunesp.com.br
www.livrariaunesp.com.br
feu@editora.unesp.br

CIP – Brasil. Catalogação na publicação
Sindicato Nacional dos Editores de Livros, RJ

V662e

Veyne, Paul, 1930-
    Elegia erótica romana: o amor, a poesia e o Ocidente / Paul Veyne; tradução Mariana Echalar. – 1. ed. – São Paulo: Editora Unesp, 2015.

    Tradução de: L'élégie érotique romaine: L'amour, la poésie et l'Occident
    ISBN 978-85-393-0602-2

    1. Poesia elegíaca latina – História e crítica. 2. Poesia erótica latina – História e crítica. 3. Amor na literatura. I. Echalar, Mariana. II. Título.

15-24471   CDD: 871.0093538
                                                                                      CDU: 821.124'02-1

Editora afiliada:

Asociación de Editoriales Universitarias
de América Latina y el Caribe

Associação Brasileira de
Editoras Universitárias

STELLAE CANDIDAE VENTVRI SACRVM

Sumário

1 – Prólogo e pequena antologia   9
2 – Calímaco e o humor lírico   31
3 – Confidências falsas: maneirismo e humor   59
4 – Falsas confidências: o típico   91
5 – A má sociedade   121
6 – Da sociologia à semiótica   157
7 – A pastoral em traje de passeio   183
8 – Natureza e uso da mitologia   209
9 – A ilustre escravidão e a Dama Negra   235
10 – O paradoxo divertido e o
    processo do prazer   267
11 – Pragmática: com que direito você publica sua vida
    privada?   297

Epílogo – Nosso estilo intenso ou por que a poesia antiga nos
    entedia   313
Índice dos poemas comentados   327
Referências bibliográficas   329

1
Prólogo e pequena antologia

A elegia é uma das formas de arte mais sofisticadas de toda a história das literaturas; também não há muitas cuja natureza seja tão mal conhecida. Duas ou três décadas antes do início da nossa era, jovens poetas romanos, Propércio, Tibulo e, na geração seguinte, Ovídio, começaram a cantar episódios amorosos na primeira pessoa, com seu nome verdadeiro, e atribuir esses diversos episódios a uma única e mesma heroína, designada por um nome mitológico; a imaginação dos leitores se povoou de casais ideais: Propércio e Cíntia, Tibulo e Délia, Ovídio e Corina. Na Grécia e em Roma, esses gêneros poéticos eram classificados de acordo com a métrica em que eram escritos, do mesmo modo que classificamos as danças de acordo com o ritmo; esses versos de amor eram em ritmo elegíaco (que fora empregado também em poemas de luto, versos didáticos, sátiras etc.); falamos, portanto, de elegia erótica romana.

Até aqui, podemos imaginar que estamos em território conhecido; pensamos em Dante ou Petrarca contando seus amores platônicos por Beatriz e Laura, nos trovadores cantando uma nobre dama sob um pseudônimo ou *senhal*, em Scève com sua

Délia, em Ronsard com sua Cassandra. E é bem verdade que a elegia romana teve uma posteridade no Ocidente que, legítima ou não, durou até Lamartine ou Aragon. Contudo, há uma primeira diferença, que não será a última nem a mais importante; por Délia, Cassandra ou Diana, Scève, Ronsard ou Aubigné suspiraram em vão (essa era a lei do gênero, ou quase), já os nossos romanos não encontraram mulheres insensíveis em suas heroínas. Exceto em elegias em que eles mendigam uma a uma as noites de amor com sua heroína: pressupunha-se em princípio que a heroína distribuía seus favores como quisesse e a todos que quisesse. Essa heroína, apesar de adorada por nobres poetas (a elegia é uma poesia da alta sociedade), não é uma dama nobre, ao contrário de sua posteridade literária; o que ela era? Uma irregular, uma daquelas com quem os homens não se casam: nossos poetas não dizem mais do que isso, e veremos que não precisam dizer mais para que o gênero elegíaco seja o que é. São, portanto, adoradores que estão dispostos a tudo pela amada, exceto casar-se com ela. Isso seria patifaria, se fosse verdade; mas, como tudo acontece no papel, começamos a entender o que era a elegia romana: uma poesia que defende o real apenas para introduzir uma imperceptível fissura entre ela e ele; uma ficção que se desmente, ao invés de ser coerente consigo mesma e competir com o registro civil. Entre os modernos, a analogia mais próxima talvez seja Gôngora ou o *Divã ocidental*, de Goethe, que chamamos de ironia goethiana. Adivinhamos com que satisfação os semiólogos e todos os químicos da literatura se debruçariam sobre um composto tão refinado.

Adivinhamos também que o contrassenso é inevitável. A heroína é uma impura, portanto a elegia será um retrato do mundo das mulheres de reputação duvidosa, ou melhor, lembrará a arte dos bairros de prazer do Japão antigo, com suas honoráveis cortesãs, já que um paganismo vale por outro. O poeta e adorador diz "eu" e fala de si próprio com seu nome verdadeiro, Propércio ou Tibulo: acreditamos encontrar traços dele em sua posteridade petrarquista e romântica, e não duvidamos que ele exprima sua paixão, que nos faça confidentes de seus sofrimentos e percorra por todos nós o caminho real do coração humano. A bem dizer, os comentadores cultivaram esse contrassenso psicologista com muito mais gosto do que o contrassenso sociologista; preferiram não saber o que os amores elegíacos tinham de pouco edificante. Em 1957, E. Pasoli teve de explicar que, na elegia I, 5, Propércio não fazia uma advertência a um amigo que pretendia separá-lo de sua bem-amada, mas que o poema se referia a uma situação "infinitamente mais delicada": o amigo em questão era um dos muitos amantes esporádicos de Cíntia, o próprio Propércio é apenas um deles e sente-se amigo e irmão desse rival que não exige exclusividade; ele o adverte do perigo de se apegar demais a Cíntia, pois uma mulher tão atraente é perigosa. Acredito, na verdade, que Propércio, ou melhor, o Ego que ele põe em cena, sofre menos com as ferroadas do ciúme do que teme as correntes da paixão, que na Antiguidade era considerada uma fatalidade trágica, uma escravidão, uma ilustre infelicidade.

Mas Propércio diz "eu", como fizeram desde então tantos autores de romances policiais que adotaram como pseudônimo o nome do detetive que inventaram ou deram a este último o verdadeiro nome deles; portanto, esse ego foi considerado a confissão de um poeta romântico. Os estudiosos se debruçaram sobre sua alma, estudaram sua psicologia, reconheceram nele um virtuoso do ciúme, uma natureza doída e orgulhosa; de Tibulo, cujo humor evoca campos que são como os do Trianon ou de *Astreia*, admiram a natureza sonhadora, temerosa, talvez um pouco fraca, mas que sabe apreciar a vida simples do campo. E escrevem uma estante inteira de biblioteca sobre a história da vida sentimental desses homens, sobre a cronologia de sua ligação com as amantes hipotéticas que teriam sido cantadas com os nomes poéticos de Délia ou Cíntia, sobre as datas de suas brigas e reconciliações, e sobre as dificuldades e contradições dessa cronologia. A candura filológica foi tão longe que eles raramente se deram conta de que a brincadeira favorita dos nossos elegíacos era confundir vinte vezes Cíntia, nome da heroína, e *Cíntia*, que designa o livro em que eles a cantam e cujo título poderia ser legitimamente o nome da amada; porque eles são mais autores do que amantes e são os primeiros a se divertir com a ficção. Propércio, orgulhoso de sua jovem celebridade, acusa comicamente "Cíntia" de ter transformado os amores de seu poeta na fábula que Roma inteira comenta (II, 20); quando proclama, no poema final do Livro III: "Fui teu escravo fiel durante cinco anos, ó Cíntia, mas agora acabou", não concluímos que sua ligação com o modelo de Cíntia começara cinco anos antes, mas apenas que a publicação dos três livros dedicados ao nome de Cíntia se estenderam por cinco anos na vida do poeta.

O leitor pode ficar tranquilo: a ironia elegíaca é comumente mais sutil que esses jogos "de segundo grau". O que nossos poetas dizem parece ser a expressão da mais viva paixão; é a maneira de dizer que desmente essa aparência: ela carece voluntariamente de naturalidade. Isso está longe de resolver a questão da suma sinceridade dos poetas; ao contrário, torna-a mais difícil. De fato, é mais difícil ver como um quadro é pintado do que ver o que ele pretende representar e salta à vista. Eu era um jovem professor e o programa do concurso de admissão me levou a explicar Tibulo; eu o li, consultei tudo o que pude da bibliografia e, do alto da cátedra, comecei a comentar uma das elegias do poeta e a analisar sua alma. À medida que o tempo passava, senti um mal-estar provocado pelo som das minhas próprias palavras: como ninguém viu que o rei estava nu e que tudo o que eu dizia sobre o nosso poeta, como tantos outros, estava equivocado? Em seus versos ternos ou apaixonados, é difícil pensar que o poeta não esteja sendo sincero, mas não é menos difícil não desconfiar que ele esteja brincando; os detalhes são verdadeiros no geral, mas o conjunto soa falso. Gritos de ciúme, de desespero, são interrompidos ao fim de dois versos para dar

Elegia erótica romana

lugar a uma voz sentenciosa, que logo é seguida de uma alusão da mitologia galante... A elegia romana parece uma montagem de citações e gritos vindos do fundo do coração;[1] essas mudanças de tom tão bem controladas não tentam nem mesmo passar por efusões líricas; o poeta procura sobretudo a variedade. Ele não se nega nenhum atrativo, nem mesmo alguns versos ardentes, desde que o ardor fique em seu devido lugar e seja emoldurado, nesse mosaico, por outros materiais que o tornem irreal; o próprio movimento do poema, extremamente concertado, tira dele até mesmo a aparência de uma efusão.

O poema que vamos ler (Propércio, II, 28) dá uma ideia dessa arte bizarra, em que a sinceridade não está naquilo que se espera. Propércio deveria sofrer pela doença mortal de Cíntia; apreciaremos como convém esses versos humorísticos e cheios de mitologia galante, em que o perigo mortal que ameaça a bem-amada permite ao adorador brincar com as falsas juras de amor, as rivalidades entre as moças, que falam mal umas das outras, as crenças ingênuas do povo, que aprova ou reprova a conduta dos deuses no mesmo tom com que fala do governo, a devoção das mulheres que prometem à deusa Io um certo número de noites de castidade:

> Júpiter, tenha piedade enfim de uma moça doente: que tão bela mulher morra, e serás criticado. Pois eis a estação em que o ar ferve, é a canícula, a terra quase queima. Mas não critiquemos o céu: a culpa é menos do calor do que da recorrente falta de respeito aos deuses veneráveis; é o que perdeu e perde ainda tantas pobres coitadas: suas promessas são escritas na água e no vento. Ou então é Vênus, magoada porque lhe compararam a minha amada? Pois ela é deusa a querer mal às belas que são tão belas quanto ela. Ou

---

1 Boucher, *Études sur Properce*, p.443: "Um fundo bastante distante de sentimentos pessoais exprime-se por quadros literários numa forma que, na verdade, é muito impessoal, apesar da narrativa na primeira pessoa".

então falaste desdenhosamente de Juno, afirmaste que os olhos de Minerva não eram tão belos. Belas, não sabeis jamais conter vossa língua; tua língua é que te vale teus infortúnios e é tua beleza. Uma hora mais clemente, em um dia decisivo, chegará ainda assim para ti, por entre todos os acidentes de uma vida agitada. Io, que mudou de cabeça, primeiro mugiu durante anos; hoje, bebe como deusa a água do Nilo que bebeu como vaca.[2] E Ino! Na infância, ela vagou de terra em terra; é a ela que hoje imploram os marinheiros em perigo chamando-a Leucoteia. Andrômeda foi sacrificada aos monstros marinhos: a esposa de Perseu não o foi menos, como se sabe. Calisto vagou como uma ursa pelas solidões[3] da Arcádia: é ela, como astro noturno, que orienta nossos navios. Pois bem, se a morte[4] deve avançar a hora do teu repouso, o túmulo fará também de ti uma mulher realizada; sob a terra, poderás explicar a Sêmele como é custoso ser bela e ela acreditará em ti, mulher instruída por seu próprio infortúnio. Tu terás a primeira posição entre todas as heroínas de Homero; nenhuma ta recusará. Por enquanto, acomoda-te como puderes ao golpe que te atinge: os deuses podem mudar e a boa fortuna de cada dia também muda; mesmo a conjugal Juno poderá perdoar: quando uma mulher morre, também Juno cede.

---

2 Esse verso II, 28, 18, deve ser construído assim: *nun (bibit) dea Nili flumina quae bibit vacca*. Exemplo banal de "elipse inversa" (o primeiro emprego da mesma palavra é que é subentendido, não o segundo) e de inclusão do antecedente (*Nili flumina*) na relativa.

3 Solidões: *agros*; sobre o sentido da palavra, cf. Fränkel, *Ovid: ein Dichter zwischen zwei Welten*, p.215, n.178.

4 A morte: esse é o sentido de *fata* na poesia. Cf. um verso de Pedo Albinovanus (citado por Sêneca Pai): navegantes bloqueados pelo gelo e pela neblina *"se feris credunt per inertia fata marinis/ quam non felici laniandos sorte relinqui"* – "acreditaram-se abandonados para ser despedaçados pelos monstros marinhos, em uma morte [*fata*] passiva; destino [*sorte*] quão pouco invejável!". (O ablativo *sorte* não é complemento de agente nem de modo; *quam non felici sorte* está em aposição à frase toda; ora, uma aposição de frase vai normalmente no ablativo.)

Julgue o leitor se isso é linguagem de um homem apaixonado. Não sei se esses versos o entusiasmaram, mas que leia a continuação, pois ela oferece efeitos poderosos de claro-escuro e, mesmo com esse ar estranho, é realmente bonita; ele verá também que Propércio pode ser tão sincero quanto Villon:

> As rodas mágicas que giravam a poder de encantamentos param, o laurel fica meio queimado num fogareiro extinto, a Lua se recusa a descer mais uma vez do céu e o pássaro negro proferiu o presságio fatal. Um mesmo navio de morte transportará nossos dois amores, a vela em luto[5] cruzando rumo ao lago do inferno. Por misericórdia, tem piedade de duas existências, senão de uma: se ela viver, viverei eu, perecerei se ela perecer. A promessa que te deverei serão versos e neles escreverei: "Por indulgência do grande Júpiter, uma mulher ainda vive"; ela, de sua parte, virá te oferecer um sacrifício e depois se sentará a teus pés; e, sentada, contar-te-á suas longas provações.

A devoção popular exigia que as pessoas frequentassem os templos, ficassem sentadas junto das imagens dos deuses, fizessem confidências a eles. Finalmente, a saúde de Cíntia melhora um pouco, a doença dá uma trégua; ao menos é o que devemos supor, porque o poeta, com uma daquelas descontinuidades às quais a elegia está acostumada, continua nestes termos:

> Deusa dos infernos, que teu presente abrandamento permaneça, e tu, deus seu esposo, queira não voltar a ser cruel. Há tantos milhões de belas em vossa morada! Com vossa permissão, que haja ao menos uma bela mulher na terra. Jopé está em vossa morada, e a branca Tiro; Europa está em vossa morada, e a desonesta Pasífae,

---

5 Esse sentido de *caerulus*, "cor de luto", é bem claro no *Oxford Latin Dictionary*. E, sobretudo, em J. André, *Étude sur les termes de couleur dans la langue latine*, p.169.

e todas as belas, as que engendraram a antiga Troia, a Grécia, Tebas ou o reino destruído do velho Príamo. Não há filha de Roma entre elas que não seja também uma morta: a ávida pira é dona de todas. A beleza não é eterna e ninguém prospera perpetuamente; cada um tem sua morte, que o espera mais ou menos à distância. Mas tu, sol da minha vida, já que o perigo de morte teve misericórdia de ti, paga a Diana o que lhe deves: danças; paga também as noites de oração que prometeste àquela que, deusa hoje, foi bezerra antes. E, a mim, deves-me dez noites.

Quando o poeta passa da amante de escrivaninha para a condição humana em geral, o humor dá lugar a uma melancolia sincera; mas ainda assim termina num tom libertino, para a alegria do leitor.

Nosso poeta e sua heroína fazem *ménage à trois* com o leitor (ou, mais precisamente, com o narratário); muito ciente de seus efeitos, o poeta entra em cena diante desse leitor que o julga e fala sem se dirigir a ninguém. A lei do gênero exigia que a elegia tivesse como palco um meio mundano, considerado irregular, e que o poeta não se desse conta disso: entregue a sua paixão, Ego parece não se surpreender com os costumes desse mundo; e, como também postulava a lei do gênero, isso não deveria surpreender o narratário, isto é, o leitor ideal; o poeta fala de maneira a confirmar o julgamento do narratário e, para satis-fazê-lo, finge a maior naturalidade e a mais viva paixão nesse meio tão particular. Daí a troça que supostamente Propércio escreveu a um amigo pouco leal:

É possível confiar ainda ao Amor a guarda de uma beleza rei-nante? Eis como por pouco minha amada não me foi surrupiada! Quando se trata de amor, ninguém mais é leal: falo por experiência própria. Uma beldade, em geral, todo mundo a quer para si. Paren-tes, amigos, esse deus emporcalha e mistura tudo; ele faz brigar os que se davam bem. O amante de Helena apresentou-se como hóspede no lar conjugal e um desconhecido foi seguido por Medeia. Pérfido! Tocaste a minha Cíntia? Tu! E não caíste das nuvens? E se ela não tivesse sido tão decidida, tão firme? Terias sobrevivido a infâmia semelhante? Entrego-me a ti de pés e punhos atados: tudo que te peço é que não a toques mais. Meu corpo, meus bens serão teus como são meus; ó meu amigo, entra na minha casa como se fosses dono dela. Mas, suplico-te, não na minha cama! Não te peço nada mais. Alguém como eu não conseguiria suportar ter como rival Júpiter em pessoa.[6] Mesmo quando estou sozinho, tenho ciúme de um nada, da minha sombra; sou um tolo que treme por tolices.[7] Enfim, a todo pecado misericórdia: tu tens a desculpa de ter bebido. Mas, de hoje em diante, grandes ares austeros não me enganarão mais; o amor é bom, todos sabem, sem exceção... Pois eis meu nobre amigo que, por sua vez, perde a cabeça. A única coisa que me alegra nesse caso é que venhas prestar homenagem[8] ao deus que é o meu. (II, 34 A)

Esse deus é o Amor, naturalmente.

A elegia trata as irregulares como heroínas de Fábula e os senhores como apaixonados tímidos. Sem a sinceridade passional, desmentida pelo maneirismo, a elegia seria o retrato de certa sociedade, de um mundo de prazeres? Esse tipo de mundo existia e vamos descrevê-lo em detalhes. Mas a elegia não é um retrato desse mundo de gente de reputação duvidosa e as

---

6 Acontecia de um deus apaixonar-se por uma matrona e, nesse caso, o marido reconhecia, como em Molière, que "uma partilha com Júpiter não tem no fundo nada que desonre"; "salve, velho, tu cuja esposa Júpiter dignou-se a escolher para esposa", diz Menelau a Tíndaro, para ser honroso com ele, em *Orestes*, de Eurípides. Cf. também Flávio Josefo, *Antiguidades judaicas*, XVIII, 3, 73.

7 Trata-se provavelmente de um ditado (desconhecido, que eu saiba).

8 Esse verso deve ser construído assim: (id) *solum laetor, te adire deos nostros*, em que *solum* é um neutro. *Adire* se diz da entrevista que um homem comum consegue de um magistrado, ou de um potentado, para cumprimentá-lo e apresentar-lhe uma súplica. Cf. cap.7, n.19.

Paul Veyne

objeções que René Martin[9] me apresentou têm fundamento. Ela não retrata absolutamente nada e não exige de seus leitores que reflitam sobre a sociedade real; ela se passa num mundo de ficção, em que as heroínas são também mulheres levianas e a realidade é evocada apenas por lampejos, e por lampejos pouco coerentes; de uma página para outra, Délia e Cíntia podem ser cortesãs, esposas adúlteras, mulheres livres; na maioria das vezes, não se sabe o que elas são e ninguém se preocupa com isso: são irregulares, e ponto-final. Não é necessário mais nada para que se estabeleça, entre o Ego, a heroína e o narratário, esses jogos de espelhos, de olhares furtivos e de falsa naturalidade de que falávamos. Essa irregularidade não é um pedaço isolado da vida de nossos poetas e de sua suposta amante, mas uma peça dentro de um sistema; ela é exigida pela lei do gênero, cumpre um papel que chamaremos de semiótico. Apenas num segundo momento, e se ele se desse ao trabalho de refletir, é que o leitor podia relacionar essa ficção aos meios um tanto livres da época; aliás, essa atribuição não acrescentava nada à compreensão do poema. Quando muito, o leitor se divertia, vendo como a ficção embelezara a realidade.

A ficção dispensa a realidade e a forma desmente o conteúdo, mas a sinceridade pode ser amaneirada; se nos ativermos ao texto, essa estética instituía um equilíbrio indecidível entre a verdade e a representação. Propércio tinha convicções, ou até teorias, mas não fazia confissões; ele punha sua sinceridade em ideias gerais e sua poesia culmina na sentença, como faz boa parte da poesia antiga. Então ele deixa de ser maneirista; a peça I, 14, que canta genericamente a superioridade do amor, sem designar ninguém, é uma beleza de traços regulares; o leitor moderno dirá que ela é eloquente, se chamamos de eloquência o vigor do movimento e a segurança que torna a extensão de cada parte proporcional à convicção que se deve impor e, ao mesmo

---

9 Martin e Gaillard, *Les genres littéraires à Rome*, v.2, p.117.

tempo, ao ritmo que o ouvido exige; os modernos acharão esse estilo sintático demais; em contrapartida, a composição tem mais precisão do que tem em geral em Propércio:

> Podes abandonar-te junto da onda do rio para beber um vinho caro numa taça cinzelada, e contemplar ora os cúteres que passam tão rápido, ora as barcaças puxadas tão devagar. Todo um parque na direção do céu pode alinhar suas árvores, tão altas como na montanha uma floresta de verdade: nada disso valeria meu amor. Jamais o Amor cedeu a todo o ouro do mundo. Pois que ela passe comigo uma noite de sonho ou a ternura de todo um dia de amor, e é em mim que o Eldorado despeja suas ondas, pescam em mim pérolas do fundo dos mares e minha felicidade me eleva a minha posição antes dos potentados. Que mais desejar até meu fim derradeiro? Pois quando o Amor diz não, quem se compraz com riquezas? Não tenho mais gosto por nada, se Vênus está mal-humorada; ela que tem força para vergar a energia de um herói e fazer sofrer um coração de ferro. Não há porta de mármore que ela não atravesse nem leito de enfeite que ela não ouse invadir, para fazer atormentar-se um infeliz de um bordo a outro, e não são seus lençóis de seda que o curarão. Para mim, que sua benevolência me proteja sempre, e olharei de muito alto o reino das fábulas[10] com todos os seus presentes.

Traduziremos mais adiante uma peça (II, 15) em que Propércio explicita melhor sua teoria sobre o amor livre, e que talvez tenha feito mais por sua reputação, do ponto de vista da posteridade, por causa de seu intenso erotismo (Ezra

---

10 Trata-se do reino dos feácios, citado na *Odisseia*, e dos presentes que o rei Alcínoo deu a Ulisses; por elipse inversa, o genitivo *Alcinoi* se refere tanto a *regna* como a *munera* e o plural *regna* é o equivalente poético do singular. É necessário lembrar que não se diz *regnum* ou *vinum* na alta poesia, mas *regna* ou *vina*? É por isso que, nas traduções de Horácio, tantos beberrões parecem beber "vinhos" ou "doces vinhos", vários vinhos de uma vez, e não "um bom vinho"...

Pound a adaptou brilhantemente para o inglês).[11] No entanto, são outros poemas que caracterizam mais exatamente a arte de Propércio, com toda a irregularidade que comporta; por exemplo, a peça III, 15, que vamos ler inteira, por fragmentos sucessivos. Talvez nosso leitor ache-a tediosa, a partir do décimo verso; se for até o fim, descobrirá várias curiosidades estéticas: deformações bizarras, um tanto gratuitas... Imagine o leitor um quadro de mitologia galante pintado por El Greco. Basta que até o fim da leitura ele se pergunte, como fez o marechal Foch: "Antes de tudo, de que se trata?".

Trata-se, antes de tudo, de apaziguar com um juramento o ciúme de uma amante que imagina que seu poeta continua a ver aquela que fez dele um homem:

> Que pelo preço desse juramento eu tenha daqui em diante um amor sem dramas e que nunca mais haja noite de insônia sem ti! Quando tiraram de mim a honestidade das minhas roupas de criança e me deram licença para descobrir o caminho do amor, sim, ela foi minha cúmplice nas primeiras noites e marcou meu coração de noviço. Licina! Conquistada sem que houvesse necessidade desses presentes, infelizmente... Faz três anos, ou quase, e, desde então, não creio que ela e eu tenhamos trocado dez frases: tudo isso está morto, bem morto, porque te amei, e mais nenhuma mulher depois de ti tomou-me carinhosamente em seus braços.

Chegamos ao décimo verso e de repente o horizonte se esconde. Esquecendo-se da dama, da briga e do Ego, o poeta se lança na narrativa de um mito, o de Antíope, que talvez meus leitores não conheçam; não importa: os leitores de Propércio também não o conheciam e o poeta o conta alusivamente, fingindo que o supõe conhecido. Será quase uma narração, um relato por preterição, muito erudito, muito *doctus*, como se dizia

---

11 Pound, *Quia pauper amavi*: Homage to Sextus Propertius, p.88.

na época e como exigia a estética helenística. Mudança gratuita de tema, que obedece a uma inclinação da fantasia? Não, um ditame estético: o essencial é que o leitor seja desviado. O deslocamento é tão brutal que alguns editores presumiram que os manuscritos tinham uma lacuna entre o que se acabou de ler e o que se lê em seguida:

A prova, Dirce, que tinha uma excelente razão para ser atroz: Antíope deitada ao lado de Lico. Ah, que existência então! A rainha lhe arrancava os lindos cabelos e lhe estampava os cinco dedos nas bochechas macias, a rainha encarregava sua escrava das tarefas mais penosas e lhe dava o chão duro como travesseiro. Muitas vezes, achava por bem fazê-la morar na escuridão de um casebre e, quando Antíope tinha fome, negava-lhe um copo de água que pouco teria lhe custado.

Adivinhamos que Lico era o marido, a rainha Dirce a esposa e Antíope a amante escrava. Mas por que contar tudo isso? Licina era escrava da dama e esta podia tratá-la como a rainha tratava Antíope? Os contemporâneos e os pares de Propércio viviam no meio de um harém potencial de escravas, e as histórias de esposas ciumentas e escravas surradas eram corriqueiras. Essa mistura de pedantismo impudente, de comiseração indiferente, esse miserabilismo que reduz tudo a aflições de criança, essa arte altiva... Ficaremos sabendo que, antes de se tornar escrava, a princesa Antíope foi amante do próprio Júpiter:

Pois então, Júpiter, não te mexerás para ajudar Antíope, que sofre tanto? O metal da corrente lhe machuca os punhos. É uma vergonha para ti que tua amada seja escrava, se és deus. A quem Antíope sob ferros pedirá socorro, senão a Júpiter? Ainda assim ela teve de quebrar sozinha as algemas reais, com o pouco ou muito de força que tinham seus dois braços. Depois, seu pé hesitante percorreu as arestas do Cíteron e era noite, com o chão coberto de neve como leito. Diversas vezes assustou-se com o barulho irregular da torrente; imaginava que os passos de sua senhora vinham atrás dela.

Como acabamos de ver, e como veremos ainda, a representação da heroína é alusiva demais para que seus gestos não sejam meio enigmáticos; tudo isso tem a elegância frágil de um balé. Procedimento conhecido: em vez de projetar figuras nítidas contra um fundo uniforme, o poeta multiplica as modalizações; em vez do indicativo e do nominativo, apenas imperativos, interrogações, invocações, exclamações. O poema não tem nem centro nem destinatário definido: dirige-se a Júpiter, dirige-se depois a um velho, à própria Antíope, a uma montanha, a todo mundo, ou mesmo à dama; a falsa emoção se espalha. Vejamos rapidamente a continuação, em que adivinhamos que Anfião e Zeto são os dois filhos que Antíope teve de Júpiter; abandonados, foram recolhidos por um velho pastor. Eles salvam a mãe:

> Zeto tinha o coração seco e Anfião era sensível às lágrimas; a mãe o reconheceu, ao ser tirada do seu acampamento. Então, foi como quando o mar agitado se deixa aplacar, os ventos param de se entrechocar, o barulho da ressaca se espaça tranquilamente ao pé dos recifes: a bela sentiu os joelhos lhe fugirem e desabou. Antes tarde do que nunca:[12] eles compreenderam que haviam sido maus filhos. Ó velho, foste bem digno de cuidar dos filhos de Júpiter, tu que devolves uma mãe aos filhos. E esses filhos fizeram Dirce ser arrastada, presa ao pescoço de um touro. Reconhece nisso teu Júpiter, ó Antíope: para que estejas em glória, Dirce arrastada vai multiplicar sua morte em cem lugares. Os pastos de Zeto estão cheios de sangue e Anfião vencedor canta vitória sobre vossas alturas, ó picos do Aracinto!

---

12 Sobre esse sentido muito particular de *sera tamen*, cf. Klingner, em *Hermes*, LXII, p.131 et seq., a respeito de Virgílio, *Bucólicas*, I, 27: *libertas sera tamen*.

Então, inesperadamente, Propércio volta, como para mostrar melhor a fuga do horizonte, e interpela alguém que só pode ser a sua dama:

Quanto a ti, evita maltratar Licina, que não te fez nada; vossa cólera, uma vez despertada, é incapaz de voltar para trás.

Que nunca o que se diz sobre mim e ela te encha os ouvidos: não amarei jamais senão a ti, mesmo depois de morto e nas chamas da minha pira.

Esse é o fim; Propércio tem o costume de cravar uma declaração de fidelidade exclusiva no fim de cada poema e é difícil saber se essas declarações de princípio são um juramento de um amante para sua amante ou uma brincadeira de um autor que quer mostrar que sempre volta para aquela que é o tema de seu livro. Apesar dessa reviravolta final, o equilíbrio da peça não é restabelecido: é um estetismo da assimetria.

Vamos concluir com uma peça muito bem executada e encantadora (I, 18), em que encontramos um *pathos* que não é sinceridade nem simplicidade, mas não é insincero; trata-se de uma ficção circunspecta e elevada, como a época sabia elaborar. A elegia segue implicitamente as convenções do bucolismo, tanto que essa pastoral em primeira pessoa foi tomada algumas vezes por uma efusão romântica na natureza;[13] como o pastor de Virgílio, o Ego de Propércio exala sua tristeza "na solidão dos montes e dos bosques"[14] e... promete à amada não bater nela, se ela abrir de novo a porta para ele.

Ao menos esses lugares são solitários, mudos para quem chora ali, e no bosque vazio reina apenas o vento; podemos mostrar nossa

---

13 Rothstein, em *Philologus*, LIX, p.451; Norden, *Kleine Schriften zum klassischen Altertum*, p.381.

14 Virgílio, *Bucólicas*, II, 4: *solus, montibus et silvis.*

tristeza sem risco, pois as rochas sabem guardar segredo. Até onde voltar, ó minha Cíntia, a longínqua memória dos teus primeiros nãos? Onde queres, Cíntia, que eu situe o princípio das minhas lágrimas? Punham-me outrora entre os apaixonados felizes; agora, a serviço do teu amor, rebaixam-me. Mereci isso? Que fiz para que mudasses comigo? Por que essa frieza? Uma mulher teria entrado na minha vida? Juro pela esperança do teu retorno, ó caprichosa: nenhuma outra além de ti pôs seus belos pés na minha morada. Sim, meu sofrimento poderia pagar-te na mesma moeda muitos rigores; nunca, porém, meu ressentimento chegará a rigores que mereçam que eu seja o teu tormento, que te façam derramar lágrimas e que te enfeiem os olhos por ter chorado.

Talvez eu não pareça suficientemente transtornado e minha boca não tenha gritado suficientemente a minha boa-fé? Testemunhai por mim, se o amor, ó árvores, existe entre vós, azinheira,[15] pinheiro, aos quais queria tão bem o deus da Arcádia: minha voz ecoa tantas vezes sob vossa leve ramagem, o nome de Cíntia se grava tantas vezes em vossa casca! Talvez minhas aflições tenham uma origem pouco lisonjeira para ti? Isso só sabe tua discreta alcova.[16] [Entenda-se que ele fracassou.]

Meu hábito sempre foi suportar humildemente todas as suas tiranias, sem manifestar ruidosamente meu amargor. O que me vale, como paga, fontes de peregrinação,[17] penedos frios e um

---

15 Propércio confundiu a *fagus* latina com o *fêgos* ou *fâgos* grego, a árvore preferida de Pã: Williams, *Tradition and Originality in Roman Poetry*, p.318.

16 Esse me parece ser o sentido desses dois versos obscuros. A Corina de Ovídio (*Amores*, III, 7, 84) considera que o fiasco de seu amante é uma injúria (*dedecus*) a sua beleza e, no *Satiricon* (129, 11), o fiasco é denominado *injuria*, como aqui. Podem me objetar que, se essa era a razão do desfavor de Propércio, ele sabia disso melhor do que ninguém e não se interrogaria tão longamente sobre a origem de suas desgraças. Sim, mas ele tinha de informar o leitor. Além disso, Propércio mais enumera diferentes casos de desavenças do que conta uma desventura individual.

17 O texto é duvidoso, e mais ainda a minha tradução. Se Propércio escreveu realmente *divini fontes*, trata-se ou de um epíteto de natureza, ou de uma

sono duro sobre o chão nu[18] de uma trilha. Tudo o que meus gemidos podem contar, tenho nessa solidão apenas os pássaros barulhentos para ouvir. Mas que sejas boa ou má,[19] quero que o eco, nas alturas,[20] me repita "Cíntia" e que as solidões rochosas não sejam vazias do teu nome.

Alta ficção, dizíamos. Convencionou-se distinguir o "mundo real", tão prezado por Aragon, tanto do imaginário quanto da ideologia; distinguir a *mimésis*, que imita a realidade, da *sémiosis*, em que o artista cria um mundo em palavras. Péssima convenção. Toda obra de arte, ainda que seja feérica, faz o leitor "perder o norte" e a irrealidade (mas o que é a realidade?) nunca foi um argumento de acusação. Tudo é considerado mímesis, até *Alice no país das maravilhas*, mas há um número infinito de verdades para imitar. A gama de verdades, em Propércio, é extensa. Há a galanteria libertina, como em *Amores* e *Manual do amor* (ou *Arte de amar*), de Ovídio, em Parny ou nas *Elegias* do jovem Chénier. Há madrigais, retratos da vida mundana, falsos alarmes:

> Para que, ó meu outro eu, sair tão bem penteada, fazer ondular a cada passo a seda leve do teu vestido? Por que alisar teus cabelos com bálsamos da Síria? Crês aumentar teu preço, graças a esses atrativos importados? Por que sacrificar teu encanto natural a vantagens de butique? Não existem produtos de beleza para um rosto

---

     alusão às fontes sagradas dos campos e das florestas, que serviam de locais de caça, piquenique ou peregrinação. Talvez...

18 *Inculto tramite*; sobre esse sentido de *incultus*, cf. a nota de André a Tibulo, I, 2, 74: *solo inculto*.

19 *Qualiscumque est* quer dizer "bom ou mau"; *quantuscumque est*, "que ele seja grande ou pequeno".

20 Estamos num país mediterrâneo; há mais montanhas que planícies, as culturas se restringem à planura e os picos são cobertos de florestas. *Silvae* designa as florestas, mas também os montes cobertos por elas: por isso as *silvae* aparecem tanto nos poetas (*Bucólicas*, I, 5: "Tu ensinas às *silvae* a repetir em eco: 'Bela é Amarílis'").

como o teu, podes acreditar. O Amor é nu e não ama os artesãos de sua própria beleza. (I, 2)

Cíntia passa o verão na costa napolitana; ela ainda é fiel ao seu amante? A vida na praia é fatal para as virtudes mais experimentadas (I, 11).

Percebemos uma acuidade dolorosa nesses versos, e com toda a razão: "Não seria mais eu, minha Cíntia, que ainda iria temer a morte e me negar a pagar minha dívida no túmulo. Mas alguma coisa me é mais dura que a própria morte; é o medo de não ter mais o teu amor no momento em que eu morrer" (I, 19).

A ênfase é tão sincera que Catulo poderia ter escrito esses quatro versos; mas lemos a continuação e a nobre ficção restabelece seu equilíbrio:

> O deus menino do qual sou escravo não penetrou tão pouco profundamente no meu coração que minha paixão esquecida não reaparece no meio das minhas cinzas. Debaixo da terra, na morada tenebrosa, Protesilau não conseguiu esquecer os encantos de sua esposa e o fantasma do herói voltou à antiga casa para tocar com suas mãos o objeto de seu desejo iludido. Debaixo da terra, não serei mais nada, mas esse fantasma terá um nome: "escravo de Cíntia", pois uma grande paixão atravessa o rio que margeia a morte. Debaixo da terra, a tropa das belas heroínas dos tempos de outrora pode vir: nenhuma delas, ó Cíntia, me agradará mais que a tua beleza.

Catulo não escreveria isso. A sinceridade pessoal do homem que escreveu esses versos não é improvável nem está excluída (não penso em "Cíntia", mas numa sensibilidade geral à morte e ao macabro, como em Villon); o que está excluído é que se trate de uma poética que consiste em produzir uma impressão de sinceridade, como em Catulo. A ficção vai de uma mitologia muito linda e insensível, como na peça que se desvia para Antíope, de uma fantasia cruelmente fria, como na peça sobre a doença de Cíntia, até a ficção macabra, impressionante e dolorosa, que acabamos de ler; Villon tinha medo do Inferno; os compatriotas de Propércio não acreditavam mais no mundo subterrâneo dos mortos havia séculos. Mas podiam acreditar na paixão e tinham medo da morte.

Talvez a irrealidade da gama properciana fique mais clara se trocarmos a poesia pela pintura: a diferença entre uma fotografia e uma ilustração de conto de fadas é evidente; na época dos nossos elegíacos, a arte figurativa se movia nas mesmas ficções que eles; portanto, ela não é neoclássica, como se pensou durante muito tempo, mas neo-helenística,[21] o que também são os nossos poetas, como veremos adiante.

Estuques da Vila Farnesina: figuras delgadas, frágeis como imagens de moda, realizam alusivamente ritos vagos num espaço inarticulado, onde estruturas sem peso parecem flutuar a uma distância indeterminada umas das outras.[22] Pinturas da Vila dos Mistérios, em Pompeia: nobres figuras femininas, sensuais e patéticas, executam um intenso *pot-pourri* fantasioso de ritos tirados da realidade, na companhia de um Sileno fabuloso, de

---

21 Richter, Was Roman Art of the First Centuries B.C. and A.C. Classicizing?, *Journal of Roman Studies*, XLVIII, p.15.

22 Não podemos nem mesmo dizer se se trata de um conjunto de estruturas num mesmo espaço, porque a perspectiva é muito vaga, ou se se trata de cenas e estruturas diferentes, que se justapõem numa mesma superfície. Encontramos essa mesma inarticulação do espaço na elegia de Propércio sobre Antíope, que vimos anteriormente. O Cíteron, onde se refugia Antíope, e o Aracinto, onde Dirce é supliciada, flutuam a uma distância incalculável um do outro e do lugar onde Antíope foi escrava – e que o poeta nem mesmo nomeia, quando Antíope sobe o Cíteron, o poeta nem se dá ao trabalho de criar um falso elo espacial, especificando, por exemplo, "ela fugiu, *não longe dali*, para o Cíteron". Ele se contenta em fazer a cena se situar de improviso no Cíteron, ou melhor, ele menciona o Cíteron para indicar que o local da cena mudou e para que o leitor conclua que, consequentemente, a cena anterior, em que Antíope era escrava, não se passou no Cíteron, mas... em outro lugar. Que lugar? Longe? Perto? Não sabemos.

rosto sublime e inspirado; uma religiosidade lúdica dá a esse pastiche[23] de liturgia a circunspecção de uma realidade mais elevada que a nossa. *Trompe-l'œil* da vila descoberta em Oplontis,[24] perto de Pompeia: das vertiginosas estruturas decoradas, cujas colunas são tão finas que um sopro seria capaz de derrubá-las, pendem esfinges ou grifos cuja cara tensa mostra uma circunspecção quase dolorosa; como faróis, emitem lá de cima o aviso solene de respeito a um não sei o quê nostálgico; mas por que essas caras enigmáticas e ingênuas, que olham para o vazio e demonstram sua convicção apenas para si mesmas, levam tão a sério os *trompe-l'œil* que elas guardam? Aqui, a circunspecção é mais um prazer elevado.

Elas lançam no ar uma circunspecção livre do peso de um objeto. Na Vila dos Mistérios, uma fantasia religiosa quase libertina grava ainda assim, na nossa lembrança, valores que aplicaremos como quisermos aos acontecimentos do mundo real. Quando Propércio se vê nos infernos com Cíntia e as heroínas de Homero, a relação entre a fantasia e os valores é a mesma; a famosa ligação entre o poeta e "Cíntia" tem tanta autenticidade quanto a liturgia imaginária da Vila dos Mistérios. Existe religião, paixão, que têm um peso grande, mas elas não estão ali; elas estão longe desses poemas ou dessas pinturas que evocam a realidade apenas para dar lastro a suas brincadeiras, a não ser que brinquem apenas para aliviar e elevar a realidade, como queira o leitor. Podemos ver o abismo que há entre essa seriedade lúdica e a sinceridade moderna.

A vida dos homens repousa sobre sua crença na Verdade, a verdadeira, a única, mas, sem saber, praticamos na realidade

---

23 Cf. sobretudo Nilsson, *The Dionysiac Mysteries of the Hellenistic and Roman Age*, p.74; cf., mais recentemente, *Die Phoinikika des Lollianos*, p.127 e 128. Turcan, em *Latomus*, p.109: "uma visão de arte em que a estética e a alegoria interferem amplamente na psicologia religiosa".

24 De Franciscis, *Gli affreschi pompeiani nella villa di Oplontis*; cf. La Rocca, De Vos, Coarelli, *Guida archeologica di Pompei*, p.46 e 346.

princípios de verdade que são diversos, incompatíveis, mas parecem analógicos: todas essas medidas da verdade, tão diferentes, são uma única aos nossos olhos. Sem nem sequer sentir a mudança, passamos das receitas técnicas para as verdades de princípio, para os desejos, para as ficções, para as verdades de consentimento geral e para os dogmas. As verdades de antigamente, as antigas unidades de medida, também nos parecem iguais às nossas, e isso permite a "compreensão" histórica. A natureza plural e analógica da verdade também funda a estética: nós abrimos um livro, e um tapete mágico nos transporta adormecidos para a verdade de Balzac ou de *Alice*; quando abrimos de novo os olhos, acreditamos que ainda estamos no mesmo mundo. Tudo parece plausível, nada nos incomoda e entramos nos contos de fadas como entramos na verdade: a irrealidade nunca mata o efeito; como vimos, tudo acontece por mímesis.

Que toda ficção seja verdade, e vice-versa, é uma coisa, mas o caso dos elegíacos romanos é outra muito diferente: eles se apoiam deliberadamente em duas verdades ao mesmo tempo e desmentem uma com a outra; veremos mais adiante os procedimentos que impedem o leitor de saber o que pensar; a peça deslocada para Antíope ou as confusões com Cíntia, a heroína, e *Cíntia*, o título do livro, deram uma primeira ideia; sem falar do humor, que nunca está muito longe. Enquanto dura a leitura, é normal sonhar com pastores apaixonados acreditando que são verdadeiros; menos banal é apresentar como falsa uma verdade em que todo leitor está disposto a acreditar e semear dúvidas sobre uma autobiografia passional que, entre os petrarquistas, poderia muito bem passar por autêntica. Nossos romanos, mais hábeis que a média de seus compatriotas,[25] têm o risinho de lado de Valéry ou Jean Paulhan.

---

25 Espero não caluniá-los dizendo isso. A desgraça deles é carecer de bom gosto, ter uma arte compósita: essa ideia de Bianchi Bandinelli (*Rome: le centre du pouvoir*) é extremamente convincente; eles são como aquelas pessoas

Melhor dizendo, o sorriso de Calímaco. A arte dos nossos elegíacos é explicada pela gravitação de um astro distante dois séculos e meio deles; eles eram obcecados pela estética erudita desse grande poeta helenístico (ou, como se dizia antigamente, alexandrino). Podemos situar sob o nome de Calímaco todo um maciço literário cujo pico mais alto é ele, e que naqueles séculos teve tanta importância quanto o petrarquismo em séculos de literaturas europeias.

---

que não sabem combinar as cores e colocam um belo terno e uma bela gravata que destoam completamente; como aquela estátua do senador em nu heroico encontrada em Tivoli (ibid., p.86, fig.93): o rosto é um retrato realista, que parece muito mais uma fotografia de identidade ou um desenho extremamente burilado do que uma recreação artística, e o corpo é um nu convencional; parece que um senhor acabou de se despir; o resultado é cômico e um tanto indecente. Acontece o mesmo na poesia. As *Bucólicas* e as *Geórgicas* são triunfos quase perfeitos, a *Eneida* não; não que ela seja "desigual", ao contrário: é composta de trechos quase todos admiráveis; mas o conjunto não se sustenta e, ao lado da *Ilíada* ou de Dante, desmorona. Falta de bom gosto ou de força criativa, como queira o leitor; eles não sabem escrever a obra toda com um gesto autoritário único. Calímaco tem a estatura de um Góngora, Virgílio nas *Bucólicas* e o Teócrito das *Talísias* têm a de um Shelley; nossos elegíacos têm a dos poetas secundários da Plêiade.

2
Calímaco e o humor lírico

Propércio era úmbrio; pertencia a uma família poderosa de Assis, onde foram encontradas inscrições assinadas por outros Propércios, parentes do poeta. Ele mesmo fala de sua "pátria, onde a névoa molha Mevânia no fundo do vale, onde o lago da Úmbria se aquece em suas águas estivais, onde cresce para o céu a muralha de Assis, a abrupta, muralha que meu talento fez mais notória" (IV, 1, 125); Mevânia é hoje Bevagna, que vemos lá embaixo, no meio da planície, quando olhamos de Assis, do Eremo dei Carceri, onde são Francisco ia orar.

Ora, em 1979, uma epigrafista de grande renome, Margherita Guarducci, tornou pública uma descoberta curiosa, feita em Assis mesmo, debaixo da igreja Santa Maria Maior;[1] ali foi desenterrada uma casa romana, com um longo corredor decorado com pinturas mitológicas. Embaixo de cada quadro, lê-se, gravado no reboco da parede, um epigrama grego em estilo erudito; por exemplo, a imagem de Narciso tem a seguinte legenda: "É um mal muito inédito, ó Amor, que pensaste em suscitar:

---

1 M. Guarducci, *Domus Musae*: epigrafi greche e latine in un'antica casa di Assisi.

esse homem, ainda que lhe pese, apaixonou-se por seu próprio retrato, de um tanto de água". Quadros e epigramas desse tipo são encontrados em mais de uma casa romana,[2] quando o proprietário era um homem culto; mas, em Assis, descobriu-se algo mais; ao lado de um dos quadros, alguém escreveu as seguintes palavras na parede: "Em 23 de fevereiro, ano do consulado de... vinus, adorei a casa da Musa [*domum oscilavi Musae*]". Essa inscrição é o que chamamos de proscinema; os peregrinos gravavam inscrições semelhantes nas paredes dos santuários para celebrar a data em que foram saudar o deus do templo. Guarducci concluiu que aquela casa, que fora habitada por pessoas apaixonadas por poesia grega, tornou-se um local de peregrinação cultural, porque quem morou ali foi o próprio Propércio. Essa hipótese me parece plausível e até provável.[3]

Esses epigramas gregos em plena Úmbria são mais um testemunho da cultura grega de Propércio ou, em todo caso, do helenismo no qual os romanos se banhavam com toda a

---

2 Ático, amigo de Cícero, tinha uma *villa* de epigramas (Cícero, *Ad Atticum*, I, 16, 15; Cornélio Nepos, *Atticus*, XVIII, 6); em Pompeia, a Casa dos Epigramas tem inscrições paralelas em grego, com comentários sobre cenas mitológicas; Gigante, *Civiltà delle forme letterarie nell' antica Pompei*, p.71-5.

3 Não podemos nos pronunciar antes de uma publicação completa e a eventual continuação da escavação. Todavia, o ceticismo com que foi recebida a hipótese properciana de Guarducci surpreende um pouco; é verdade que os epigrafistas são menos céticos (J. e L. Robert, em *Revue des Études Grecques*, p.482, n.578). Nos *Guide Archeologiche Laterza* (v.4, p.163), lemos que uma das objeções seria que as pinturas são do quarto estilo, isto é, dos anos 60 da nossa era. O *viridarium* publicado por Guarducci (prancha 1) parece lembrar o jardim em *trompe-l'œil* da chamada Casa de Lívia, em Roma, que é contemporânea de Propércio. A existência do proscinema parece um argumento a favor mais difícil de negar. Em contrapartida, não serve como argumento a descoberta, na casa, de uma inscrição com o nome de família dos Propércios: essa inscrição é uma reutilização e não é original da própria casa (Guarducci, op. cit., p.271n). Plínio (*Cartas*, IX, 22, 1) fala dessa casa de Propércio: os descendentes do poeta ainda moravam nela um século depois e um deles, que escrevia elegias no estilo de seu ancestral, escreveu-as *plane in Properti domo*.

naturalidade. Roma foi sempre um daqueles povos bárbaros que, vivendo nas franjas da grecidade, eram amplamente grecizados em todos os campos, com exceção da língua: Cária, Lícia, Chipre, Macedônia, Síria e Cartago talvez; Roma foi durante muito tempo uma cidade etrusca e era um daqueles povos marginais, "etruscos e cipriotas", com os quais Platão admitia que os gregos tivessem um comércio caridoso.[4] Não basta dizer que a Hélade teve influência sobre Roma, que lhe concedeu empréstimos; não chego nem a dizer que o Império Romano foi um cadinho em que Grécia e Itália se uniram numa mistura sobre a qual não faltou quem dissesse que era original e deliciosa; o que se deve dizer é que Roma é um povo que tem como cultura a cultura de um outro povo, a Grécia.[5] Esse não parece ser um único caso na história, como o Japão da época do *Romance de Genji*, com sua cultura chinesa, e o Japão de hoje, com sua cultura ocidental.

A conquista romana da bacia mediterrânea, a submissão dos reinos macedônios e a "finlandização" das cidades gregas, um século e meio antes da época em que Propércio viveu, apenas aceleraram as coisas, fazendo a helenização virar moda: a cultura escrita de Roma – poesia, prosa, cartas oficiais e decretos do Senado – era uma cultura grega em língua latina. É preciso ler Lucrécio para ver com que naturalidade um intelectual romano vivia numa cultura inteiramente helênica; para este, ela é simplesmente a cultura: só há uma e não existe outra. Num primeiro momento, não conseguimos acreditar na naturalidade

---

4 Platão, *Leis*, 738 C, texto impressionante pela antiguidade da data; não nos impressionamos menos ao ler em Tucídides (VI, 88, 6) que, diante do ataque ateniense, Siracusa enviou embaixadores às cidades etruscas; se a Etrúria faz parte do concerto internacional no fim do século V, assim como Cartago (para a qual Siracusa também apela), por que considerar inverossímil que uma cidade etrusca tão grande quanto Roma tenha feito, desde o início do século V, um tratado com Cartago (Políbio, III, 22)?

5 Cf., em *Diogène*, n.106, nossas observações sobre as helenizações sucessivas de Roma.

de Lucrécio, desejamos absolutamente que ele tenha dado um toque romano ao dogma de Epicuro, sofremos por ele por ter se privado de sua "nacionalidade cultural". Ele não sofria por causa disso e, como um bom romano, não era menos patriota; não que se interessasse por política (poucos romanos eram mais apolíticos do que ele, que vivia no mundo das ideias), mas seu patriotismo, como a fé do carvoeiro, não era menos verdadeiro por causa disso. Diante dele, temos o espanto de um intelectual europeu moderno diante de um intelectual soviético ou japonês: neles, as opiniões mais avançadas ou as atitudes mais sofisticadas convivem harmoniosamente com um patriotismo inextirpável e ingênuo. Lucrécio, patriota helenizado, escreve para seu povo com o zelo de um reformador e seu universalismo cultural convive harmoniosamente com seu etnocentrismo romano; ele recomenda a doutrina de Epicuro aos cidadãos romanos porque essa doutrina é verdadeira e salutar. Não via nenhuma necessidade de adaptá-la às necessidades romanas, e certamente não tocou nos dogmas de Epicuro: tal como é, o epicurismo é perfeito aos olhos de Lucrécio, e ele se apressa em introduzi-lo na Itália; já que o epicurismo é excelente, será excelente para Roma. Epicuro é digno de Roma: para Lucrécio, não há elogio maior. A originalidade não é o resto da subtração entre o que cada um é e o que recebeu do outro; como dizia P. Boyancé, quando assimilamos tão profundamente Epicuro, quando nos assimilamos tão exatamente a ele, nós somos nós mesmos.

O único triunfo do qual Roma se gabava era ter vencido os gregos num campo no qual não se dava conta de que havia sido criado por eles; "na poesia elegíaca, nós superamos os gregos", escreve um crítico romano,[6] que claramente imagina

---

6 Quintiliano, X, 1, 93. A superioridade romana em matéria de elegia vem do fato de que Tibulo e Propércio têm ambos uma escrita clara e elegante; resta saber qual deles é o melhor: a maioria pende para Tibulo e outros para Propércio; esse é o sentido dessa passagem, segundo M. Hubbard, *Propertius*, p.2.

que a elegia é tão universal e natural quanto a fauna e a flora; é nesse mesmo sentido que, segundo Horácio, "na poesia satírica, tudo é nosso": nesses jogos olímpicos da cultura, os romanos venceram. A civilização helênica é simplesmente a civilização; os gregos foram apenas seus primeiros donos, e Roma não tem a intenção de deixar o monopólio nas mãos deles. A verdadeira originalidade se mede pela naturalidade de um gesto de apropriação; uma personalidade bastante forte para se apropriar com tanta ousadia também terá força para assimilar e não se refugiará em sua especificidade nacional. Nietzsche admirava a audácia imperialista com que Roma via os valores estrangeiros como um butim seu.

Isso não impede que os poetas romanos sejam originais no sentido moderno da palavra, pois como um poeta não seria original? Propércio é original em relação a tal poeta grego, que ele saúda como modelo, assim como dois poetas gregos quaisquer são originais em relação a um terceiro, nem mais nem menos. A questão da originalidade romana perde significado e interesse quando deixamos de acreditar nos gênios nacionais e num ciúme universal por cada "patrimônio cultural"; a cultura se aclimata como as plantas úteis e não tem mais pátria do que elas. Os romanos são evidentemente originais quando acrescentam alguma coisa à Grécia, aperfeiçoam as receitas conhecidas primeiro por intermédio dela[7] (porque, para eles, não existe arbitrariedade cultural: a civilização é feita de técnicas que têm a universalidade da natureza, da razão); mas não são menos originais quando cultivam por conta própria um bem de origem

---

7 Cícero, orgulhoso de ter superado Demóstenes e provado aos gregos que eles não eram imbatíveis, afirma, na primeira página das *Tusculanas*, que os romanos não emprestaram nada dos gregos que não tivessem aprimorado; para eles, a questão não é cultivar um gênio nacional, mas chegar mais longe numa estrada comum a todos os homens. Cf. também a carta *ad Quintum fratrem*, I, 1, IX, 27 8.

grega. Como o problema da originalidade não é o das origens,[8] eles são eles mesmos em tudo que fazem, sem complexo de inferioridade. Dito isso, nove décimos da civilização romana é de origem helênica.

Se Lucrécio traduziu, ou melhor, adaptou Epicuro, de sua parte os elegíacos romanos se encomendavam a Calímaco; esse é o grande nome sob o qual se refugiam, a receita que acreditam continuar; eles invocam também outros nomes de poetas helenísticos, entre eles um certo Filetas, que para nós é um desconhecido. Propércio, que tinha uma consciência aguda de sua genialidade e era duro com seus rivais, deu a si mesmo o título de novo Calímaco: "Que a Úmbria tenha orgulho dos meus livros! Ela pode se pavonear de ter dado à luz o Calímaco romano" (IV, 1, 63). Ele e o poeta Horácio tinham o mesmo protetor, Mecenas, mas o lirismo de Horácio era o contrário do maneirismo; além disso, uma simplicidade não conformista e uma absoluta honestidade intelectual faziam a megalomania e a complicação de Propércio terem o dom de irritá-lo. Quando eles se encontravam, na Biblioteca de Roma ou na rua, Propércio o cumprimentava e o chamava de novo Alceu (esse antigo poeta grego foi o pai do lirismo); Horácio não desejava tanto (para ele, bastava ser um novo Simônides), mas, como a educação exigia que ele retribuísse o cumprimento, ele declarava que Propércio era o novo Calímaco, torcendo para que os transeuntes não tivessem escutado o que dissera.[9]

---

8 Poderíamos raciocinar do mesmo modo sobre a romanização das províncias bárbaras do império: a originalidade gaulesa é um problema que não tem muito sentido (cf. Goudineau, *Les fouilles de la Maison du Dauphin: recherches sur la romanisation de Vaison-la-Romaine*, v.1, p.313); em *Histoire de la France urbaine*, o mesmo autor fala de um "estímulo" das culturas indígenas. Se Roma tivesse evacuado a Gália um século depois de conquistá-la, a Gália teria continuado a se romanizar, sozinha e a sua maneira, como ela fez de fato.

9 Horácio, *Epístolas*, II, 2, 91. Horácio é o poeta latino mais alheio ao espírito de Calímaco; cf. Newman, *Augustus and the New Poetry*, p.128. Sobre a megalomania de Propércio, que na elegia III, 1, escreve mais ou menos "Homero

Se Calímaco fascinava tanto esses jovens poetas latinos, não era porque tinha sido o fundador do gênero elegíaco, mas porque dominava o gênero, e dominava-o pela sutileza excepcional de sua arte; Calímaco é o oposto do exagero, diz Propércio: *non inflatus Callimachus* (II, 34, 32); para Ovídio, obra-prima insuperável seria um livro que, se comparado a Calímaco, pareceria rústico.[10] Em resumo, naquele momento literário, Calímaco era a vanguarda, o antiacademismo; a sutileza estava na moda, ou voltava a ser depois de dois séculos; a moda literária era ser incompreensível.

É bem verdade que Calímaco fascina pela *aisance* extremamente poética com que se dispensa de esclarecer a relação entre o que ele escreve e o que ele pensa. Não que se exprima "no segundo grau": para ele, a poesia é uma coisa soberana demais para condescender em imitar o erro, ao invés de dizer a verdade; quando o lemos, ficamos cem vezes tentados a dizer a palavra "paródia", para voltar atrás logo em seguida.[11] Esse humor não é defensivo; ele é condescendente e ao mesmo tempo benevolente. Nunca temos certeza se Calímaco é sério e enternecido, mas isso também nunca está excluído, tanto que o leitor tem a sensação mais ou menos agradável de que está diante de um interlocutor mais inteligente do que ele. Seria impossível imitar Calímaco: ele próprio se imita sem parar. Ele tem a superioridade de um velho sutil que se torna olímpico para fazer os outros acreditarem que manteve a força dos anos de juventude, quando se chamava Homero ou Tucídides. Homero não aprovava nem desaprovava Aquiles e sua ira, não defendia nem gregos nem

---

e eu" (pensamos logo no "Napoleão e eu" de Chateaubriand), cf. Solmsen, *Propertius and Horace*, *Classical Philology*, XLIII, 2, p.105-9. As relações entre Horácio e Propércio são comentadas também por Wili, *Die literarischen Bezichungen des Properz zu Horaz*, p.179; e por Einsenhut, *Deducere carmen: ein Beitrag zum Problem der literar*, p.91. Sobre Horácio como o Simônides romano, Fränkel, *Early Greek Poetry and Philosophy*, p.323, n.39.

10 Ovídio, *Amores*, II, 4, 19.

11 Herter, *Kleine Schriften*, p.387.

troianos; entre Atenas e Esparta, o ateniense Tucídides, apesar de patriota de coração, era olímpico entre os dois campos, não pairava acima do embate, não defendia o ponto de vista de Sirius e não falava dos homens com o tom com que o entomologista fala dos insetos. O estetismo helenístico continua essa tradição de grandeza a sua maneira e é isso que até hoje torna atraentes a poesia e a arte dessa grande época; se o leitor não é helenista de profissão, terá de acreditar na minha palavra, porque Calímaco é quase ilegível; os próprios antigos só o liam acompanhado de um comentário explicativo. A língua, as alusões, as intenções de Calímaco são distantes demais de nós; o esforço para compreendê-lo é tão grande que mata a sensação. Os grandes poetas não são imortais; eles desaparecem (uns mais depressa, outros mais devagar, porque as chances são desiguais), mas não começam se rebaixando.

De onde vem a *irony* de Calímaco, no sentido inglês da palavra? De dizer ou insinuar coisas contraditórias[12] ao pé da letra e restringir sua responsabilidade ao que ele diz literalmente: cabe ao leitor decidir (mas como?) o que Calímaco pensa no fundo, até compreender que Calímaco, longe de ser um pensador, é um artista que joga com essa particularidade do texto de poder se reduzir ao seu significado literal, que, como diz Oswald Ducrot, sempre pode se apresentar como independente.[13] Uns "verão a brincadeira" (mas há brincadeira nele?), outros tomarão o texto ao pé da letra, mas o poeta estava brincando ou falando sério? Nem um nem outro: ele escrevia versos de modo que o leitor não pudesse saber se eram sérios ou não, e que mesmo assim se bastavam. Calímaco criou uma estética sobre um fato semiótico: a independência do significado literal; um exercício de malabarismo e, portanto, de graça; um texto que, longe de ser um

---

12 Em *Augustus and the New Poetry*, Newman mostrou a "contradição" interna da obra de Calímaco, e seu sentido arrevesado da realidade.

13 Ducrot, *Dire et ne pas dire: principes de sémantique linguistique*, p.11-2.

espelho da realidade, é vertiginosamente equívoco; uma escrita que se basta, já que não exprime nada... Como isso não seria arte?

Já que o sentido último de um texto não está no texto e toda a arte está nisso, Calímaco tinha um tema perfeito: os mitos, as antiguidades religiosas e nacionais, porque ninguém acreditava muito neles, mas todo mundo continuava a respeitá-los; nessa matéria, o leitor não podia ser nem ingênuo nem incrédulo. Calímaco canta aquilo de que os áugures tentavam não rir. Com a incredulidade e o ceticismo trocista de um Voltaire? Não, mas, ao contrário, como um folclorista; Calímaco gostava dessas tradições nacionais, dessas lendas ingênuas e sutis; o rei grego do Egito que o protegia nomeou-o bibliotecário; apaixonado por livros antigos e textos raros, Calímaco compilou as tradições nacionais com tanta paixão como fizeram outros eruditos no reinado de Napoleão III. Quando cita um mito pouco conhecido, tem o cuidado de assinalar: "Não canto nada que não pudesse produzir testemunhos", o que quer dizer tanto: "não invento nada" quanto: "veja como tudo isso é pouco conhecido". Porque, na época de Calímaco, e em parte por causa dele, passava-se dos mitos, que era uma crença, para a mitologia, que é uma ciência divertida, uma brincadeira de eruditos, na qual eles se limitavam a saber aquilo em que se acreditava, sem se pronunciar sobre seu fundo. Divertido, o mito sempre foi. Na *Ilíada*, Zeus, sentindo que a velha chama por sua esposa se reacendera, e sendo o primeiro a se admirar, recita a lista de suas conquistas e acrescenta galantemente que jamais desejou tanto uma de suas amantes como naquele momento desejava sua mulher; também nesse caso, o poeta se diverte; ele se entrega a um desvario de erudição mítica. Mas faz isso por conta própria. Calímaco, ao contrário, não fala em seu nome: ele relata lendas populares.

Ele faz isso sem a menor intenção satírica, mas com um gozo de artista e um humor enternecido.[14] O humor leva a melhor

---

14 Rostagni, *Poeti alessandrini*, p.259.

nos textos mais curtos, nos epigramas, como neste pastiche de ex-voto: "Recebes aqui, ó Esculápio, o que teu fiel te deve pela promessa que te fez para sua cura; ficamos entendidos! Portanto, se te esqueceres e reclamares teu devido, o presente ex-voto valerá como recibo". Como vimos, às vezes os antigos tratavam seus deuses como protetores compreensivos, aos pés dos quais iam se sentar para contar seus infortúnios; outras vezes, eles os consideravam mestres poderosos e caprichosos, e criticavam sua política; mas acontecia também de vê-los como indivíduos interesseiros, como somos todos nós, e com os quais negócios são negócios: Calímaco imita nesse epigrama essa ideia ingênua do povo. Mais com graça do que com desdém. Porque há uma veia popular nesse bibliotecário de corte, assim como nas canções de Gôngora ou nesse outro elitista chamado Velásquez. Numa pequena obra-prima, *Hecale*, Calímaco conta como o herói Teseu recebeu a hospitalidade de uma boa velhinha e prolonga o capricho de contar essa cena gentil e familiar; é o mesmo humor de *Baco e os bêbados*, que está no museu do Prado: o deus, muito humanamente bêbado e usando suas roupas de deus como disfarce, senta-se à mesa com camponeses de cara inchada, cuja verdadeira nobreza popular se sente à vontade em tal companhia e transpira a mesma benevolência que o deus que concedeu aos homens a dádiva do vinho; não há nenhum traço de condescendência no quadro e o velho Justi o comentou com a perspicácia habitual: "Essa bacanal, que alguns viram como uma paródia, é mais grega, talvez, do que Velásquez a imaginou".

Em seus grandes momentos, Calímaco vai ainda mais longe; ele não se limita a tomar uma distância divertida de alguma coisa: seu texto começa a brilhar diante dos olhos do espectador, sem nenhuma utilidade para a compreensão, mas, ao contrário, para provar que é arte, já que não é mais um espelho do mundo. Aqui, devo pedir um duplo esforço do leitor: o de não desanimar diante da dificuldade e não se decepcionar com o não figurativo datado de mais de 22 séculos. O texto é o seguinte:

Como se pôs a tremer a folhagem do loureiro de Apolo! Que estremecimento em todo o edifício! Fora daqui todos os impuros! Sim, eis que, com seu nobre pé, Apolo bate à porta. Não o vês? A palma apolínea acaba de inclinar-se delicadamente e o cisne canta lindamente no céu. Agora, abri-vos, ferrolhos do templo, abri-vos, fechaduras, pois o deus não está longe. Aprontai-vos, crianças, para cantar e dançar. Apolo não se faz ver por todos, apenas pelos bons; honra a quem o vê, vergonha a quem não o vê. Nós te veremos, deus arqueiro, não carregaremos essa vergonha... Bravo às crianças, pois a lira delas não se cala mais. Recolhei-vos e escutai o canto apolíneo. O próprio mar se cala quando os vates cantam o deus arqueiro, Tétis para de gemer e Níobe de chorar.

Isso quer dizer o seguinte. Esses versos são um símile-hino religioso, tão sutilmente deformado que poderia ter tido um uso litúrgico e provavelmente teve. Nas festas religiosas, uma procissão ia até a entrada do templo e coros de crianças cantavam e encenavam um hino cujas palavras comentavam os sucessivos momentos da liturgia. Os templos, que eram residências privadas da divindade, ficavam fechados o ano todo e só entreabriam suas portas no dia da festa, o que provoca grande comoção nos espectadores; naquela dia, eles viam de longe a imagem do deus sentado no santuário. Depois que a cerimônia começava, somente tinham o direito de permanecer aqueles que cumprissem certas condições de pureza ritual (por exemplo, ter sido casto na véspera); os outros tinham de se retirar. A comoção crescia e os fiéis sentiam que seu coração não estava longe do deus; acreditavam que, atraído pela homenagem, o deus vinha assistir à festa e escolhia o templo para residir naquele dia; as portas do templo se abriam para o proprietário divino como se ele tivesse batido (na Antiguidade, as pessoas batiam à porta com a ponta do pé); os fiéis sempre esperavam que a porta se abrisse sozinha para o mestre, milagrosamente, em vez de ser comandada pelos sacerdotes. Também acreditavam que sentiam a aproximação do deus e queriam acreditar que sua chegada seria marcada por milagres; o loureiro e o cisne, a árvore e o animal do deus, saudariam a vinda do mestre. Felizes os que sentiam e acreditavam! O deus concedia apenas aos bons, aos verdadeiros devotos, a capacidade de sentir e acreditar nele; glória a eles. Diante dessa descida milagrosa do deus entre os fiéis, diante dessa "epifania" (essa era a palavra), a natureza parecia parar de respirar; Tétis e Níobe, o mar e os rochedos, calavam-se e alegravam-se, e o edifício do templo estremecia sob os passos do gigante invisível que vinha se instalar ali. Toda essa comoção era sincera; ela dá a verdadeira dimensão do fervor pagão, que tinha muito menos a invejar do cristianismo do que se julga algumas vezes.

Depois do que Calímaco escreveu, como podemos duvidar que ele próprio tenha sentido essa emoção, ou que ao menos tenha entendido e simpatizado com ela? Mas sua poesia não se propõe a registrar emoções para torná-las comunicativas, e sim transformá-las em obras autônomas. Da mesma forma que os historiadores fazem história com elas; a sua maneira, Calímaco é tão objetivo quanto eles. Ele tem a atitude do etnógrafo diante dos indígenas. Ele fala em seu próprio nome? Tenta exprimir a emoção geral? Ele parece citar, ou até imitar, as palavras de um fiel. Quem fala, na verdade? Quem adivinhar ganha um prêmio. Nos hinos autênticos da antiga Grécia, muito antes da época de Calímaco, o "eu" já era empregado e esse "eu" se referia indiferentemente ao coro, que cantava o hino, ao mestre do coro e ao poeta; portanto, às vezes parecia que o coro, pela boca do maestro, dava a si mesmo[15] a ordem de cantar ou exprimia visões pessoais do poeta; não resultava nem se procura nisso nenhum equívoco. Apenas os filólogos modernos se perguntam

---

15 Cairns, *Tibullus: A Hellenistic Poet at Roma*, p.121; Hoekstra, The Absence of the Aeginetans: On the Interpretation of Pindar's Sixth Paean, *Mnemosyne*, XV, p.11.

se às vezes esse "eu" não exprime as ideias pessoais do poeta que escreveu o hino, ao invés das opiniões mais correntes que deveriam ser as dos coreutas; o que complica as coisas é precisamente o fato de que, naqueles tempos longínquos, a opinião corrente esperava dos poetas ideias que, embora fossem pessoais, não eram recebidas como menos verdadeiras, porque o poeta tinha o dever de enriquecer o conhecimento religioso dos homens...[16] O mínimo que podemos dizer é que Calímaco não é um deles; ele aproveita a aparente polivalência do "eu" hínico para extrair dele um procedimento literário que lhe permite, como artista, distanciar-se do resto dos homens. Ele se transforma num ventríloquo; o coro, o maestro, a multidão, todo mundo fala, a realidade se dispersa em exclamações, ordens e interrogações (vimos que Propércio imita esse procedimento); a ausência de um ponto de vista coerente torna irreal o que diz o texto.

E isso não é tudo: o leitor não consegue saber se está lendo o texto do hino ou um metatexto que cita o hino, e em Tibulo encontramos um procedimento semelhante. O hino convida a começar o hino, mas ele já é um hino quando faz isso? Em outras palavras, em que momento começa a liturgia que o hino acompanha?[17] A discussão entre os filólogos é infindável, e por um bom motivo: para Calímaco, isso era arte, e é por isso que esse hino pode terminar com oito versos em que o poeta, de novo um homem de letras, gaba-se de ter a proteção dos deuses contra as críticas invejosas de seus inimigos literários.

Digamos que a arte de Calímaco é maneirista, mas nem toda literatura helenística é maneirista; a antítese de Calímaco é Menandro, um escritor tão refinado quanto ele que, em suas

---

16 Quando Ésquilo, em um coro, diz: "Sobre esse ponto, não penso como todo mundo" (*Agamemnon*, 757), ele não se isola da multidão: ele anuncia que vai ensinar algo novo, e não se esperava outra coisa de um poeta.

17 Quando supostamente começa a liturgia? Cf. Erbse, em *Hermes*, LXXXIII, em particular p.418; sobre a abertura milagrosa das portas do templo, cf. Weinreich, Gebet und Wunder, II: Türöffnung in Wunder.

comédias de costumes, retrata sem nenhuma ilusão uma humanidade medíocre, mas a retrata com uma precisão, uma verdade, uma qualidade do detalhe às vezes tão grande que ele não fica atrás de um Tolstói; esse nome se impõe mesmo quando uns poucos versos isolados sobre a condição humana[18] (o texto de Menandro chegou até nós em pedaços) têm um profundo tom de desilusão, sem amargura e sem moral que se possa tirar dele: a derrota se torna triunfo, e isso é o grande classicismo. Mas, se devemos falar de humanidade, não está claro que Calímaco, mais ardiloso, seja mais seco; sua poesia não defende nem ilustra "valores", como temos de reconhecer, mas nem por isso é desinteressada; a Vênus de Milo é uma obra helenística por excelência e seria difícil aliar mais sensualidade direta, ingênua e popular a um moldado tão complexo, tão refinado, tão astucioso. A estética de Calímaco é triunfal; ela triunfa sobre o verdadeiro e o falso, repousa sobre uma inteligência superior, que compreende tudo, não acredita em nada, mas não desdenha de nada. Goethe, lendo Ferdusi em seu divã, não se perguntava como podia ser persa; os velhos mitos são para Calímaco o que a Pérsia foi para Goethe: a descoberta da não verdade universal.

Esse maneirismo é o instrumento ideal para exprimir as semicrenças, o *wishful thinking* ou, simplesmente, as falsas posições sentimentais. Prova dessas ambiguidades, prova também da grande influência de Calímaco e de sua humanidade paradoxal: o texto talvez mais comovente da poesia latina é também o mais calimaquiano;[19] e não o devemos aos nossos elegíacos,

---

18 Trata-se do fragmento 481 (*Comicorum atticorum fragmenta*, Kock); não é difícil acreditar que Goethe tinha esses versos em mente, quando fez um elogio ditirâmbico de Menandro a Eckermann: nos tempos de Goethe, os papiros não haviam ainda revelado os versos de Menandro e poucos textos dele eram conhecidos; esse fragmento, ao contrário, já era conhecido.

19 Cf. as páginas em que Newman (op. cit., p.128) mostra que um dos poetas latinos mais próximos de Calímaco era precisamente Virgílio, com sua falsa simplicidade comovente.

mas a Virgílio; trata-se do Anúncio a Pólio, em outras palavras, da Quarta Bucólica. Talvez ninguém se admire de vê-la metida nessa questão; no entanto, acreditamos que a chave desse texto enigmático está aí. Quando um enigma é muito debatido, é mais educado e mais rápido limitar-se a expor uma opinião pessoal, advertindo o leitor de que existem muitas outras.

O tempo ainda não corroeu esses versos inspirados, nos quais, para os primeiros cristãos, Virgílio pressentiu quarenta anos antes o nascimento do Salvador; de fato, o poema é animado por messianismo político-religioso. A situação nunca foi tão sombria como naqueles anos em que uma parte do império, sob o comando do talentoso e ativo Antônio e da genial Cleópatra, quase avançou contra a outra, chefiada pelo duro e maquiavélico Otávio, a quem a vitória valeu depois o nome de Augusto. Nesse mesmo ano 40, as pessoas tinham a esperança de que o pior fora evitado, sem acreditar muito nisso; e o que diz o poema? Virgílio se dirige a um de seus protetores, Pólio, que naquele momento tinha a honra de ser cônsul e, consequentemente, de dar seu próprio nome ao ano; ele anuncia que o fim dos tempos chegara, como dizia a profecia da sibila, e que naquele ano do consulado de Pólio nascera um menino, um romano, sobre o qual o poeta não diz nada, nem mesmo o nome: ele diz apenas que, com essa criança, a idade do ouro reflorescerá, com abundância e paz eterna. O paraíso na terra se estabelecerá gradativamente, concomitantemente com as etapas da vida do menino e, consequentemente, graças a ele (o povo imputava aos mestres do momento, por mérito, os anos felizes e as boas colheitas); quando o misterioso menino chegasse à idade adulta, ele seria o rei dessa terra de felicidade, onde leões e carneiros conviveriam em paz, onde não se trabalharia mais, onde não se teria mais de desvirtuar a natureza, de forma tão pouco ecológica; não seria mais necessário nem mesmo tingir a lã: as ovelhas nasceriam coloridas!

Qual é a relação de Pólio com essa criança misteriosa? Nenhuma, exceto que Pólio teve a honra de a criança ter nascido em seu consulado (o povo também imputava a Cícero a honra de Otávio Augusto ter nascido em seu consulado).[20] Mas que criança é essa? Quem o poeta tinha em mente? Discute-se isso há dois milênios e, naturalmente, cogitou-se um filho dos mestres do momento. Um filho de Otávio? Ele teve uma menina. A criança que nasceria do casamento que Antônio, como garantia de paz, acabara de celebrar com uma irmã de Otávio?[21] Ou uma criança imaginária, um sonho de poeta, como supôs mais de um comentador? Nós também pensamos assim, mas a nosso ver há duas dificuldades nisso. Se essa criança é uma fantasia de poeta e o retorno do paraíso na terra é outra, como conciliar essa invenção com a seriedade, o fervor e a paixão messiânica, histórica e patriótica que movem Virgílio? E como Virgílio poderia prever que esse bebê desconhecido e anônimo, que nada em suas origens parecia reservar, entre milhões de outros bebês, para um destino tão prodigioso, um dia seria mestre e salvador do mundo?

---

20 Segundo um representante das ideias populares na política, o historiador Velleius Paterculus, II, 36. Sobre esse tema, e sobre a concomitância entre um reinado (ou um consulado) e um ano político feliz ou boas colheitas, reuni algumas referências em *Le pain et le cirque*, p.735-6, n.46-8. O que se dizia é que o Menino não era rei de imediato e não fazia vir a idade do ouro: havia simples concomitância; é verdade, mas um rei não faz nada: ele apenas está ali, e sua presença é suficiente para fazer a felicidade acontecer por si própria. Concluímos que, *já que* a idade do ouro se desenvolve concomitantemente com o crescimento do Menino, é porque esse Menino é o mestre designado, o Messias que ainda está crescendo, mas já está prometido à realeza. – É inútil acrescentar que, para Virgílio, Pólio e outros leitores, tudo isso era ficção literária. Virgílio não tinha em mente uma criança real e também não dava um significado particular ao ano 40, quando Pólio foi cônsul: seu ponto de partida era apenas dedicar um poema a Pólio, no ano de seu consulado; portanto, ele fingiu acreditar no nascimento de um menino salvador sob esse consulado.

21 Tarn, Alexander Helios and the Golden Age, *Journal of Roman Studies*, XXII, p.135; Syme, *The Roman Revolution*, p.219.

Elegia erótica romana

A explicação é muito simples: o Anúncio a Pólio é um *pastiche* *sério* de uma literatura política semiclandestina,[22] que circulou durante séculos: a dos oráculos da sibila; essa poesia messiânica se apresentava como uma profecia e anunciava para breve o fim dos tempos e o retorno da idade de ouro; temos de nos transportar em pensamento para o universo mental das antigas escatologias políticas, dos "rebeldes primitivos". Ora, acredito que ninguém nesse extremismo arcaico se admirava quando um homem qualquer, tomado por uma inspiração (o espírito sopra onde quer), erguia-se e designava um bebê, também qualquer, como o futuro Salvador:[23] a divindade sente prazer em

---

22 As profecias sobre o fim dos tempos se multiplicavam naquela década de guerras civis e angústia (Apiano, *Guerras civies*, IV, 4, 15, citado com outras referências por Syme, *Sallust*, p.231). Cf. também Cícero, *Catilina*, III, 9; Salústio, *Catilina*, XLVII, 2; Dion Cássio, LVII, 18, 4. Augusto mandou procurar e queimar todas essas "falsas" profecias da sibila (Suetônio, *Augusto*, 31; Tácito, *Anais*, VI, 12). A relação entre essa literatura política clandestina e as profecias oficiais "verdadeiras" da sibila é perfeitamente clara e não deveria causar dificuldade: de um lado, o Estado romano possuía antigos livros proféticos, atribuídos à sibila, que eram mantidos em segredo absoluto; em crises políticas graves, eles eram consultados e interpretados pelos sacerdotes. Isso deu asas à imaginação popular e produziu uma literatura de oposição política, que foi "falsamente" atribuída ao nome da sibila e seria supostamente aqueles famosos livros oficiais secretos: que triunfo para a oposição ler, nos livros oficiais de Roma, o anúncio da queda de Roma! Fabricou-se assim uma massa de falsos oráculos sibilinos que os cidadãos conservavam cuidadosamente (Tácito, *Anais*, VI, 12) e que chegou em parte até nós. Cf., sobre isso, Gatz, *Weltalter, goldene Zeit und sinnverwandte Vorstellungen*, em particular p.89. Essa literatura política pseudossibilina era levada em conta até pelos cônsules: cf. Cícero, *Ad familiares*, I, 7, 4.

23 Encontramos, em outros lugares, exemplos de inspiração em que um homem é tomado pela visão de um menino e o anuncia como um futuro grande homem; em que "um personagem sobre-humano é reconhecido, desde o nascimento, como tal por um inspirado" (Dibelius, *Die Formgeschichte des Evangeliums*, p.124). Aconteceu com Buda e Jesus: Simeão, avisado pelo Espírito de que veria o Messias com seus próprios olhos, encontrou Maria e José no templo, aonde iam com o filho, e reconheceu nesse menino o Messias (Lucas 2, 25). A vocação futura do adolescente Maomé também foi predita pelo monge Bahira. – Mesmo entre os nossos

transformar os humildes em mensageiros e gosta que os últimos sejam os primeiros. Anúncios desse tipo eram sempre bem--vindos, porque permitiam pensar que, enquanto os poderosos acreditavam que triunfariam, aquele que poria fim ao seu reinado crescia na sombra do anonimato. A profecia relativa ao menino se realizaria realmente? Ninguém se preocupava muito com isso: o importante era que, a partir daquele momento, o anúncio desvalorizava o triunfo provisório do mal e a esperança renascia.

É esse papel de anunciador que Virgílio finge assumir nesse poema. Ele faz isso não para desvalorizar os mestres do momento, como faziam os oráculos sibilinos, de inspiração judaica ou cristã, que chegaram até nós e profetizavam o fim próximo de tiranos estrangeiros ou imperadores perseguidores.[24] Mas, embora não seja oposição, Virgílio deixa claro que exige e espera ver a pátria sair do inferno das guerras civis e viver de novo a paz e a prosperidade; para isso, ele está disposto a confiar num mestre e imagina um futuro de feições monárquicas; o que não desagradaria ao mestre do momento. Em resumo, Virgílio inventa um modelo de "boa" literatura messiânica; ele extrai o que é são e legítimo desse extremismo popular que outros condenariam prontamente. E, sobretudo, ele aproveita a ambiguidade meio séria de todo pastiche para se entregar ao seu próprio desejo de acreditar e ter esperança; e também para

---

poetas, encontramos aqui e ali esboços tipicamente romanos dessa ideia de um consulado marcando o início de uma era de felicidade: era um lugar--comum; para Tibulo (II, 5): "Messalinus, protetor do poeta, é um moço semelhante ao menino da Quarta Bucólica, e o Augusto Mercúrio da ode I, 2 de Horácio é outro; o quindecenvirato de Messalinus marca o limite entre os desastres e as guerras do passado e o futuro paradisíaco" (Cairns, op. cit., p.85; Ovídio jura a um cônsul que ele terá um ano feliz (*Pônticas*, IV, 4). – Sobre a natureza semidivina de seu jovem herói, que será recebido à mesa dos deuses e no leito das deusas, cf. a fina apreciação de Weinreich, *Hermes*, LXVII, p.363.

24 Kurfess, *Sibyllinische Weissagungen* (seleção de oráculos sibilinos, com texto, tradução em alemão e comentários).

oferecer a Pólio um poema que, pela ficção do Menino Salvador, cumprimenta-o pela honra de seu consulado.

Ele se entrega ao poema com toda a sua alma, tanto que seus versos poderiam e foram de fato tomados ao pé da letra; aqui e ali, eles eram apenas ironia do poeta; as ovelhas que nascem coloridas[25] são um desmentido irônico que Virgílio faz de si mesmo... O poeta não queria passar pelo ridículo de bancar o profeta e não escreve um texto atual, fadado a morrer no dia seguinte; o Menino não existe, ou são todos os meninos ao mesmo tempo, porque queremos acreditar que o passado não onera o futuro e todo homem nasce são e salvo e inventa. Esse pastiche de anúncio, desde que não seja tomado ao pé da letra, é eternamente verdadeiro; e monarquista.

O Anúncio a Pólio é a obra-prima da arte calimaquiana. Essa arte do não verdadeiro conseguiu satisfazer impunemente uma necessidade de fervor que procurava seu objeto em vão. Virgílio conseguiu exprimir – sem acreditar e sem desmentir brutalmente – uma credulidade popular cujo fundo o comovia profundamente e que não lhe desagradaria poder compartilhar. Atração prazerosa e sonhadora pelas lendas ingênuas, pastiche nostálgico.

Cerca de vinte anos depois, quando Otávio Augusto venceu e impôs uma paz monárquica, os elegíacos romanos sentiram a mesma atração pelas crenças populares e pelas antiguidades nacionais; eles compuseram poemas em que também cometem equívocos de diversas maneiras sobre esses temas em que a verdade dogmática não se impunha mais aos espíritos cultivados. Mas eles se sentiram mais atraídos por outro tema, o amor, que é uma matéria "duvidosa" e subalterna, quando não se trata de

---

25 Não que tingir a lã seja um trabalho duro, mas é que é um erro: a natureza é desvirtuada. Na idade do ouro, não será mais preciso cometer esse pecado, porque as ovelhas nascerão amarelas ou púrpuras: as cores serão sem pecado, pois serão "naturais". Alguns cristãos condenaram o uso de roupas tingidas, dizendo que eram diabólicas, porque o diabo é o desvirtuador da natureza (*interpolator naturae*), escreveu Tertuliano em *De cultu feminarum*, I, 8, 2.

amor conjugal e a heroína não é uma matrona, mas uma irregular. Calímaco cantava os mitos porque as pessoas acreditavam neles apenas em parte; os elegíacos situaram sua ficção amorosa no mundo das pessoas de reputação duvidosa para que o narratário a levasse a sério apenas em parte.

Mas eles cantaram também as antiguidades romanas; o último livro das elegias de Propércio, em que o poeta tenta renovar seus temas, contém várias peças sobre a história e os cultos da Roma primitiva; Ovídio escreveu um longo poema em versos elegíacos, os *Fastos*, que descreve as festas religiosas do calendário romano de uma forma agradável e conta suas origens segundo a tradição do grande poema elegíaco de Calímaco, os *Aitia* ou *Origens*. Em matéria de religião, Ovídio era tão cético quanto Cícero: "É útil que haja deuses e, já que é útil, pensemos que haja";[26] ele também aprecia os costumes populares, o espetáculo das festas,[27] e diverte-se afavelmente com as ingenuidades da mitologia, na melhor tradição helenística. Propércio, de sua parte, era patriota demais para brincar com as antiguidades nacionais; mas, como poeta, achava que tinha de transformá-las em objeto de arte; burila versos preciosos, faz arte gratuita. O patriotismo do homem, assim como a concepção não conformista da vida que ele transformou em doutrina, não conseguiu se exprimir na elegia. O estetismo dos poemas nacionais os transformou em *tours de force* rebuscados, realçados por certa imaginação sentimental. Propércio inventa que Tarpeia, uma vestal lendária que se tornou o modelo da traição à pátria, invadiu Roma por amor a um general inimigo; ela exprime longamente seu ardor em versos de

---

26 Ovídio, *Ars amatoria*, I, 637.

27 Id., *Amores*, III, 13 (a procissão a Falérios). Peça muito diferente das outras elegias de *Amores*: Ovídio conta uma recordação real e seu Ego é seu verdadeiro "eu"; ele mostra, sem desmentido e sem falsa ingenuidade, uma cena da vida real; nessa elegia, deixando de falar de sua heroína de ficção, Corina, ele se descreve conjugalmente, assistindo à festa em companhia de sua esposa, que era precisamente de Falérios. A mudança de tom é impressionante.

ópera. Em outra elegia, o deus Vertumno (divindade popular que a religião oficial, a única que devia ser respeitada, desconhecia) confirma em pessoa a estranheza das metamorfoses que a lenda lhe atribui e parece se achar pitoresco.

A elegia erótica mantém a tradição de rir das crenças populares, de imitar o texto das leis sagradas e dos ex-votos. "Que ninguém seja tão insolente que ouse viajar a despeito de seu amor; senão, que fique avisado que viajou desobedecendo a um deus",[28] que o punirá: esse é um pastiche daquelas leis sagradas que se liam na entrada dos santuários e ameaçavam com um castigo divino quem não respeitasse as práticas sagradas: o braço secular deixava à divindade o cuidado de punir as ofensas que cometiam contra ela, se pudesse.[29] Por ter viajado, apesar do Amor, o poeta Tibulo foi castigado: ficou doente; só lhe restou pedir socorro a outra divindade: "Vem em meu socorro, Ísis;

---

28 Tibulo, I, 3, 21. Brincadeira com *amor*, substantivo, e *Amor*, nome de um deus (Schuster, *Tibull-Studien*, p.128).

29 O Estado romano tinha por princípio "deixar os deuses cuidarem das ofensas que eram cometidas contra eles" (Tácito, *Anais*, I, 73) e não se intrometer na questão; cf. Moreau, *Clodiana religio*, p.55. Quando Cícero, numa espécie de utopia política (*De legibus*, II, 8, 19; 9, 22; 10, 25), redige leis sagradas, ele inclui entre elas, como sanção: "O deus, em caso de violação, fará justiça a si mesmo". Quando o culto de César foi estabelecido, decidiu-se que aqueles que se recusassem a adorar em sua casa o ditador assassinado pagaria uma multa, se fossem senadores, e, se fossem simples cidadãos, seriam "oferecidos a Júpiter e César" (Dion Cássio, XLVII, 10); o que não quer dizer que eles seriam punidos com a morte, numa espécie de sacrifício a Júpiter, como pensava Mommsen, mas que se deixaria que Júpiter e o deus César se vingassem a sua maneira, se quisessem (cf. Mommsen, *Römisches Strafrecht*, p.568, n.3). Mesma coisa na Grécia, naturalmente; na Magnésia do Meandro, a cidade instituiu uma festa pública de Ártemis e quis obrigar todo cidadão a erguer diante de casa um altar privado à deusa; a lei concluiu: "Se não for feito, isso vos cairá sobre a cabeça!"; o que significa que nenhuma punição humana foi instituída (Kern, *Die Inschriften von Magnesia am Maeander*, p.87, 1. B 42). A ideia tão romana, tão senatorial, de que o próprio deus vingará as ofensas que cometem contra ele (Cícero) tem origem grega: Xenofonte, *Anábase*, V, 3, 13.

de fato, podes curar-me, como ensinam tantos quadros que se veem no teu santuário";[30] devemos convir que as pinturas dos ex-votos são provas às quais só podemos nos render.[31] E as palavras: "de fato, podes" são uma paródia; o grande argumento das orações era lembrar à divindade que ela podia fazer, que ela não devia fazer menos por um fiel do que fez por outros, que ela devia se deliciar com sua reputação de potência e não dar margem a dúvidas.[32] Os homens imaginavam suas relações com os deuses nos moldes das relações que tinham com os ricos e poderosos, ou com as nações estrangeiras.

O "eu" elegíaco permite, portanto, um humor a mais: o poeta assume a fé do carvoeiro.[33] Tibulo deseja não fazer carreira e viver em suas terras, e conta com boas colheitas, "pois", diz ele, "venero todas as árvores mortas nos campos e todas as pedras antigas nas encruzilhadas, que se enfeitam de guirlandas de flores";[34] os campos estavam cheios desses pequenos monumentos sagrados, como os oratórios da Provença de antigamente e da

---

30 Tibulo, I, 3, 27.

31 Um dia, no santuário de Epidauro, um ímpio olhava os ex-votos, que relatavam curas milagrosas, e ria; o deus o puniu a sua maneira (Dittenberger, *Sylloge*, n.1168, III).

32 Esse caráter das orações explica a página mais linda, talvez, da poesia latina: a oração a Vênus que inicia o poema de Lucrécio; o esquema é o seguinte: ô Vênus, tu que és bastante poderosa para animar tudo na terra (e o poeta desenvolve esse poder em versos admiráveis), traze-nos a paz. Sobre esse caráter, cf. Norden, *Agnostos Theos*, p.252; Kleinknecht, *Die Gebetsparodie in der Antike*, p.202, n.1. Esse caráter tem origem grega, naturalmente (*Ilíada*, XVI, 515; Calímaco, *Hinos*, II, 29 e IV, 226). Comparar com Horácio, *Odes*, III, 11; *Eneida*, VI, 117.

33 Essa falsa ingenuidade será contraposta à atitude da elegia II, 1, do mesmo Tibulo, da qual falaremos em breve; e da de Ovídio, *Amores*, III, 13, de que falávamos anteriormente: mas aqui o poeta permanece alheio à religião; ele não a compartilha: é espectador enternecido, ou turista. Mesma posição de espectador numa ode de Horácio (III, 23), reflexão séria e admirável sobre a fé ingênua de uma mulher do povo.

34 Tibulo, I, 1, 11; cf. Weinreich, em *Hermes*, LVI, p.337 (*Ausgewählte Schriften*, I, p.559). E também Dölger, em *Antike und Christentum*, VI, 4, p.302.

Grécia de hoje, e as pessoas os "veneravam", quando passavam diante deles, acenando ou mandando um beijo.[35] Nosso nobre e rico poeta se descreve complacentemente no papel do camponês devoto; ele se vê de fora para divertir o leitor. A falsa ingenuidade em matéria de religião é tradicional na elegia; uma brincadeira consagrada era pedir a uma bela mulher uma de suas façanhas piedosas, uma *pannychis*: uma noite passada completamente em claro como prova de devoção; o próprio poeta seria o deus que a bela, bem acordada, festejaria no leito. O único Júpiter que a elegia conhece é o deus donjuanesco das incontáveis amantes do qual falava a mitologia.[36] Em resumo, a elegia erótica era um gênero tal que se podia brincar tanto com as coisas santas quanto com a moral e o dever de fazer carreira pública para servir à pátria, sem que a brincadeira tivesse consequências. "Elegia, obra enganadora", *fallax opus*, escreve Propércio em algum lugar;[37] daríamos tudo para saber o que exatamente ele escondia por trás desse adjetivo. A "mentira" poética, que tem muitos graus, permitiu a Tibulo escrever o que podemos considerar seus melhores versos e não é uma elegia de amor; é um símile-hino, muito semelhante àquele de Calímaco, em que o poeta se transforma em orquestra de um homem só e fala por todas as bocas, mas sem que resulte disso a dispersão cansativa do poeta grego; ao contrário, Tibulo relata uma festa religiosa do calendário rústico com encanto, alegria e seriedade moderada.[38]

A elegia erótica, quer seja uma mentira engraçada, quer transforme a realidade em objeto de arte, tem origem helenística.[39]

---

35 Estudaremos em outro lugar esses gestos de veneração, que são reconhecidos em certos monumentos figurativos.

36 Propércio, I, 13, 29; II, 2, 4; II, 16, 47.

37 Id., IV, 1, 135.

38 Tibulo, II, 1; cf. Wilamowitz-Moellendorff, *Hellenistische Dichtung*, v.2, p.286; Wissowa, *Religion und Kultus der Römer*, p.143, n.5; Cairns, op. cit., p.126 et seq.

39 Sobre essa questão muito discutida, cf. Day, *The Origins of Latin Love-Elegy*; mas a questão acaba de ser renovada por Cairns, op. cit., cap.9.

Os romanos sabiam, dois séculos antes, que os amantes escreviam elegias sobre a casa de sua amada.[40] Fazia seis ou sete séculos que os gregos cantavam o amor nas métricas mais variadas, na primeira ou na terceira pessoa. Saber se eles se omitiram de cantá-lo também em ritmo elegíaco, na primeira pessoa, e deixaram aos romanos a honra de ser os primeiros a pensar nisso é uma questão que, apesar de ter sido muito discutida, tem um interesse limitado, e a resposta mais provável é não: já havia elegias helenísticas em que o amor era cantado sob a ficção do ego, embora fossem aquelas elegias que chamamos erroneamente de epigramas, alegando que são curtas demais.[41] Uma questão mais interessante seria saber se, na elegia helenística, o poeta se limitava a evocar brevemente os problemas sentimentais de seu Ego para contar mais longamente mitos que abordavam o mesmo problema amoroso (lembramos que Propércio passou do seu próprio caso para a lenda de Antíope); ou se a narrativa mística se reduzia a umas poucas alusões mitológicas e a maior parte do poema era dedicada ao problema pessoal do poeta.[42]

---

40 Segundo uma correção feliz no verso 409 do *Mercator* de Plauto (*Elegia*).

41 Como escreve Cairns (op. cit., p.216), a tese de Day esbarra numa objeção de peso: existem epigramas elegíacos helenísticos na primeira pessoa. Devemos acrescentar que... não se trata de epigramas, mas de elegias, elegias curtas, nem mais nem menos; no sentido antigo da palavra, o epigrama não é um poema curto, mas um texto de inscrição, votivo ou fúnebre, ou um pastiche de inscrição votiva ou fúnebre; um ex-voto ou um epitáfio em versos.

42 Existe em Propércio (I, 20) um belo exemplo de elegia em que o Ego ocupa um espaço muito menor que a narrativa mítica. – Uma coisa intriga: Hermesianato compôs um poema, *Leontina*, em que ele cantava, em métrica elegíaca, uma certa Leontina, que ele amava; ora, Ateneu diz que Hermesianato, em seu Livro III, faz um inventário da mitologia amorosa; a maneira de falar de Ateneu mostra que o poeta não fez o mesmo em seus dois primeiros livros; o que ele fez então? Elegia erótica em seu próprio nome? Somos levados de volta para o único problema que interessa: a marca pessoal de cada autor, que não tem nada a ver com a oposição entre Grécia e Roma, e a pretensa originalidade romana (Propércio é que é original, não Roma), nem com a evolução de um gênero que é grego de origem; tudo é grego em Roma.

Em todo caso, os romanos nunca reivindicaram a mínima originalidade em matéria de elegia. E os problemas estéticos parecem ter sido mais importantes que os do gênero literário na percepção que tinham de Calímaco: eles não o louvam por ter escrito na primeira ou na terceira pessoa, mas por ter uma arte refinada (*doctus*), cumprimento que fazem também a Menandro;[43] uma arte delicada (*lenis*), em contraste com a musculosa epopeia,[44] uma arte sutil, o oposto do exagero.[45] Uma curta elegia, que deve ter nascido num dos círculos literários da época,[46] acabou nesta declaração de princípio: "Não quero ter nada em comum com os grosseirões".

Para que os grosseirões se esfalfem correndo atrás deles, os elegíacos fazem uma arte pura, com tantas armadilhas que ela não parece pura; parece sensual, sentimental, apaixonada. Desmentir sua própria ficção não é ressuscitar a realidade; é criar um vazio de afirmação, o que é mais estético. Se um poeta (suponhamos que ele seja um autêntico apaixonado), em vez de aliviar o peito tornando sua emoção comunicativa para os leitores, compõe uma espécie de pastiche de si mesmo, um quadrinho complacente, fazendo uma ideia muito precisa da ideia que o leitor faz dele, ele será calimaquiano.

E, desse modo, ele será o oposto de um fenômeno familiar aos modernos: a ironia lírica. Essa mistura desconcertante de amor e humor que é a elegia romana deve-se ao pudor de um

---

43 Sobre *doctus*, cf. Kroll, *Studien zum Verständnis der römischen Literatur*, p.37; Williams, *Tradition and Originality in Roman Poetry*, p.49; Cairns, op. cit., p.11. Sobre o "douto Menandro", cuja arte devemos crer que é mais delicada que a de Aristófanes, cf. Propércio, III, 21, 28.

44 *Carmina lenia, mollia*: Propércio, I, 9, 12; II, 1, 41.

45 Propércio, II, 1, 40: *angusto pectore Callimachus*; II, 34, 32: *non inflatus Callimachus*; cf. IV, 1, 58, em que Propércio se atribui a mesma delicadeza. Sobre a expressão *deductum carmen*, "um poema tecido finamente", cf. Einsenhut, loc. cit. Boucher, *Études sur Properce*, p.187: "Há em Propércio uma arte do descontínuo, uma arte alusiva, que continua diretamente a arte de Calímaco".

46 *Appendix Vergiliana, Catalecta*, IX: *pingui nil mihi cum populo*.

poeta que finge rir para não chorar? O inverso seria mais verdadeiro. Vimos que Tibulo ou Propércio fazem pastiches dos ex-votos ou das orações dos humildes, mas ao mesmo tempo gostam deles. Tristan Corbière faz a mesma coisa em "Pardon de Sainte-Anne", permitindo ao historiador compreender melhor, por analogia, o que foi a religiosidade pagã, da qual não estão longe os bretões de Corbière:

> Trois jours, trois nuits, la palud grogne,
> Selon l'antique rituel,
> Chœur séraphique et chant d'ivrogne,
> Le CANTIQUE SPIRITUEL:
> "Mère taillée à coups de hache,
> Tout cœur de chêne dur et bon,
> Sous l'or de ta robe se cache
> L'âme en pièce d'un franc Breton.
> Servante-maîtresse altière,
> Très-haute devant le Très-Haut,
> Au pauvre monde pas fière,
> Dame pleine de comme-il-faut!
> Dame bonne en mer et sur terre,
> Montre-nous le ciel et le port
> Dans la tempête ou dans la guerre,
> Ô fanal de la bonne mort.
> À l'an prochain. Voici ton cierge.
> C'est deux livres qu'il a coûté.
> Respects à Madame la Vierge,
> Sans oublier la Trinité".*

---

* "Três dias, três noites, o palude murmura,/ Segundo o antigo ritual,/ Coro seráfico e canto de bêbado,/ O CÂNTICO ESPIRITUAL:/ 'Mãe entalhada a golpes de machado,/ Todo coração de carvalho duro e bom,/ Sob o ouro do teu vestido esconde-se/ A alma em pedaços de um franco bretão./ Serva amante altaneira,/ Altíssima diante do Altíssimo,/ Humilde no pobre

A ironia lírica, dizem os formalistas russos,[47] nasce do choque entre duas avaliações: essa gente piolhenta são nossos irmãos infelizes, e nós os amamos violentamente; assim como sua fé, como a compreendemos, mas não conseguimos compartilhar. Essa ironia é feita de impotência: as coisas estão erradas, mas são mais fortes; dois séculos atrás, a ironia lírica, em Heine ou Laforgue, nascia dos conflitos políticos e religiosos ou do mal-estar do artista no mundo burguês.

Na elegia também existe impotência, mas ela é encenada. O poeta finge ser escravo de uma paixão, sonhar em vão com a pureza rústica, mas não entra realmente em conflito com as coisas; ele desaprova o mundo e não milita para mudar as ideias dos leitores a respeito das superstições religiosas ou das mulheres ditas muito facilmente fáceis. A elegia apela para a realidade somente como contraste; uma paródia de oração desmentirá a sinceridade das súplicas de um amante que banca o desesperado. Mas, para que o leitor veja a paródia, é preciso que ele próprio seja cético em matéria de religião; portanto, não se trata de um leitor real, mas de um narratário: os verdadeiros leitores podem continuar a pensar o que quiserem, o poeta pede apenas que eles vejam a religião com os olhos apropriados enquanto durar a leitura. A elegia apela para as coisas para obter um efeito, não tenta mudá-las, e é por isso que falaremos de semiótica, e não de sociologia ou ideologia da elegia.

Partindo da falsa evidência de que Propércio pretendia exprimir seus sentimentos, Brooks Otis diz como sua poesia parecia estranha:

---

mundo,/ Senhora como deve ser!/ Senhora boa no mar e na terra,/ Mostra-nos o céu e o porto/ Na tempestade ou na guerra,/ Ó fanal da boa morte./ Até o próximo ano. Eis tua vela./ Duas libras custou./ Respeitos à Senhora Virgem,/ Sem esquecer a Trindade'." (N. T.)

47 Todorov, *Mikhail Bakhtine: le principe dialogique*, p.210.

Propércio é o mais enigmático dos poetas latinos; existe nele artifício suficiente para que possamos duvidar da realidade de quase toda a sua experiência amorosa e verdade desconcertante suficiente para que duvidemos do artifício; ele é irônico quando se esperaria que fosse sério e vice-versa; existe até emoção nele, mas ela desafia a análise e a explicação.[48]

A impressão foi bem traduzida e podemos manter os termos, mas invertendo-os; em vez de achar essa sinceridade um pouco estranha, devemos nos perguntar onde esse humor encobre a sinceridade.

Isso é um grande poeta? Durante muito tempo, a poesia elegíaca representou a poesia amorosa para o Ocidente, e seu prestígio vinha sobretudo do fato de se dedicar a esse tema exclusivo; não poderíamos jurar que a invenção e a execução elevam Propércio e Tibulo acima dos poetas menores, e o talento de Ovídio é o de um contador espirituoso e simpático. Em compensação, Propércio tem uma concepção poderosa e, nisso, a originalidade desse poeta helenizante é completa, apesar da falta de clareza, de graça e de precisão na composição. Originalidade completa, porque Propércio retoma inteiramente a concepção de Calímaco: ele a reconstitui com toda a sua coerência. Preferíamos que tivesse se limitado a usá-lo como pretexto para uma obra mais compósita, em vez de fazer pequenos empréstimos pitorescos? Esse é o paradoxo da originalidade, que não é o que se pensa mais de um latinista; aqui não há imitação episódica de motivos, mas emulação na mesma matéria. Propércio, mais do que Tibulo, teve a força de se apropriar da arte de Calímaco como se fosse sua, com toda a sua sutileza e estranheza.

---

48 Otis, em *Harvard Studies in Classical Philology*, LXX, p.1.

3
Confidências falsas: maneirismo e humor

De onde vem essa impressão de estranheza? Duas elegias escolhidas quase ao acaso (II, 8 e 9) bastarão para mostrar.

Cíntia acaba de arranjar outro amante e Ego está desesperado, como podemos imaginar:

> Assim, pois, Propércio, agonizas na flor da idade? Morre então, e grande bem faça a ela teu passamento! Que ela atormente minha alma, injurie minha sombra, pise nas minhas cinzas! Pois quê! Hêmon, o beócio, também desabou no túmulo de Antígona, rasgando o corpo com a própria espada! Ele misturou suas cinzas às da pobre moça, pois sem ela não queria mais retornar ao seu palácio tebano.

E assim somos informados sobre esse Hêmon. Esse desespero douto e barulhento é seguido de mais mitologia: "O que esse outro homem é, hoje, muitas vezes eu mesmo fui; talvez ao cabo de uma hora ele seja rejeitado em proveito de um novo favorito. Penélope soube preservar a virtude durante vinte anos" (detalhes); "Briseida guardou Aquiles em seu peito" (detalhes).

Em seguida, vêm argumentos e sentenças: "Ah, não tendes dificuldade em fazer frases, em inventar mentiras: esse é o único trabalho que uma mulher sempre soube fazer". O todo constitui uma pequena dissertação sobre o ciúme, sob uma ficção de acontecimento autobiográfico.

Mais exatamente, o todo é um *quadro de gênero* em trajes mitológicos: "O ciúme"; um quadrinho calculado, engraçado, seguro de seu efeito. Acontece o mesmo em todos os outros poemas. É de causar espanto que se veja nessa obra um drama autêntico e um desabafo de uma alma apaixonada; para que esse contrassenso fosse possível, foram necessárias a tradição filológica, para a qual explicar uma obra consiste em encontrar um referente para ela na realidade,[1] e a tradição da crítica psicológica, sem falar da retórica de cátedra.[2] Versos tão frios só podem ser sido escritos a frio, num momento em que o cavaleiro romano Propércio, em sua vida privada, não passava por dramas sentimentais com a ou as amantes desconhecidas que desejamos que ele tenha tido; senão, redigir dissertação semelhante, em momento semelhante, teria sido amargo demais para ele. No fim do trecho, o poeta retoma o *leitmotiv* da coletânea: fidelidade a Cíntia até a morte e

---

1 Um texto se explica ou por seu referente, por aquilo de que se fala, ou por sua causa eficiente, isto é, por seu autor, com seu caráter ou biografia. Se o texto é autobiográfico, matamos dois coelhos com uma cajadada: o referente se confunde com a causa. Por isso é tão tentador acreditar que os elegíacos fazem autobiografia: seria um meio de explicar a obra de forma plena e econômica, apenas com a experiência psicológica que todos nos gabamos de ter.

2 A tradição escolar exige que falemos bem dos autores que estudamos ou dos grandes homens dos quais escrevemos a história: a exposição tem sempre o caráter de um elogio, por comissão ou omissão. Convenção? Pragmática, sobretudo: enquanto se acreditar na eternidade do bom e do belo, eles serão interessantes; ora, que interesse teria falar de uma coisa, se ela não fosse interessante, isto é, boa ou bela? O historiador se torna advogado de seus heróis, e conheço um assiriologista e um historiador de Tamerlão que falam bem de seus heróis; um dia, Hitler terá seus panegiristas inocentes, se essa forma de escrever a história for mantida.

além. "Por um trono, os heróis tebanos morreram com as armas nas mãos, não sem o feito de sua mãe; tanto quanto eles, enfrentarei uma morte que acompanharia a tua, se me fosse dado lutar com uma rapariga no combate". Literalmente: "com uma rapariga no meio", *media puella*, o que quer dizer também "no meio de uma rapariga"; os romanos comparavam os gestos do amor a um combate,[3] e morria-se de prazer entre eles como se morre entre nós.[4] O leitor decidirá se tenho uma mente pervertida porque vejo um equívoco obsceno nessa frase final.

Equívoco ou não, no fim do trecho o poeta sublinha que permanece fiel ao tema, que não é o "romance" de Cíntia, mas o ciclo de Cíntia: uma galeria de cenas de gênero. Mas quando damos uma olhada nessa galeria, vemos ocorrer uma coisa que explica muitos contrassensos e é a marca característica da estética de Propércio: aqui e ali, no meio dessa pintura de colorido árido e pouco harmonioso, o olhar é atraído por trechos cheios de uma humanidade encantadora, que lhe serve de repouso.

> Não, minha Cíntia, não é mais o sombrio além que temo e não me recuso mais a pagar minha dívida no dia supremo; mas que eu não tenha mais o teu amor quando chegar o momento de ir para baixo da terra, eis o que me seria mais amargo que o próprio túmulo. (I, 19) [...] beleza, meu único e mais belo cuidado, tu que nasceste para a minha dor, já que meu destino exclui as palavras *Vem sempre...* (II, 25)

Há até trechos graciosos, como esta alba, apesar de suas mensageiras serem deusas de escrivaninha:[5] "Eu me perguntava

---

3 A palavra *arma* tinha um sentido erótico na época (carícias, consideradas ataques à resistência da bela inimiga; ou a palavra designava as armas da carne usadas nesses doces combates); cf. Propércio, I, 3, 16, e Ovídio, *Amores*, I, 9, 25, cf. 30.

4 Propércio, I, 10, 5: *te complexa morientem puella*.

5 O aniversário da amada pode ser, na realidade, apenas o dia, seja qual for, em que a musa inspirou ao poeta o motivo de uma elegia sobre o tema do

o que vieram me dizer as musas, de pé a minha cabeceira na hora em que o sol enrubesce; elas me assinalavam o aniversário de minha amiga e bateram três vezes as mãos em garantia de felicidade" (III, 10). Aliás, esses momentos de espontaneidade não são tão frequentes como se poderia supor, e quem pensa que os poetas só podem cantar o que viveram tem a chance aqui de saudar esses momentos de sinceridade.

Mas se recuamos três passos para captar o conjunto do quadro, acontece uma coisa irônica: quando esses pedaços simplesmente humanos estão lado a lado com o resto, que é tão diferente, o contraste é tão improvável que nossos olhos não sabem mais como deve lê-lo e essa incerteza confere, retrospectivamente, uma intenção humorística a esses trechos. O partido dessa arte não é o calor humano, mas uma ficção de humor altivo. Todo Propércio está ali e a incorreção não se deve a uma imperícia qualquer de sua parte; em vez de lamentar que os melhores momentos sejam estragados por bizarrias, falta de bom gosto ou abuso da mitologia, é melhor reconhecer que ele fez o que quis e, de resto, os outros elegíacos, cada um a sua maneira, tomaram o mesmo partido que ele. Há mais estéticas diferentes, no passado e no futuro, do que o nosso dogmatismo espontâneo deseja saber, e temos de nos conformar com a ideia de que muitas formas de beleza estão momentaneamente mortas para os nossos olhos: da minha parte, imagino compreender o que esses poetas quiseram fazer, mas confesso que me entedia lê-los.

Em vez de acidez, contrastes muito duros e efeitos às vezes poderosos, Tibulo oferece uma harmonia meio frouxa, passagens imperceptíveis, uma frieza indiferente e um humor altivo; na Antiguidade, os conhecedores se dividiam entre esses dois

---

aniversário. Um poeta tem o direito de confundir a arte e a vida; no entanto, a arte de Propércio se compraz em desmentir suas ficções e impedir que sejam tomadas pela vida.

poetas.[6] A arte de Tibulo torna suas dissonâncias e transições imperceptíveis para os leitores; mas ambos são maneiristas, se com essa palavra designamos obras em que o centro de gravidade é deslocado ou fugidio, em que há dissonâncias e transições arbitrárias, em que os pontos de vista são múltiplos, em que o tom vai do sublime ao vulgar, em que o poeta se apresenta mascarado, ironiza, faz troça, e em que tudo é irregular e assimétrico.[7]

A estranheza dos elegíacos, a suspeita de poesia lúdica vêm desse maneirismo, mas não exclusivamente; porque o maneirismo por si só não tem significado definido e ninguém desconfiaria que o maneirista Shakespeare é um farsante. Não existe escrita neutra, do mesmo modo que toda voz tem um tom de voz e todo escriba tem uma grafia. Seguramente, uma voz afetada ou uma grafia rebuscada indicam ou involuntariamente revelam alguma coisa; mas essa coisa não está necessariamente em harmonia com a parte mais importante da mensagem. Há muito maneirismo em Virgílio, mas isso não acrescenta nada e não contradiz em nada a pureza vibrante de seus versos: o maneirismo acrescenta um sabor a mais, o da bizarria e às vezes do mórbido. O macabro (referimo-nos às caveiras, que a arte popular mexicana preza tanto), a caricatura, a autoironia (dos esquerdistas e dos taoistas) podem ser apenas convenções, maneiras de falar que não prejudicam uma seriedade absoluta: eles acrescentam a surpresa e o encanto da dissonância; em Shakespeare, longe de ser um desmentido, o maneirismo se soma ao mal-estar e transforma o mundo inteiro no pesadelo daquele que naquela época era chamado de melancólico. Portanto, se o maneirismo nos elegíacos tem o sentido de um desmentido, em vez de se limitar a diversificar o sabor dos versos, é porque ele converge com outra particularidade

---

6 Quintiliano, X, 1, 93: "Há também quem ponha Propércio antes de Tibulo".
7 Lüthi, *Shakespeares Dramen*, p.385.

decisiva, isto é, o perpétuo humor de sua poesia. Esse humor e a deformação gratuita, ou a assimetria, dizem a mesma coisa de forma redundante, isto é, que o poeta mantém distância de suas afirmações. Consideremos a primeira elegia do primeiro livro de Tibulo; é um poema de amor, todos concordamos, e no final o poeta promete a si próprio amar apenas a sua Délia e ser amado apenas por ela, até o último minuto, que chega muito rápido; portanto, ele tem de aproveitar a juventude, enquanto está na idade de amar e arrombar a porta de uma cortesã com a ajuda de outros rapazinhos. Paixão de uma vida inteira ou juventude dourada? E como conciliar esse fim contraditório com o início do poema, em que Tibulo tem uma coisa muito diferente do amor na cabeça? A elegia começa no pé de uma poesia rústica e gnômica e depois se reequilibra no amor, fazendo uma transição sonhadora, que é mais apaixonada pelo conforto rústico do que sensual: "Que prazer ouvir da cama o vento inclemente, tendo a amante ternamente enlaçada em seus braços!". É com esse verso 45 que Tibulo se lembra de que existe uma grande paixão em sua vida.[8] Onde está a seriedade? E onde está o centro de gravidade?

Lendo os elegíacos, é difícil não desconfiarmos de um artifício e mais difícil ainda é dizer por quê. Podemos reconhecer mil méritos neles, mas falta uma coisa: a emoção. Mas a culpa não seria nossa? Eles soltaram todos os gritos de amor e ciúme que esperávamos deles; não nos sentimos no direito de permanecer indiferentes. E em quais textos podemos basear nossa desconfiança? Tudo que o poeta diz, verso após verso, poderia ser sincero; apenas o movimento que faz esses versos se sucederem é que peca pela falta de naturalidade; não reconhecemos nesse movimento a paixão que cada um de nós põe nele, mas como

---

8 Cairns, *Tibullus: A Hellenistic Poet at Roma*, p.145, a propósito do verso I, 1, 45, fala de um efeito de surpresa por "delayed information".

poderíamos fazer uma crítica tão vaga contra eles, a não ser que fizéssemos uma acusação de tendência?

Seja como for, nem um petrarquista nem um romântico concatenariam as frases como eles, e muito menos Catulo. Catulo tem uma sinceridade de teatro clássico; o Ciumento está em cena e o surpreendemos num monólogo, numa explosão de raiva impotente ou em resmungos: "Meu pobre Catulo, deixa de bobagem e passa às perdas e lucros o que evidentemente está perdido; sim, antigamente, tiveste grandes dias, quando estavas disposto a encontrar[9] uma moça fosse onde fosse, uma moça que eu amava como nunca amarei outra...". O poema é em tempo real; ele é recitado ao mesmo tempo que é vivido; não é um recolhimento da memória, uma reflexão lírica sobre as tempestades do coração, como nos românticos. É por isso que essa arte magistral dá tamanha impressão de naturalidade; uma obra-prima tão elaborada pôde passar por um sentimento sincero. Croce soube colocar os pingos nos is:

> Nisto está a beleza da poesia de Catulo: ele traduz um estado ainda sumário e quase infantil do sentimento, sem alterá-lo, sem modificá-lo, sem enfeitá-lo, sem misturá-lo à complacência pela

---

9 O verbo *ventitare*, "ir encontrar comumente", fazia parte do vocabulário amoroso, já que o encontramos não só nesse verso VIII, 4, de Catulo, mas também em Tácito, *Anais*, XI, 12, a respeito da ligação de Messalina e Sílio; significa: "ter uma ligação amorosa". Na verdade, a dificuldade para os amantes que pertenciam ambos à boa sociedade era arranjar um lugar onde pudessem se encontrar, sem testemunhas; estava excluído que os amantes fossem na casa um do outro, para não perder o respeito diante da criadagem; a única solução era um terceiro amigo, disposto a emprestar sua própria casa, e esse favor fazia parte dos deveres da amizade; Catulo se recorda emocionado de amigos que permitiram que ele visse sua Lésbia na casa deles. A lei de Augusto contra o adultério previa isso e punia esse favor como um delito, quando tivesse facilitado um adultério. Às vezes, os amantes se encontravam também no quarto de um sacristão (*aedituus*), porque a vocação sagrada dos sacristãos os tornava pessoas de confiança, a quem se podia confiar segredos, ou depósitos de dinheiro.

própria ingenuidade, ou mesmo àquela complacência pela própria sinceridade que faz querer dizer tudo, o que estraga esse gênero de arte nos poetas de gosto menos seguro e têmpera menos firme.[10]

Não é necessário dizer que a sinceridade em questão não é a do indivíduo Catulo; para realizar uma obra de arte, é preciso se submeter a leis artísticas e pragmáticas imperiosas, sem falar das convenções do gênero; o eventual material autobiográfico sai dela em geral tão metamorfoseado que os próprios olhos do pai não o reconheceriam; e mesmo que o material permanecesse idêntico à letra, o uso que é feito dele não é mais sincero: realizar versos com suas próprias emoções é deixar de reagir como homem que sofre para agir como poeta, e o comum dos mortais chama isso não de sinceridade, mas de presunção. A arte de Catulo é que é sincera:[11] é uma arte clássica, coerente consigo mesma, que poda e restringe a natureza sem desvirtuá-la. Adivinhamos quanta elaboração é necessária para transformar em trajes de cena, sem uma ruga sequer, os farrapos de linguagem das nossas cartas de amor, das nossas cenas de rompimento e dos nossos diários íntimos. Como diz Iouri Lotman, uma arte clássica e sincera sabe resolver o problema da construção de um texto artístico, isto é, organizado, que imita o não artístico, o não organizado; "ela cria uma estrutura tal que esta é percebida como uma ausência de estrutura".[12] Para dar ao leitor uma impressão de simplicidade, espontaneidade, ausência de artifício e oralidade, é necessária a construção de uma complexidade excepcional. Essa arte teatral é sincera como Racine: a personagem que entra em cena com o próprio nome do autor exprime

---

10 Croce, *Poesia antica e moderna*, p.68.
11 Como diz A. W. Allen (Sincerity and the Roman Elegist, *Classical Philology*, XLV, p.145), a sinceridade de um escritor não passa de um acordo entre sua arte e ele próprio, a ausência de autodesmentido.
12 Lotman, *La structure du texte artistique*, p.372.

sentimentos de maneira sincera, sem que nenhuma nota dissonante perturbe a convicção dos espectadores.[13]

Em Catulo, a própria paixão fala e nós escutamos o monólogo interior de um ciumento. Há outra espécie de poesia sincera, sobretudo entre os românticos: ela fala da paixão, depois que esta aconteceu, mas de maneira a despertar sua emoção. A poesia de Wordsworth ou de Victor Hugo não é uma mímesis em que surpreendemos um monólogo do autor: é uma reflexão retrospectiva, ao mesmo tempo sincera e comunicativa, em que o poeta, longe de ignorar a presença do leitor, dirige-se a ele em intenção para compartilhar lealmente a emoção de um momento sobre o qual ele está refletindo. Reflexão melancólica, mais do que explosão de tristeza; mas, tanto num caso como no outro, o movimento do poema é afetivo, quer a emoção seja transmitida ao vivo ou não: é preciso tornar comunicativa a afetividade presente ou passada; seja a presença do leitor ignorada ou, ao contrário, visada, toda a arte estará em estabelecer entre o poeta e ele uma transmissão da emoção.

Compartilhando sua emoção com os leitores, o poeta justifica, como exige a pragmática, o fato de entretê-los com sua modesta pessoa. Porque um pacto implícito, diferente para cada tipo de poesia, liga o autor ao leitor e esse pacto deve ser cumprido: para que a afetividade seja transmitida, a poesia catuliana ou romântica deve respeitar a verossimilhança dos movimentos de um coração aflito ou de uma alma pensativa; coração e alma devem estar repletos de si mesmos, inteiramente entregues ao sentimento. O poema terminará de maneira que o contrato se cumpra; por exemplo, uma efusão dolorosa, para ser fiel a si mesma, acabará num apaziguamento ou, ao contrário, numa oitava acima, quando a voz do poeta se dilacera de tristeza. Ora, nem o movimento da elegia nem sua resolução ou apódose são

---

13 Sobre a extrema elaboração dessa peça VIII de Catulo, com toda a sua naturalidade, cf. Williams, *Tradition and Originality in Roman Poetry*, p.460 et seq.

conforme as leis da sinceridade; nela, uma bela desordem tem um efeito de arte.

A elegia romana justapõe num mesmo poema ideias ou cenas ao longo de uma duração tão convencional quanto o espaço onde são justapostas as figuras dos estuques da Vila Farnesina; justaposição que certamente não deve nada ao movimento de um coração repleto de si mesmo. Essas cenas de gênero tendem em geral para o típico, para a comédia de costumes (o ciumento, as artimanhas da mulher adúltera) e o ego é apenas um procedimento. A elegia é uma fotomontagem de sentimentos e situações típicas da vida passional irregular, expostos na primeira pessoa. Os procedimentos de redação variam de poeta para poeta. Propércio trata de preferência um único tema por peça, mas faz isso por atalhos, descontinuidades na narração, segundo o gosto helenístico, e isso lhe valeu a reputação de poeta obscuro, difícil; Tibulo, cujas peças são mais longas, afirma de outro modo sua arbitrariedade de *metteur en scène*; ele passa de um tema para outro por simples associação de ideias ou palavras e essas transições afetivamente pouco comprometidas lhe valeram a reputação de suave, lânguido. A apódose corresponde ao início: Tibulo termina com a ideia na qual essas transições se interrompem por conta própria, ao passo que Propércio dá uma olhada retrospectiva no tema que ele desenvolveu; se esse tema o desviou do assunto anunciado, que é o apego servil a Cíntia, ele lembrará pontualmente no fim do poema sua profissão de fé cintiana, mesmo que nada seja menos psicologicamente preparado do que esse retrocesso final, pelo qual o autor proclama, contra todas as evidências, sua fidelidade à mulher que ele escolheu como tema; esse é mais um traço de humor editorial. Essas reviravoltas finais são tão frequentes quanto sintomáticas do maneirismo de Propércio; Ego afirma categoricamente que amará apenas sua egéria, mas essa afirmação categórica não sustenta o poema: ela é vazia; é um efeito da arquitetura maneirista, assim como as poderosas colunas que Michelangelo colocou no vestíbulo da Biblioteca Laurenziana: "encaixadas" nas cavidades das paredes, elas não sustentam nada e escandalizaram o *Cicerone* de Burckhardt, que considerava esses modos pouco sérios.

Os elegíacos não são sérios; eles se comportam como se pusessem em cena sentimentos que eles fingem viver em seu próprio nome; em Tibulo, as tiradas de apaixonado tímido são comicamente desmentidas pela languidez das transições, em que alguns acreditam perceber a alma sonhadora e distraída do poeta. Tão distraída que Tibulo deve ter escrito seus versos em estado de sonolência, porque os temas se sucedem de forma imprevisível, por associações de ideias ou palavras como elas ocorrem a um espírito sonolento. Eu me pergunto como essa sonolência pode ser compatível com a intensidade e os sofrimentos de uma paixão... Em resumo, a atitude geradora desses poemas é humorística em si; mas o humor não se restringe apenas a isso; o poeta finge em princípio abraçar os sentimentos que ele desenvolve, e o desmentido vem apenas do movimento de conjunto; mas, com frequência, o poeta manipula também traços de humor mais explícitos e suas palavras dão a entender que ele se diverte com o leitor e não participa do que põe em cena. Foi exatamente assim que os leitores antigos entenderam a arte elegíaca, essa "criação enganadora" de que fala Propércio; Tibulo e Propércio, segundo eles, são poetas elegantes e refinados;[14] a arte de Propércio é agradável, *jucundum*, como Plínio escreveu a um sobrinho-neto do poeta que ainda morava na casa do ilustre ancestral, em Assis, e ainda cultivava a arte "jucunda" da elegia como uma herança de família;[15] como diz brilhantemente J.-P. Boucher, "o epíteto *jucundum* indica o que o público esperava da elegia: não uma confidência, uma participação numa

---

14 *Tersus atque elegans* (Quintiliano, X, 1, 93); sobre a aplicação dessas palavras tanto a Propércio quanto a Tibulo, cf. Cairns, op. cit., p.4.

15 Plínio, o Jovem, IX, 22, citado por Boucher, *Études sur Properce*, p.431.

aventura espiritual, mas um prazer estético: a brincadeira é uma característica da poesia pessoal em Roma".

Para quem sabe entender a brincadeira, a elegia I, 3, de Tibulo não tem mistério. Ele reconhece nela uma sucessão de monólogos cujo único vínculo é a atitude que o poeta mantém ao longo do poema e que não é outra senão o próprio tema da elegia erótica romana: o poeta é um monomaníaco do amor e reduz tudo a sua paixão, com frequência por um viés inesperado; esse Dom Quixote que julga que todos os moinhos de vento são Vênus tem uma irregular como Dulcineia e parece mais desejoso de exibir sua monomania do que guardar seus pensamentos para sua amante; salvo o fato de respeitar essa lei geral do gênero, a peça de Tibulo não obedece a nenhuma sequência de ideias ou sentimentos; ela vagueia ao capricho do criador. Mas, a cada curva, ela nos reserva uma surpresa divertida, porque é sempre a mesma.

O próprio ponto de partida, seguramente autobiográfico (porque, como ficção, seria uma anedota sem graça), é tratado de forma ligeira e dá imediatamente lugar à deriva da fantasia. Tibulo acompanhava um nobre protetor numa missão política; fica gravemente doente durante a viagem, em Corfu, e desiste de acompanhar o patrão.[16] O poeta doente suplica à morte que o poupe; ele não quer morrer longe da mãe e da irmã (parece que Tibulo, como Rimbaud, só concebe o círculo familiar como exclusivamente feminino).[17] Mas não é só isso: "não

---

16 Esse patrão é Valerius Messala Corvinus; sobre sua cronologia, seguiremos não Carcopino, em *Revue de Philologie*, mas Syme, *History in Ovid*, em particular p.116-20.

17 Esses versos sobre a mãe e a irmã impressionaram os leitores antigos: Ovídio representa Tibulo alegoricamente, em seu leito de morte, rodeado da mãe, da irmã e das criaturas de sua imaginação, Délia e Nêmesis, que nesses versos ele deseja que estejam ao seu redor no momento da morte (*Amores*, III, 9, 51; cf. Tibulo, I, 1, 60). Trata-se muito evidentemente de uma alegoria, porque Tibulo não morreu por ocasião dessa doença, tema do poema, mas cerca de doze anos depois.

há Délia[18] aqui"; a amada ficou em Roma. Na verdade, o poeta não perde tempo com o que sente pela ausente; prefere contar longamente que Délia consultara todos os oráculos, antes de deixá-lo partir, e que ele nunca a devia ter deixado. Nada mais natural, aparentemente. Na realidade, não existe nada mais complicado do que esses poucos versos que brotam com tanta facilidade (Propércio não conseguiria se safar desse exercício de virtuosidade com tamanha habilidade); no fundo, o que esses versos dizem é a convenção básica da elegia: existe um mundo imaginário elegíaco, uma espécie de mundo bucólico em traje de passeio e não em roupas de pastor, no qual a única preocupação é amar; mas, para que essas fantasias sejam mais divertidas do que sonhadoras, a seriedade é descartada com um humor ligeiro. O que se joga fora é a emoção verdadeira.

Délia consultou todos os adivinhos; eles provavelmente foram desfavoráveis à partida do poeta? Não é tão simples assim! Eles responderam, ao contrário, que o poeta voltaria são e salvo. O bom augúrio foi pouco galante e Délia chorou muito por causa da boa resposta; Tibulo compreendeu que as lágrimas de uma amiga eram um oráculo mais imperioso do que os dos deuses; ele não diz expressamente, mas sua conduta é a prova: ele adiou várias vezes a viagem e inventou falsos presságios que o desaconselhavam a partir: "Quantas vezes, na hora de pegar a estrada, não declarei que meu pé tropeçou na soleira da porta e deu um mau sinal!". Mundo piegas, pueril, em que fingimento e realidade têm um mesmo peso de enternecimento. Mas, sem dúvida, Tibulo inventava esses presságios apenas porque não ignorava que os fazia dizer a verdade; assim, ele conclui anunciando a lei sagrada que vimos anteriormente: "Que ninguém

---

18 Esse é o sentido de *nusquam esse*, "não ser, não existir"; cf. Horácio, *Sátiras*, II, 5, 101; *Digesto*, XLVII, 2, 38 (39), I; Cícero, *Tusculanas*, I, 6, 11; Sêneca, *Troianas*, 393; Estácio, *Silvae*, II, 4, 16; *Aquileida*, II, 182; Silius Italicus, IX, 186; Plauto, *Miles*, 1199.

seja tão insolente que ouse partir em viagem a despeito de seu amor". E nós mesmos concluímos que a doença do poeta é o castigo que Amor lhe deu por não ter sabido dizer não e ter partido.

Qual foi o pecado do poeta? Partir para fazer carreira, servir à República e enriquecer, em vez de lembrar que a única militância do verdadeiro amante é servir à amada. Sem dúvida, ele não diz isso em termos apropriados, mas nem precisava: a "milícia do amor", pedra angular da ficção elegíaca, pode ser lida cem vezes, com todas as letras, nas elegias. Como supostamente todo poeta vive como canta, o poeta elegíaco deve viver apenas para o amor, porque o tema da elegia é o amor; acompanhando seu protetor na guerra, Tibulo fez mais do que desobedecer ao Amor, seu verdadeiro deus: ele frustrou a lei do gênero e a sua definição de poeta. É isso que dizem nas entrelinhas esses versos fáceis, que deixam para adivinharmos tudo, sem ser obscuros, e é isso que o leitor antigo apreciava acima de tudo em um poeta; nosso século XVIII gostava que o poeta fosse espirituoso; os greco-romanos, que fosse engenhoso.

Já que o poeta vive e deve viver apenas para a sua amada, poderíamos acreditar que ele coloca essa amada num pedestal para adorá-la. É o que ele pretende, provavelmente, mas a imagem que ele dá de Délia é a de uma mulher tocante por suas superstições ingênuas, e de quem convém falar com certo desdém enternecido; porque o que esses mesmos versos dizem, sem poupar nenhum detalhe, é como Délia, vendo que seu amante ia viajar, "consultou, dizem, todos os deuses". Tibulo sabe dizer muito com poucas palavras: esse "dizem" significa que Tibulo não soube dessas devoções pela boca de Délia. Adivinhamos que Délia não ignorava que, na aristocracia romana, a religião era, sobretudo, coisa de mulher; ela evitou falar com o amante sobre essas consultas pias, com receio de ser incompreendida ou ridicularizada. Basta ver a condescendência com que Cícero[19]

---

19 Cícero, *Ad familiares*, XIV, 7.

transfere para a própria esposa a incumbência de agradecer aos deuses, "como ela sempre faz", a cura do marido; ele, de sua parte, atribui sua recuperação a uma causa menos sobrenatural... Portanto, Délia não recuou diante de nada para enternecer o céu, nem mesmo diante das noites de castidade.

E o poeta, rendendo-se com muito gosto ao seu papel humorístico, também ora à deusa; aproveitando-se de sua onipotência de editor, insere no texto, sem aspas, por assim dizer, sua oração, como se a estivesse recitando: Socorre-me, Deusa, pois tens o poder, como comprovam os ingênuos ex-votos que se pode ver em teu santuário. Tibulo pinta aqui um quadrinho de devoção popular que não deve ter parecido menos exótico a seus nobres leitores do que nos parece hoje. Os elegíacos preferem descrever modos de fazer gerais, sob a ficção da primeira pessoa do singular. E, sobretudo, Tibulo nos adverte para não levarmos seus versos de amor mais a sério do que ele próprio, ou melhor, seu Ego, para não levarmos Délia e suas devoções a sério. Professar uma paixão intensa e caçoar um pouco da amada: a lei do gênero prescrevia que se afastasse com uma mão o objeto que se abraçava com outro braço.

Que eu possa me curar e rever a minha pátria, conclui Ego, e ele acrescenta inopinadamente, por associação de palavras e contraste de ideias: como se era mais feliz na idade do ouro, quando as viagens além-mar eram desconhecidas! E, distraidamente, começa a contar a idade do ouro. A evocação dessa época irreal convive harmoniosamente com a ficção elegíaca: o Ego que ama Délia é tão fictício quanto um Ego capaz de desejar essa idade do ouro, da qual um ser humano real não poderia sentir mais saudade do que se desejasse a Lua. Ao longo desses dezesseis versos de elegância regular e sem surpresas, em que fala da idade do ouro, a elegia não avança, mas desafoga, como faz outras vezes em Propércio, fingindo acreditar nas fábulas mitológicas, ou, no próprio Tibulo, num ideal de vida campestre tão convencional quanto os estábulos de Versalhes.

O poeta doente é reduzido a sua triste condição pelos versos em que ele declara que a idade do ouro ignorava a violência; ao dizer essas palavras, ele parece despertar num sobressalto e exclama: "Tampouco eu quero morrer",[20] acrescentando que aceita morrer, se o momento tiver chegado; mas escreverão em seu túmulo que ele morreu como protegido do poderoso Messala e, nos campos elísios, a deusa do Amor em pessoa receberá seu militante em seu paraíso subterrâneo. Devemos entender que nesses versos o verdadeiro Tibulo, o cavaleiro Álbio Tibulo, manifesta publicamente sua fidelidade a seu protetor, do mesmo modo que Virgílio escreveu a Quarta Bucólica para celebrar a ascensão de Pólio à dignidade de cônsul; já o Tibulo poético, o Ego, presta fidelidade a Vênus, da qual é um iniciado. Nosso cavaleiro da triste figura não retoma a ideia fixa de viver e morrer apenas para o amor e descreve uma morada infernal, habitada apenas por amantes.

O fim do poema reserva ao leitor as divertidas surpresas dessa ideia fixa. A transição é assegurada por uma associação de ideias contrastantes cuja platitude[21] beira a insolência: "Mas debaixo da terra existe também uma morada reservada para os maus"; segue-se a descrição desse inferno, tão banal quanto possível,

---

20 Tibulo, I, 3, 51; comparar com I, 2, 79. Tibulo faz uma "confissão negativa", aliás muito interessante para a história das religiões: poupa-me, Júpiter, pois não fiz nada de errado, pelo menos não cometi perjúrio nem critiquei os deuses. Vemos que os deuses são como os potentados, que punem as ofensas contra seu nome e seu governo. Sobre esses versos, cf. também Propércio, II, 28, 2 (críticas aos deuses) e 28 (os deuses castigam os falsos juramentos, em que o nome deles é invocado em vão). A "confissão negativa" é comentada por Merkelbach, em *Zeitschrift für Papyrologie und Epigraphik*, p.35. Sobre o fato capital de que as relações entre a sociedade humana e a sociedade divina são concebidas segundo o modelo das diferentes relações que os homens de diversas condições têm entre eles, cf. o belo livro de Heiler, *La prière*.

21 Sobre essa platitude intencional ("triviality of links"), cf. Cairns, op. cit., p.118, 192 et seq. Isso se contrapõe às "transições disfarçadas" de Horácio; cf. Knoche, em *Philologus*, XC, p.373.

com os nomes já esperados dos grandes facínoras da Fábula; banal demais para não ser intencional: quando Tibulo repete o que o mais ínfimo aluno de primário sabia sobre o inferno ou os campos elísios, ele se diverte com lembranças tão escolares quanto são entre nós a tabuada ou a lista dos departamentos franceses com suas sedes. No momento em que começaríamos a nos entediar, nosso cavaleiro deseja de improviso que esse inferno horrível acolha, o mais breve possível, o desconhecido que lhe lançou uma maldição,[22] para que seu serviço militar[23] demorasse tanto a passar. E, como esse infame lhe lembrasse outro por contraste, a quem ele não queria tão mal e que parecia ter lhe escapado do pensamento, ele declara a Délia: "Mas tu, suplico, sê fiel a mim, e que tua velha mãe não te abandone um instante sequer", porque um homem prevenido vale por dois. Que Délia passe suas noites castamente, fiando sob a lâmpada; o amante lhe promete uma surpresa que só pode ser festiva: ele aparecerá "de improviso, sem se anunciar"; "pensarás que caí do céu!", garante jovialmente; nisso, ele difere do distinto marido da *Bela Helena*, que se anunciava para evitar certos inconvenientes. Nosso poeta representa para o leitor uma verdadeira cena de comédia, em que finge ignorar o gracejo do personagem e o duplo sentido de suas palavras. Estamos longe de Calímaco, cuja força criativa preserva a autonomia do sentido literal até tornar suas intenções indecidíveis; em Tibulo, essa autonomia é apenas

---

22 Isso é medo das *defixiones*: na Grécia e em Roma, quando uma pessoa queria fazer mal a outra, ela a consagrava aos demônios, enterrando um objeto maléfico ou uma tabuinha de maldição perto de sua casa ou perto de túmulos. Portanto, qualquer infeliz podia supor que fora enfeitiçado por um inimigo. Sonhos ruins eram a prova de que, no mesmo instante em que você tinha o pesadelo, um inimigo estava lançando uma maldição contra você: é o que explica Propércio, I, 3, 29, que será comparado a Apuleio, *Metamorfoses*, I, 13-20.

23 Tibulo, I, 3, 82: trata-se das *militiae equestres*.

o intervalo entre a letra de um texto e sua intenção evidente, que gera o humor.

Arte humorística, a elegia romana não se sujeita aos movimentos do coração, e a arbitrariedade do artista leva a melhor. As transições de Tibulo, imprevisíveis graças à platitude intencional e às vezes à incongruência, impedem o leitor de supor que o poema tem um tema;[24] ele deve lê-lo sem expectativas, acompanhando a estrada em cada curva. A realidade não deve se antecipar à arte. Essa descontinuidade da escritura era provavelmente uma retomada – refinada, ainda por cima – de uma tradição que remontava à Grécia arcaica, ao velho elegíaco Teógnis.[25] A elegia é composta da repetição *ad libitum* de um elemento rítmico completo, o dístico, e esse dístico era a verdadeira unidade básica da elegia; entre os romanos, ele oferece normalmente um sentido completo, e seu fim coincide com o fim da frase. O poeta desfia seus dísticos um a um; dois ou três dísticos formam

---

24 A arte helenística consiste precisamente em não se dar um tema e vaguear ao acaso; portanto, os esforços meritórios de D. F. Bright (*Haec mihi fingebam*, p.16-37), explicando o traçado sinuoso da elegia I, 3, por um pastiche das aventuras de Ulisses, parecem inúteis, assim como todos os esforços que foram feitos para descobrir o traçado do poema 64 de Catulo.

25 Conforme a data em que se constituiu a coletânea de elegias atribuídas a Teógnis, pensaremos em descontinuidades como aquela que se segue à bela estrofe dedicada a Cirno (Teógnis, I, 237-52), com o dístico justaposto (253-4); concordo aqui (*Annuaire du Collège de France*) com Cairns (op. cit., p.156), a respeito de Teógnis, e com a descoberta dos papiros de Gallus: foram encontrados o fim de uma peça de tamanho desconhecido, dois curtos poemas elegíacos de quatro versos cada um e o início de outra peça de tamanho desconhecido. Cada peça é separada das demais por um espaço e um símbolo especial, semelhante a um M (*paragraphos* ou *coronis*). Esses papiros, que são anteriores ao ano 25 da nossa era, permitem imaginar a disposição das primeiras edições de Tibulo ou Propércio. A existência de elegias curtíssimas confirma uma intuição de Pasquali: "A elegia romana continua e desenvolve o epigrama helenístico e reduz ciclos de epigramas autobiográficos, como aqueles que a arte helenística conhecia, à unidade de uma *canzoniere*" (*Orazio lirico*, p.359). Sobre os papiros de Gallus, cf. Anderson, Parsons, Nisbet, Elegics by Gallus from Qasr Ibrîm, *Journal of Roman Studies*, LXIX, p.125.

uma elegia completa, que será chamada de epigrama, e um único dístico pode ser até um poema completo. Em termos tipográficos e anacrônicos, poderíamos dizer que, para o leitor antigo, cada dístico era separado do seguinte por um espaço em branco, de modo que as descontinuidades na sequência das ideias ou na narração dentro de uma mesma peça elegíaca eram menos chocantes para ele do que para nós. Propércio faz as curvas com tão pouco cuidado que os modernos nunca sabem se determinada elegia não é um conglomerado de duas ou três peças distintas que foram reunidas ao longo dos séculos apenas por um erro dos copistas de manuscritos;[26] às vezes é inútil e impossível responder a essa questão, porque uma elegia poderia ser indiferentemente uma ou várias, conforme o que decidisse o capricho do poeta.[27]

Diga o leitor se há uma, duas ou três peças diferentes na elegia que vamos ler a seguir (II, 18), e que cito não por mérito, mas para dar uma ideia do que vale a inspiração de Propércio em seus dias úteis:

Por se queixar sem parar, muitos se fazem detestar; com[28] um homem que se cala, a mulher muitas vezes entrega as armas. Notaste alguma coisa? Dize que não viste nada; alguma coisa te

---

26 O problema se apresenta constantemente aos editores e, em geral, é insolúvel. Cf. o caso da elegia I, 8, de Propércio, muito bem discutido por Boucher (op. cit., p.362). Nas elegias I, 8 ou II, 28, em que o poeta cogita sucessivamente Cíntia doente e recuperada, Cíntia partindo com outro amante e decidindo ficar, um editor moderno introduziria simplesmente asteriscos ou pontos entre as duas partes da elegia; mas qual era a disposição das edições antigas? Outro problema: os títulos; a peça III, 18, de Propércio, epitáfio de Marcelo, seria pouco compreensível se, nas edições antigas, ela não tivesse um título que explicasse o tema; ao longo dos séculos, os copistas podem ter negligenciado os títulos (Williams, *Change and Decline: Roman Literature in the Early Empire*, p.130).

27 Como diz Haffter (*Das Gedichtbuch als dichterische Aussage*, p.65), o livro do amor tinha uma unidade fluida.

28 "Com um homem", *in viro*, com o *in*, que Propércio tanto prezava... e toda a latinidade, e que significa "no caso de, quando se trata de...".

magoou? Então[29] dize que não te magoa. O que seria, então, tivesse eu a idade em que os cabelos ficam brancos e rugas de cansaço sulcam o rosto? Aurora respeitava a velhice de Titono e não o deixou abandonado em sua morada oriental; ele, que ela aqueceu tantas vezes em seus braços ao sair para a lida, antes mesmo de lavar e atrelar os cavalos;[30] ele, que ela estreitava em seu sono entre os índicos, seus vizinhos, queixando-se sempre do retorno das manhãs tão precoces; ela, que, montando em seu carro, criticava a injustiça dos deuses e torcia o nariz a ter de prestar seus serviços à terra. A vida do velho Titono lhe proporcionou mais alegrias do que lhe pesou a morte de Mêmnon. Uma mulher como essa não enrubesceu por dormir com um velho e jamais recusou os beijos de uma cabeça grisalha. Tu, que não me queres apesar da tua palavra, tu rejeitas um homem ainda jovem,[31] quando em breve for a tua vez[32] de te tornares uma velhota; mas não pensemos mais nisso: no amor nem sempre se tem sorte. Tua última mania[33] é te parecer com os britânicos ruivos e te servir dos artifícios da tintura estrangeira. Para estar bem, a aparência deve ser como a quer a natureza e a tinta dos nórdicos é medonha numa cabeça romana. Morte e danação à

---

29 Não se deve entender *forte* como faz Rothstein, mas dar a ele o sentido habitual de "justamente, precisamente, por uma coincidência impressionante": é justamente quando uma coisa é dolorosa que se deve dizer que ela não dói.

30 Texto muito duvidoso.

31 Um *juvenis* não é um garoto, mas um homem jovem, que não é um velho; abrange a juventude e a maturidade.

32 *Ipse* quer dizer "na sua vez" ou "de sua parte", ou mesmo "por si só".

33 Aqui eu interpreto, "adivinho" o sentido: nosso poema foi escrito numa linguagem coloquial, em que as expressões têm um valor expressivo ou um significado que era consagrado pelo uso cotidiano e pela convenção, e que ia mais longe que o sentido literal, que parece muito raso ao pé da letra. Mesmo uso frequente de expressões consagradas da língua falada nas prosas de Sêneca. Infelizmente, essa língua falada é quase desconhecida para nós, de modo que o tradutor fica reduzido a adivinhar um traço da língua falada sob uma aparente platitude, e adivinhar seu sentido. É necessário repetir que o latim é uma língua pouco conhecida, porque poucos textos sobreviveram? O caso do latim não é diferente do hitita ou do babilônio...

moça bastante tola para mudar e falsificar a cor dos seus cabelos! Dá-me o prazer de tirar isso[34] e eu te acharei linda; eu te acharei sempre muito linda, se vieres me ver amiúde. Bastaria então que uma tivesse a ideia de se pintar de azul para que a beleza azul fosse a verdadeira? Já que não tens irmão nem filho, eu te servirei tanto de irmão como de filho.[35] Mas tua cama deverá te manter tão pura quanto um chichisbéu[36] e não deverás mais te exibir em teu vestido mais bonito. Acreditarei em tudo que me disserem, conta com isso, e sabes que os mexericos viajam até o fim do mundo.

Esses versos tediosos devem ter sido brilhantes. Ego faz propostas a uma daquelas mulheres com quem os homens não se casam; ele está disposto a amá-la e ajudá-la, porque a mulher precisa de um braço masculino. Primeiro ela o rejeita em termos duros, depois cede, provavelmente, porque no fim da peça ele prescreve a ela seus novos deveres de fidelidade, que indiscutivelmente serão difíceis para ela, e briga com ela por causa do seu mau gosto e do cabelo pintado. O poeta parece

---

34 Texto incerto, sentido duvidoso.

35 A mulher precisa de um braço masculino para administrar sua criadagem ou seus bens: esse será o grande argumento que as viúvas apresentarão aos Pais da Igreja, contrários às segundas núpcias.

36 Sobre *custodia*, isto é, *custos*, falaremos longamente em outra ocasião. Os elegíacos mencionam com frequência esse nobre guardião, que toda dama devia ter para defendê-la contra os avanços de outros homens, e contra as tentações também, assim como para salvaguardar sua reputação; o papel eminente desse chichisbéu vem de Tácito, *Anais*, XI, 35 (Titius Proculus, chichisbéu de Messalina, que traiu sua nobre missão). É esse *custos* que devemos ver em Catulo, LXII, 33, como veremos em outros. Ele é mencionado ainda por Tertuliano, *De pudicitia*, V, 11, e são Jerônimo, carta CXVII, 6 fim. As crianças também têm um *custos* (Quintiliano, I, 3, 17). Mais genericamente, toda dama era acompanhada de *comites* (a esposa do exilado Ovídio era dama de companhia da esposa de Fabius Maximus); para abordar uma mulher honesta na rua, era preciso primeiro afastar sua *comes*, o que a legislação de Augusto punia como crime de *injuria* (*Digesto*, XLVII, 10, 15, 20); tudo isso nos faz entender Propércio, III, 14, 29.

um Swann romano, irritado com a vulgaridade de Odete, que quer uma amante de reputação duvidosa, desde que ela tenha uma distinção que não seja a de uma mulher de reputação duvidosa. Os leitores contemporâneos talvez achassem isso óbvio, natural, bem observado; sim, essa moda de cabelos pintados, que de longe já denuncia esse tipo de mulher, essa vulgaridade enérgica da linguagem, quando elas são obrigadas a se defender das propostas masculinas, em mulheres acostumadas a esse tipo de agressão... Esse é um diálogo entre Ego e uma irregular anônima, mas um diálogo resumido e reduzido às réplicas de um dos parceiros.[37] Autobiografia? Não, quadro de costumes típico; o recurso à mitologia é a única coisa que atesta a ambição do poeta de fazer poesia e não apenas um esboço dos costumes contemporâneos (ou, como se diria naqueles tempos, um "mimo").

Nós estamos de fato no teatro, porque Ego e sua nova conquista anônima foram surpreendidos pelo leitor em plena conversa: quando a cortina se levanta, Ego já ofereceu seus préstimos e foi maltratado. Resta ao leitor entender pouco a pouco quem são essas pessoas e que intriga as opõe, escutando o que dizem em cena esses personagens tão preocupados com seus assuntos: Propércio e Tibulo[38] empregam frequentemente esse procedimento de exposição,[39] que parece mais adequado ao teatro do que à poesia, mas que a bucólica[40] praticava tanto

---

37 Há outros exemplos. A elegia II, 5, é semelhante à nossa: mesmo monólogo que é um diálogo, mesma preocupação com o que dirão os outros. Cf. também III, 6, bem comentada por Boucher, op. cit., p.435; cena I: o escravo mensageiro e a bela; cena II: o escravo presta contas ao mestre. Cf. também II, 33 B. Sobre outros procedimentos análogos, cf. Kroll, *Studien zum Verständnis der römischen Literatur*, p.221 (o pseudodiálogo).

38 Cf. em Cairns, op. cit., p.176-7, o quadro comparativo da ordem dos acontecimentos de Tibulo, I, 5, e da ordem em que o poeta os relata, deixando para o leitor a incumbência de reconstruir em pensamento a ordem dos fatos.

39 Procedimento que Williams (*Tradition and Originality in Roman Poetry*, cap.4) chamou de "apelo à colaboração do leitor".

40 Cf. Veyne, em *Revue de Philologie*, p.238.

quanto a elegia: o leitor é jogado *in medias res*, o poeta não explica nada, não fez a mínima confidência; cabe ao leitor reconstituir pouco a pouco, no transcorrer dos versos, o drama ao qual assiste. No início do poema, o leitor fica sabendo apenas o suficiente para compreender os primeiros versos; ele recebe bem mais tarde, às vezes, uma informação que completa, ou até modifica profundamente aquilo que pensava.[41]

Em Tibulo, cuja virtuosidade é notória, esse teatro é um teatro ideal, mas o leitor mal se dá conta disso; o local da cena muda constantemente, mas o leitor é transportado com suavidade. A elegia I, 2, começa atiçando sua atenção, jogando-o em plena ação:[42] "Força a dose[43] e afoga no vinho esse excesso de dor, para que o sono vitorioso caia enfim sobre olhos cansados! E que não me tirem da minha embriaguez, enquanto permanecer adormecida a tristeza do amor". O motivo é que Délia está sob a guarda de um porteiro ou de um chichisbéu, não sabemos (esse dois personagens diferentes em dignidade eram designados pelo substantivo *custos* ou "guardião"); além do mais, uma barra de madeira[44] tranca a porta do domicílio conjugal. Diante da palavra porta, o poeta esquece a bebedeira e o copo cheio; ele está em frente à porta trancada e amaldiçoa esse escravo fidelíssimo que tem um mestre[45] intratável. Dez versos depois,

---

41 Cairns, op. cit., p.144.

42 Os elegíacos gostam de jogar o leitor *in medias res*, como se estivesse começando uma confissão patética ou lírica (Williams, op. cit., p.767 e 775); isso dura pouco e o leitor é rapidamente tirado dessa ilusão: o que deve ser atribuído ao humor elegíaco.

43 Esse nos parece ser o sentido de *adde merum*, por aproximação com Tibulo, I, 6, 27 (*mero... aqua*), e Ovídio, *Amores*, I, 4, 52 (*dum bibit, adde merum*); literalmente. acrescenta vinho puro (à mistura de vinho e água preparada na cratera).

44 Barra transversal, sem tranca ou fechadura; Blümner, *Die römischen Privataltertümer*, p.22-3.

45 Tibulo, I, 2, 7: *janua difficilis domini*; esse é o verdadeiro sentido dessas palavras. Esse *dominus* não é propriamente o dono da casa ou o marido de Délia: ele é literalmente o mestre ou o dono da porta, que é tratada

ele se dirige à bela prisioneira, a Délia em pessoa, não sabemos se na realidade ou em pensamento: nesse mundo maleável, no limite da afetação, o sono e a vigília quase não se distinguem,[46] assim como o diálogo e o monólogo; dá na mesma mandar um escravo[47] lhe servir uma bebida e ordenar a si mesmo que se esqueça de sua dor.[48] De todo modo, não é ao leitor que Tibulo conta a sua dor; ele não se confessa, não faz confidências: ele se põe em cena. É um espetáculo, não uma efusão.

Às vezes o poeta elegíaco é o primeiro a rir da convenção. A elegia III, 25, de Propércio, que se vale nomeadamente da ficção de Cíntia, é uma cena de casal e começa com um ataque de raiva: "Fui motivo de chacota dos convivas, desde o início do jantar, e nem o último dos homens podia criticar minha conduta; fui teu escravo dedicado durante cinco anos, mas agora tuas lágrimas não me comovem mais: já fui enganado uma vez...". Cíntia estava em cena, portanto, e acaba de cair num choro bem

---

metaforicamente como um escravo porteiro que serve a seu mestre. Essa é uma maneira engraçada de falar, comum em latim: um objeto ou uma faculdade da alma são tratados como escravos daquele que possui esse objeto ou essa faculdade. Por exemplo, defendendo sua própria causa, Ulisses declara que sua eloquência, que muitas vezes socorreu terceiros, vem socorrer seu próprio mestre (o mestre dessa eloquência era o próprio Ulisses: Ovídio, *Metamorfoses*, XIII, 138: *facundia quae nunc pro domino loquitur*); mesmo emprego engraçado de *dominus* nas *Metamorfoses*, I, 524, e sobretudo na elegia I, 16, de Propércio, que é um paralelo esclarecedor: nos versos 9 e 47, a própria porta fala de sua senhora e emprega uma linguagem de escravo; de modo que, numa segunda brincadeira, quando a porta repete as palavras que um amante rejeitado lhe disse, não conseguimos saber se a *domina* de que fala esse amante no verso 28 é a senhora da porta escrava ou a amante do próprio infeliz. Cf. também Horácio, *Odes*, II, 13, 12.

46 É inútil se perguntar se isso é um *paraklausithyron* ou não; cf. Reitzenstein, *Hellenistische Wundererzählungen*, p.156; Bright, op. cit., p.133-49; Copley, *Exclusus amator*, p.92-107; Vretska, Tibull's Paraklausithyron, *Wiener Studien*, LXVIII, p.20-46.

47 A um escravo ou a um companheiro de bebedeiras, como veremos: Bail, *The Structure of Tibullus' Elegies*.

48 Williams, op. cit., p.499.

imitado. O cenário representa a porta de Cíntia e nosso poeta aproveita para fazer um curto discurso: "Adeus, soleira, que derramas lágrimas aos meus gemidos,[49] porta que, apesar de toda a sua raiva, meu braço não partiu". Esse desesperado compõe frases, e o que dizer dessa soleira que chora cântaros de lágrimas com as quais o poeta a molha? Nenhum tradutor francês se atreveu a entender essa ênfase de humor e todos traduziram: "soleira que molho com as minhas lágrimas", tão contumaz é a lenda da sinceridade elegíaca. Para terminar, Ego amaldiçoa Cíntia:

> Virá o dia em que por pouco não arrancarás teus cabelos agrisalhados e teu espelho te envergonhará por tuas rugas; será tua vez de engolir as recusas. Eis-te enfeitiçada pela maldição que esta página acaba de fazer ressoar em teus ouvidos. Tua beleza acabará, sabe e treme.

Palavras enérgicas, porém mais palavras de escrivaninha do que de viva voz, em que o poeta e sua interlocutora têm relações por referência de página interposta. E por um bom motivo: nesse poema final, Propércio amaldiçoa Cíntia para comunicar ao seu público que vai mudar de assunto e pretende renovar sua inspiração, como prova seu livro seguinte.

A elegia é uma poesia pseudoautobiográfica, em que o poeta conspira com os leitores contra seu próprio Ego. Os estudiosos observaram muitas vezes[50] que acontecia de os elegíacos fazerem troça, e eles estavam certos, porque troça é a única coisa que eles fazem: humor do persa que não sabe que é engraçado ser persa; humor do mentiroso que diz "eu minto", piscando o olho para o leitor. O humor que finge não fazer ideia de si mesmo

---

49 Williams (op. cit., p.475) traduz exatamente "threshold that weeps at my words" ["soleira que chora com as minhas palavras"] as palavras *limina mostris lacrimantia verbis* (Propércio, III, 25, 9).

50 Williams, op. cit., p.561; Wimmel, Tibull und Delia, *Hermes*, p.23 e 66; Lilja, *The Roman Elegists' Attitude to Women*, p.27; Bright, op. cit., p.134 e 142.

é o humor de Propércio, que é engraçado porque ele sofre; ele parece não se dar conta da vida que leva e do que pensam dela as pessoas de bem. Cíntia nunca está errada; Ego se inclina diante de todos os seus caprichos, mesmo que não concorde com eles (IV, 8); esse ingênuo, esse conformado, diverte o leitor honesto com seus sofrimentos, resultado justo da vida irregular que leva, e não imagina nem por um segundo que talvez não tenha a simpatia do outro. Mas como o narratário poderia conhecer a vida pouco edificante que leva esse Ego, se o poeta, que é seu ombro amigo, não desse com a língua nos dentes? Como saberíamos onde Cíntia passa a noite, se ele não nos dissesse?

Tibulo é humorista pelas mesmas razões que Propércio e alguns outros. Propércio engana Cíntia mais vezes do que ela, mas ele a ama exclusivamente, porque vive repetindo isso. Tibulo ama Délia, mas repete isso com tão pouca energia que não sabemos o que pensar. Sua poesia tem um tom meio adormecido e tudo, até o "eu te amo", é dito da boca para fora. Essa languidez não é expressão de um temperamento sonhador, mas o mais ardiloso procedimento de distanciamento ao estilo de Calímaco. Porque ela não está nos sentimentos, como se acredita, mas no estilo e na composição; e não nos referimos aqui à melancolia lamartiniana, ao luto eterno, feito de torpor e desejos vagos, com que se deleitam os trovadores alemães.[51] *Secundo*, essa languidez soa falsa e é apenas a afetação de uma voz negligente. Basta que dois milênios negligenciem o humor e imputem a negligência do estilo ao próprio homem para que essa languidez se torne um gênero literário, destinado a um sucesso multissecular.

Essa languidez é a própria elegia, ao menos em Tibulo, cuja poética, muito diferente da de Propércio, foi considerada,

---

51 Pensamos no *Minnesang*. Pensamos também na análise de *O capote*, de Gogol, feita por Eichenbaum, em Todorov, *Théorie de la littérature: textes des formalistes russes*, p.212, ou em Striedter, Stempel e Kosny, *Texte der russischen Formalisten*, v.1, p.123.

durante séculos, a arte elegíaca encarnada; arte insinuante, que vem ou parece vir do coração e que se dirige ao coração? Arte da confidência, que conquista os corações, fazendo-os sentir as afinidades inter-humanas? Não seria, na verdade, a arte de não escandalizar, de não deixar de pé atrás?

O tom de voz elegíaco tem essa virtude de conquistar simpatias, que são erroneamente imputadas ao conteúdo humano da elegia; essa é a arte de Tibulo, mais simples e habilidosa que a de Propércio, tanto que podemos resumi-la em poucas frases. Até a época de Lamartine, entendeu-se que a elegia residia numa languidez e numa melancolia que são o tom adequado para falar do amor e embalar os sonhos; quando se fala de alguma coisa nesse tom, por esse simples fato, fala-se poeticamente. Tibulo não abriu seu coração, não manifestou suas ideias: sua arte é dizer tudo em tom menor; esse tom comanda a escolha dos temas de que ele tratará. A melancolia de Tibulo é apenas a consequência dessa opção estética. Pensamos aqui na análise que um dos formalistas russos fez de uma narrativa de Gogol para mostrar que o tom era a verdadeira unidade da narrativa e que o erro da crítica tinha sido procurar a "mensagem" de Gogol nos temas. Do mesmo modo, Tibulo escolhe como tema o que ele pode cantar em certa escala e sua voz lembra aquela do patético apaixonado de "La Belle Dame sans mercy":

> *Car toujours un relais d'étreinte*[52]
> *S'enlaçait au son de sa voix,*
> *Et revenait à son atteinte*[53]
> *Comme l'oisel au chant du bois.* *

---

52 Um resto de angústia; ele sente um aperto na garganta.

53 E ele volta à doença, à loucura que o acomete.

* "Pois sempre um revezar de aflição/ Enlaçava-se ao som de sua voz,/ E voltava ao ataque/ Como o pássaro ao canto do bosque" ("La Belle Dame sans mercy", de Alain Chartier). (N. T.)

Imagine o leitor uma pintura sem perspectiva, sem espaço organizado nem unificado, sem ênfase, sem traços mais intensos, contornos nítidos e bem-acabados; essa imprecisão faz a atmosfera poética. O Ego de Tibulo não afirma nada com veemência; no Capítulo 9, veremos um efeito sensacional de indeterminação por meio do optativo. O próprio Ego não tem nada de específico, ele não é nem pobre nem rico, não é realmente triste. Nada está no primeiro plano; uma sequência de ideias desfila diante do leitor, e nenhuma é mais importante do que as outras, nem mesmo a ideia do amor ou da morte. Essas ideias parecem ligadas ao acaso, a transição não é nem hábil nem discrepante, mas gratuita; espaço de justaposição. Essas ideias são frequentemente modalizadas, são desejo ou nostalgia. Nossa era clássica experimentou a delicadeza desses efeitos de surdina, achando poéticos os valores menores, e o fato de nunca ser escandalizada.

Essa mistura única de humor e imprecisão se deve a um autor esperto demais para merecer que se fale de graça. Onipresença desse humor, desproporção entre a errância das ideias em grandes camadas uniformes e os verdadeiros movimentos da alma, com suas verdadeiras intensidades, precisão dos efeitos de surdina, tudo isso mostra que não ouvimos a verdadeira voz de Tibulo em seus versos, mas a de um poeta ventríloquo, que faz o Ego falar.

Assim, às vezes Tibulo abandona seus ares negligentemente ingênuos e dá uma piscadela de olhos para o leitor. Deixemos os amantes da alma se comover (porque eles se comovem)[54] com a delicada bondade com que Ego demonstra seu devoto reconhecimento à mãe de Délia, essa venerável cafetina que levava a filha até ele, abria-lhe a porta todas as noites e facilitava seus amores. Mais adiante, o humor é ainda mais grosseiro. Em substância, Ego declara: Délia me engana com toda a certeza, eu,

---

54 Como Bright, op. cit., p.175.

que sou seu amante, já que engana o marido comigo. Ora, fui eu quem a ensinou a enganá-lo, e agora caio na minha própria armadilha. Então, marido, sê meu salvador, vigia tua mulher para mim. Eu te ensinarei a descobrir as artimanhas dela; não fui eu mesmo quem as ensinou a ela, contra ti? Não duvidarás que posso te aconselhar proveitosamente, quando souberes que, quando teu cão latia à noite, era porque eu estava entrando sob o teu teto. Aliás, peço-te perdão. Mas não cometo uma gafe, revelando-te essas astúcias? Isso apenas confirma que não sabes vigiar uma mulher. Então, em teu próprio interesse, farias bem em confiar tua Délia a mim; eu a vigiarei melhor do que tu. O conselho era bom, porque Tibulo, em seu papel de guardião da virtude alheia, não hesitava em tomar medidas enérgicas; ele recorreu aos serviços de uma velha, bruxa e alcoviteira ao mesmo tempo, como era o costume, que lhe arranjou um feitiço que tornava o marido de Délia cego para o óbvio: se ele pegasse Délia na cama com o poeta, ele não acreditaria nos próprios olhos (I, 2, 57). Todavia, acrescenta o bom apóstolo, o encantamento só é eficaz em seu proveito: se Délia se atrevesse a se enlaçar nos braços de outro que não fossem os do poeta, nesse caso o marido veria tudo.

Em Propércio também não faltam piscadelas de olhos para o leitor (por exemplo, quando ele exige de Cíntia a cláusula da nação mais favorecida: paga a Isis, como ex-voto, as noites de castidade que prometeste a ela, mas paga dez outras a mim!);[55] também não faltam travessuras. Mas, em geral, ele é menos espirituoso que Tibulo e tem mais verve. Leia-se a elegia II, 6, verdadeira tirada que está entre a reflexão solitária e o sarcasmo; Ego se dirige à própria Cíntia para ofendê-la quase com jovialidade: ela tem amantes demais e há uma multidão a sua porta; Laís, Frineia, Taís e outras cortesãs famosas nunca fizeram

---

55 Propércio, II, 28, 61; seguimos a pontuação de Reitzenstein, Wirklichkeitsbild und Gefühlsentwicklung bei Properz, *Philologus*, XXIX, 2, p.55.

tanto sucesso. Feliz com a sua raiva, o ciumento é o primeiro a se divertir com seus exageros: "Tenho ciúme de tudo, de um rapagão numa pintura, de um bebê chorão no berço". E ele passa sem transição para o papel do pai nobre, porque o estroina é rígido com a moralidade dos outros; ele lamenta que o pudor diminua cada dia mais. Ele encenará ainda outras vezes a comédia do ciumento moralizador.[56]

Ele também se verá e se mostrará como o leitor o vê; mas isso acontece no Livro IV, em que a ficção da adorável Cíntia não é mais uma religião de Estado. Ele conta a anedota com verve, caçoa de si mesmo com gosto e mostra uma indulgência sem ilusões por Cíntia (IV, 8). Ora, Cíntia foi em romaria adorar uma casta divindade de subúrbio, mas não foi sozinha; um homem rico a levou numa bela carruagem e a deixou conduzir; Propércio, que acha o homem meio afeminado (porque, na época, era pouco viril fazer muito amor), deseja caridosamente que ele vá logo à falência e não tenha outra saída a não ser se vender como gladiador para engordar os leões da arena com sua própria carne.[57] E procura consolo na vingança; ele conhecia duas devoradoras de homens e convida as duas para jantar. As damas exibem todos os seus encantos, até arrancam o porta-seios (gesto pouco usual naqueles tempos pudicos, mesmo na mais tenra intimidade),[58] em vão: Propércio está ausente, seu pensamento

---

56 Segundo a expressão de Boucher (op. cit., p.429), que se diverte com os provérbios de ciumentos moralizadores que Ego desfia em II, 16, 47-56.

57 Esse é o sentido do verso IV, 8, 25: não se trata daquilo que os empresários davam de comer para gladiadores e bestiários, mas dos leões, que frequentemente comiam os gladiadores. A piada era clássica (Apuleio, *Metamorfoses*, IV, 13), remonta a Górgias e ainda se encontra em Amiano Marcelino, XXIX, 3. Cf. Ville, *La gladiature en Occident: des origines à la mort de Domitien*, p.245, n.44, e p.249, n.54.

58 Porque é a última coisa que as mulheres tiram ou nem chegam a tirar, como observa Gilbert-Charles Picard a propósito das pinturas eróticas de Pompeia; isso é confirmado por Apuleio, *Metamorfoses*, X, 21 início. Seria um grande erro acreditar que a Antiguidade pagã era liberal; ao contrário, ela

está no subúrbio. Então acontece o inesperado: Cíntia volta, está na porta, linda e furiosa, porque se acha mais enganada do que infiel; segue-se uma batalha de damas em que as duas devoradoras não têm nenhuma chance; derrotadas por Cíntia, para orgulho do poeta, apesar de tudo, elas gritam por socorro e põem o bairro inteiro em polvorosa.

Essa é a última imagem que Propércio apresenta de Cíntia e a mudança de tom é impressionante. Cíntia perde a auréola falsamente ingênua com que Ego a coroou até esse momento; essa elegia é o inverso de tudo que veio antes: para fechar o ciclo de Cíntia, Propércio diz: "Deixemos de fingimento, a brincadeira acabou"; em vez de encenar mais uma vez seu papel trágico, ele passa para outra ficção, a da poesia ligeira, e confirma *in fine* a suspeita do leitor de que tudo que veio antes era uma ficção humoristicamente séria. Daí outro fato não menos impressionante: essa elegia, em que o criador passa de repente para o outro lado da própria ficção, sucede a outra peça (IV, 7), que não ia tão longe, porque o poeta se contentava em ir... além da morte e da ressurreição fictícias de sua criatura. Na verdade, nossa elegia ligeira, em que Cíntia está bem viva, é precedida de uma peça em que Cíntia aparece também, mas morta e enterrada: seu fantasma vem assombrar Ego e lhe lembrar que durante muito tempo ela reinara em seus versos, com um humor sério e até macabro (Propércio sabe cantar a morte em sua generalidade). Tudo isso deveria dar o que pensar aos biógrafos que acreditam em Cíntia e contam candidamente sua ligação com o poeta, seguindo como um fio de Ariadne a ordem em que o poeta ordenou suas peças quando as publicou em coletânea. Em IV, 7, Propércio "mata" Cíntia; em IV, 8, ele a desenterra. A elegia era isso: poesia para diversão; ela fazia um retrato divertido, ainda

---

era excessivamente pudica e as duas damas convidadas por Propércio lhe concederam um favor extremo e impudico: uma cortesã tirava todos os véus somente em casos extremos e condenáveis.

que fantasioso, da vida dos senhores galantes; era poesia para rir; a elegia é uma amiga leviana, uma *levis amica*, como diz Ovídio em seus *Remédios do amor*.

Infelizmente, é costume lê-la como uma poesia feita para chorar; o leitor se comove com a seriedade das aflições de Propércio, com a melancolia de Tibulo. Leva ao pé da letra as poucas ênfases patéticas que podem ser encontradas em Propércio (devo ter citado todas), sem se dar conta de que são citações com que Propércio ilustra um dos lados da vida galante e das aflições que os inenarráveis galantes procuram por prazer. A elegia era divertida porque não era para se *levar ao pé da letra*. Vamos ver a seguir que esse pretenso lirismo pessoal era não só humorístico, como geral. Com exceção de Catulo, que procurava um efeito de ilusão, os elegíacos procuravam, à guisa de verdade, a definição de um tipo.

4
Falsas confidências: o típico

Para acreditar que nossos elegíacos contavam a história de suas ligações, não podemos lê-los. O "romance de Tibulo e Délia"! Ele se reduz a cinco poemas, que seriam os cinco primeiros do Livro I, se uma peça sobre o amor pelos adolescentes não tivesse sido introduzida entre a terceira e a quarta. Já conhecemos duas dessas elegias: na primeira, o poeta doente sonha com Délia fiando castamente debaixo das asas da mãe e, na segunda, ele geme diante da porta da amada, guardada a sete chaves por um marido ciumento.[1] Délia teria se casado nesse meio-tempo? Não, porque na coletânea essa última elegia é anterior à outra. Ela teria se divorciado? Não, porque Délia continua casada na última das cinco elegias... E não podemos acusar os biógrafos de não terem feito a pergunta elementar: Tibulo organizou as peças em ordem cronológica? Esses poemas não são testemunho de uma cronologia desordenada: eles não têm cronologia nenhuma e cada elegia trata seus temas de forma independente das outras; só o nome de Délia cria a ficção de uma série. O que

---

1 Sobre esse marido ciumento (*conjux luus*), cf. Tibulo, I, 2, 41.

se vê nelas não são os episódios de um amor: primórdios, declaração, sedução, briga; o tempo não passa. Cada poema expõe situações da vida amorosa, a mais cristalizada em sua essência. Algumas vezes, Tibulo ou Propércio ilustram a situação dos amantes brigados; como a elegia anterior mostra naturalmente os amantes de bem, não devemos concluir que eles brigaram entre um poema e outro; ainda mais que o poeta não mostra a briga acontecendo. Esses poemas não são articulados entre eles. Como escreve Fränkel, que soube ver como ninguém a elegia tal como ela é: "há pouca continuidade de uma peça para outra nas coletâneas elegíacas; quando os eruditos tentam reconstruir a história de uma determinada ligação, a partir desses pedaços sem nexo, eles perdem tempo".[2] E, como diz Boucher, o Livro I de Propércio não é a história de uma paixão: "ele não tem nem começo nem fim análogo ao de um romance". O Livro II também é "absolutamente independente de qualquer cronologia romanesca".[3] Quanto ao Livro III, o nome de Cíntia mal é citado; Propércio canta o amor e muitas outras coisas, sem se incomodar com sua amante.

É melhor deixar as lendas morrerem sozinhas; mais vale tentar dizer o que é positivamente a elegia. Em primeiro lugar, é uma poesia sem ação, sem intriga que leve a um desfecho ou mantenha uma tensão,[4] e é por isso que o tempo não tem realidade na elegia. Tibulo lamenta constantemente não estar no campo, o que mostra que ele não está lá, que continua onde está. Propércio sofre por ser escravo de uma mulher desde o primeiro verso da primeira peça de seu primeiro livro e só deixa de sofrer quando "mata" sua criatura; eles repetem a convenção inicial ou fazem variações sobre ela. Um acontecimento como,

---

2 Fränkel, *Ovid: ein Dichter zwischen zwei Welten*, p.26.

3 Boucher, *Études sur Properce*, p.401.

4 Para falar como Iouri Lotman, *La structure du texte artistique*, p.323-33, as coletâneas elegíacas são textos sem "tema".

Elegia erótica romana

por exemplo, um ano de briga (o famoso *discidium* dos biógrafos de Propércio), não é um acontecimento: ele não é precedido de um rompimento nem é seguido de uma reconciliação; o antes e o depois não existem, assim como a duração.

Um ano é muito tempo, diríamos; engano: é um pedaço de vida que flutua sem dono e é uma espécie de intensivo. "Eu a traí uma única vez e ela me rejeitou um ano inteiro", escreve Propércio em algum lugar,[5] e não concluímos que, nos cinco anos que ele amou sua Cíntia ou publicou sua *Cíntia*, houve um ano de separação. Cada elegia ilustra uma cena típica dos amores irregulares; reunir todos esses pedaços de egotismo fictício numa vida coerente de um único e mesmo Ego chamado Propércio seria o mesmo que escrever a vida de James Bond ou Sherlock Holmes e levantar o delicado problema cronológico de saber se a ordem em que James Bond viveu suas aventuras é a mesma da publicação dos romances em que elas são contadas. Um ano não são os 365 dias de sofrimento que um indivíduo de carne e osso perdeu em seus cinquenta ou setenta anos de capital: é certa intensidade verbal na vida sempiterna de um Ego que cresce, envelhece e morre tanto quanto o invariável James Bond, que continua o mesmo depois de um ano ou vinte anos. Rompimento de um ano significa um rompimento sério, da mesma forma que, em Homero, "ele chorou três vezes" é uma maneira codificada de traduzir a intensidade de uma grande dor. Outra elegia, a II, 29, conta um mal-entendido entre Propércio e sua amada, que foi traída e está zangada; "a partir desse dia", conclui o poeta, "ela não me concedeu nem uma única noite"; peripécia? Não, situação exemplar: "o Mal Entendido ou o Amor

---

5 Propércio, III, 16, 9, tornou-se a base da biologia de Propércio, em combinação com III, 25, 3 (os cinco anos de ligação). Essa ingenuidade no tratamento das ficções data do início do século XIX (a cronologia de Propércio se deve ao grande filólogo Lachmann, cujas teorias sobre os poemas homéricos como produtos da alma popular são conhecidas). Cf., mais adiante, cap.9, n.14.

punido". É inútil acrescentar que não se fala mais disso na peça seguinte ou no resto da coletânea, em que os dois amantes são tão amantes quanto exige a convenção básica. Esse romance não é o romance de um único e mesmo Ego, e tampouco é um romance.

Conhecemos a diferença entre as obras que ilustram uma situação repetitiva e as que resolvem um rompimento inicial; as coletâneas elegíacas pertencem ao primeiro gênero; às vezes esse imobilismo chega a paralisar cada uma das elegias e o poeta hesita entre a anedota e o retrato. Essa talvez seja a explicação do enigmático poema I, 3, de Propércio, cujo mistério talvez seja apenas a falta de habilidade: o poeta parece primeiro querer contar um incidente, e o leitor espera um epílogo que não vem, porque, na realidade, o poeta descreve uma relação típica entre dois amantes, o Infiel e a Bela Abandonada; infelizmente, em vez do imperfeito repetitivo, esse estado é descrito no passado acontecimental: um dia, Ego, muito menos tímido e doído nessa elegia que nas outras, passa a noite na bebida e no resto, volta para casa de madrugada e acha que a abandonada é linda enquanto dorme. Ele a admira, ela acorda e... nada: em vez de a distância inicialmente estabelecida se resolver com uma reconciliação ou uma briga definitiva, a abandonada tem uma tirada chorosa que prova que a distância estabelecida pelo poeta era, na realidade, o estado habitual dos amantes: essa era a nossa vida; para ele os prazeres noturnos, para mim a castidade e a solidão... Mas a anedota é tão mal contada que alguns se perguntaram se não haveria uma peripécia nas entrelinhas.[6] A falta de clareza, tão frequente em Propércio, chega ao cúmulo aqui.

---

6 Williams, *Tradition and Originality in Roman Poetry*, p.493, parece se perguntar se a tirada repetitiva de Cíntia não esconde um episódio que equilibraria essa distância inicial: enquanto Propércio dorme fora, Cíntia recebe um amante em segredo. Não acredito.

A elegia, produção de estetas, não é a expressão de uma afetividade, como os sonetos de Shakespeare; também não é uma ficção coerente, porque se tornou uma segunda vida, como em Petrarca. Nossos poetas mais descrevem um tipo de vida do que contam sua vida, e são mais homens de letras do que simplesmente homens; sua poesia é compósita e típica; eles não são tão apaixonados por Délia ou Cíntia que não dediquem poemas inteiros a polêmicas literárias, homenagens patrióticas ou dissertações galantes; as amizades literárias e os mecenas também não são esquecidos. Porque o próprio amor é apenas literatura. Cada uma das coletâneas de Propércio se divide entre a vida literária e a ficção amorosa; cada uma começa com uma peça preliminar, que se baseia na convenção da boemia amorosa e afirma a dignidade da elegia diante dos outros gêneros e, eminentemente, do gênero épico.[7] O Livro I foi publicado primeiro à parte, porque termina com um poema formando uma vinheta final, no qual Propércio "sela" (*sphragis*) a coletânea em seu nome, como os poetas gregos. E, como todo poeta helenístico e romano tinha o dever de cantar os dois amores,[8] para tratar o tema por inteiro e interessar todos os seus leitores, Propércio reservou a última elegia do corpo da coletânea ao amor

---

7 É a chamada *recusatio* (cf. sobretudo essa palavra no índice de *Tradition and Originality in Roman Poetry*, de Williams); trata-se de uma invenção de Calímaco, e seus sucessores mudaram o sentido dela. Em Propércio, consiste em recusar-se a escrever poemas longos, desculpar-se por não escrever epopeias e, em particular, desculpar-se por não cantar as conquistas do Imperador, por falta de talento. Essa recusa tinha dois usos. (1) celebrar por preterição os feitos do imperador, dizendo-se incapaz de celebrá-los de maneira adequada; (2) desculpar-se, com falsa modéstia, por não escrever epopeias, declarando-se muito satisfeito como simples elegíaco.

8 Mesmo Ovídio não descarta cantar "seja um rapaz, seja uma moça" (*Amores*, I, 1, 20, com a nota da admirável edição Brandt); e, na *Arte de amar*, ele trata de um tema de discussão galante que era muito prezado na época: a comparação entre os dois amores, para saber qual era mais agradável.

aos adolescentes, por amigo e mito interpostos (I, 20), mas sua queda por eles é bem menos pronunciada do que a de Tibulo.

Para citar mais uma vez o perspicaz Fränkel:[9]

> quando abrimos uma coletânea de poesias amorosas, esperamos encontrar a expressão das experiências pessoais do autor. Em Roma, ao contrário, uma coletânea de elegias eróticas abrangia um campo mais amplo e não tinha uma ligação tão estreita com a realidade. Não há dúvida de que o poeta romano estava apaixonado por alguém, no momento em que escrevia versos de amor,[10] e falava como se, no momento em que escrevia, estivesse na situação que estava descrevendo. Mas sua ambição também era escapar dos limites que o acaso havia imposto a sua aventura pessoal. Ele não tentava imaginar os sentimentos de um indivíduo, mas a paixão de todo verdadeiro amante; seu verdadeiro tema era o amor e é isso afinal que significava o título de sua coletânea: *Amores*. O poeta conta sua história de amor na forma de certas experiências diversas, que ele teve na realidade ou na imaginação; ele não tinha apenas o direito de embelezar a simples verdade: seria até um disparate perguntar a ele o que era potencialmente verdadeiro. Não se exigia nem mesmo uma estrita coerência dos fatos no interior da coletânea: mediante uma série de exemplos concretos, o poeta procurava desenhar a imagem de conjunto da existência de um homem jovem

---

9 Fränkel, op. cit., p.11.

10 A relação entre o tempo da experiência e o tempo da escrita poderia ser menos simples do que diz piamente Fränkel; nessa matéria, tudo é caso individual; cf., em Victor Hugo, o atraso constante entre o momento da emoção, dolorosa ou sensual, e o momento, muito mais tardio, em que o poema é composto (sabemos que as datas registradas por Victor Hugo em suas edições não são as verdadeiras datas da composição). A relação entre a sinceridade e a imaginação poética também é menos simplista, sobretudo numa poesia tão pouco realista como a elegia. Lendo os versos frios de Tibulo sobre a inconstante Délia, é difícil acreditar que ele precisava estar apaixonado para escrever aquilo: melhor seria, ao contrário, não estar dominado por nenhum sentimento invasor naquele momento.

que estava às voltas com uma inclinação passional; ele esboçava o quadro ideal de uma existência amorosa e contrapunha-o firmemente ao gênero de vida daqueles que não estavam apaixonados.

Em resumo, os elegíacos retratavam uma boemia dourada, em que a convenção era "viver um dia após o outro",[11] e preocupar-se apenas em amar. Ego e Cíntia são tipos. Propércio descreve a noite de amor em duas peças análogas (II, 14 e 15) e sua descrição se parece tão pouco com um retrato que, apesar de Cíntia não ser nomeada, não seria nem legítimo nem ilegítimo considerar que ainda assim o poeta passou essas noites nos braços dela; no entanto, essas duas peças se referem à primeira vez em que uma desconhecida, muito cortejada e vivendo como uma mulher que escolhe seus amantes, jogou seu lencinho ao Ego triunfante. São duas versões de um mesmo tipo atemporal de acontecimento original. Depois de se queixar da porta atrás da qual o marido aprisiona sua Délia, Tibulo acrescenta: "Tinha de ser de madeira[12] aquele que foi guerrear no fim do mundo, ao invés de guardar-te para ele".[13] Muitos se surpreenderam e se perguntaram como Délia podia ser sustentada por um esposo e ao mesmo tempo ser mantida por um grande senhor, governador de províncias e homem de guerra; acreditaram entender também que Délia traiu Tibulo com outro amante somente na elegia seguinte... A verdade é que o nosso poeta, conforme o seu humor, interpreta de maneira diferente a convenção básica de que sua heroína é irregular: ela é irregular ora na forma de uma matrona adúltera, ora na forma de uma mulher fácil.

---

11 Propércio, I, 1, 6: *nullo vivere consilio*. Cf. Petrônio, 125, 4, estabelecendo uma convenção meio parecida: *extra legem viventibus*.

12 Nós vamos mais longe: esse singular é, na realidade, impessoal, como nos versos de Horácio: "Tinha de ter um coração blindado de bronze aquele que primeiro conseguiu arriscar um navio no mar".

13 Tibulo, I, 2, 65.

Alguns versos antes,[14] ele ensinara a ela, "também a ela", a escapar sorrateiramente do domicílio conjugal durante a noite e seus conselhos valiam para qualquer mulher: os elegíacos têm espírito didático, porque o tipo não está distante da norma, e com muito gosto dariam aula a uma turma inteira; os latinistas chamam isso de tema da monitoria do amor,[15] em que o imperativo singular é um plural. Eles dissertam sobre maquiagem e o papel excessivo do dinheiro nos costumes da época, são raciocinadores e sentenciosos,[16] embora sua moral seja o inverso da verdadeira e eles fossem comicamente o que Boileau chamará de lugares-comuns da moral lúbrica. Eles se apresentam como exemplo:[17] "Repito, evitai uma desgraça como a minha", "morro para lembrar aos apaixonados que jamais confiem em qualquer carícia".[18] Além de Délia, além da virago Nêmesis, da qual voltaremos a falar, Tibulo amou um adolescente e esse amor consistiu em escrever três peças em que ele expõe, *primo*, como seduzir os adolescentes e pagá-los, seja com versos, seja com presentes mais substanciosos; *secundo*, qual deve ser a complacência do amante, quando o amado se interessa por uma mocinha; *tertio*, que o amante seja muito menos complacente, quando o amado é cortejado por um homem, e um homem rico.[19] Tibulo analisou o tema a fundo, explorou todos os casos de figura. Ovídio escreveu uma elegia que Shakespeare conhecia e na qual ele mostra a tristeza do amante que vê a aurora retornar e a cotovia cantar; Fränkel quis honrar Ovídio com sua posteridade mais direta,

---

14 Em I, 2, 15: *tu quoque.*

15 Cf. Wheeler, Propertius as Praeceptor Amoris, *Classical Philology*, 5, 1, p.28 e 440; Erotic Teaching in Roman Elegy, *Classical Philology*, p.56.

16 Cf. Boucher, op. cit., p.354 e 356.

17 Williams, op. cit., p.535, 581-4 e 627; Bright, *Haec mihi fingebam*, p.139 e 149.

18 Propércio, I, 15, e I, 1. Como diz Brooks Otis, "in these poems Propertius is maintaining his amatory *pose* or *rôle* before an audience" ["nesses poemas, Propércio mantém sua *pose* ou *rôle* erótico diante de uma plateia"]. Cf. Otis, em *Harvard Studies in Classical Philology*, p.29.

19 Tibulo, I, 4; I, 8; I, 9.

isto é, as *albas* dos trovadores;[20] receio que a comparação seja arrasadora para Ovídio, em quem o amante amaldiçoa a Aurora porque é odiosa a todas as categorias da população, trabalhadores, militares, estudantes e litigantes.[21] Mas Ovídio estava mais inclinado a retratar os costumes, com o pretexto de ensinar a moral, do que a manter uma alta ficção; usando o exemplo de sua Corina, ele escreveu um poema para ensinar como uma esposa podia trocar sinais combinados com seu amante, durante um jantar, sem ser pega pelo marido.[22]

Ovídio não se interessa pelas mesmas coisas que nós. Os senhores amantes não são uns desocupados, parece dizer; eles são muito ocupados; a milícia amorosa teme o retorno da aurora tanto quanto a temem os soldados e os trabalhadores; parece-lhe mais interessante se divertir com esse paradoxo e descrever as diversas ocupações matinais dos homens do que passar a palavra a Romeu. Imaginamos que, quando se trata de um apaixonado, o mais indicado é dizer quais são seus sentimentos, deixar o coração humano falar. Erro. Os antigos que o deixam falar, à maneira de Catulo, não fazem isso porque o coração humano teria uma verdade superior e um valor literário eminente, mas porque escolheram imitar a linguagem e os pensamentos dos

---

20 Nelli, Lavaud, *Les troubadours*, v.2, p.30 (alba anônima), p.92 (alba famosa de Giraul de Borneil), p.106 (alba de Rimbaud de Vacqueyras). "Apesar do ciumento, façamos tudo!", diz a amada ao seu jovem amigo (*tot o fassam*); e o amigo se recusa a deixá-la; ele responde ao seu cúmplice, que monta guarda e o chama: "Belo e doce amigo, estou em tão abundante pasto que gostaria que não houvesse nem aurora nem dia; pois a mais suntuosa filha de sua mãe, eu a tenho, eu a abraço, de modo que pouco me importam o tolo ciumento e a aurora"; *le fol gelos* em questão era, naturalmente, o esposo: "*Car la gensor que anc nasques de maire/ tenc e abras, per qu'eu non prezi guaire/ lo fol gelos ni l'alba*".

21 Ovídio, *Amores*, I, 13.

22 Ibid., I, 4, em que Ovídio desenvolve dois versos Tibulo, I, 2, 21-2. Williams (op. cit., p.548) contrapõe Ovídio, que desenvolve generalidades como essa, e Propércio, que as põe em cena num caso individual e as anima com toda a sua empatia.

apaixonados. Essa escolha não era a única possível, porque não se considerava que o que havia para ser dito sobre o amor estivesse contido sobretudo no coração dos apaixonados, que era apenas o aspecto mais teatral da questão; para dizer o que era o amor, a objetividade valia tanto quanto a interioridade.

Os elegíacos não escolheram dar a palavra aos apaixonados, imitar o amor, mas cantá-lo sob todos os seus aspectos, sob a ficção humorística de uma primeira pessoa, que disfarça mal a objetividade da terceira do plural. A segunda elegia dos *Amores* de Ovídio é a prova. Ela começa imitando o homem que se apaixona:

> Palavra de honra, que acontece que meu colchão me parece tão duro? Por que os cobertores não param na cama? Por que passei sem pregar o olho essa noite interminável? Por que meu corpo está quebrado, de tanto me revirar na cama? Se fosse um ataque de amor, eu saberia! Devo crer que o Amor vem sem ser visto e esconde-se para ferir sem que se saiba?

Mas Ovídio é mais do que um imitador e vai provar isso dissertando por alegorias. Primeiro toma a palavra por trás da máscara do Ego e faz este último dizer coisas que revelam como um Ego se ilude e inventa sofismas para provar a si mesmo o que ele próprio deseja; é assim que os Egos se tornam escravos do Amor. E a exposição das consequências é feita na segunda pessoa: "Agora podes celebrar teu triunfo", diz Ego ao Amor, a não ser que quem esteja falando seja o poeta, ou a consciência coletiva; podes triunfar da Lucidez, do Senso moral, continua mais ou menos a voz, e terás como aliados a Sedução, a Ilusão e a Perdição, sem falar da transmissão do exemplo. A voz desconhecida nos disse o que se pensava em geral a respeito da paixão e de seus efeitos sobre os corações; o monólogo interior do novo apaixonado, portanto, foi rapidamente substituído por uma exposição objetiva.

O próprio Catulo passa – rápido demais, a nosso ver – da imitação de um apaixonado para a objetividade das ideias preconcebidas. Em versos famosos, considerados variações sobre um tema de Safo, ele faz um novo amante, isto é, ele próprio, contar a mistura de paixão avassaladora e o ciúme que sentiu quando viu sua Lésbia pela primeira vez: "Minha garganta se fecha, meus ouvidos zumbem, um fogo ligeiro percorre minhas veias, uma dupla noite cobre meus olhos"; e, de repente, o tom muda, torna-se refletido, racional: é o ócio que não te vale nada, Catulo, diz mais ou menos o poeta; ele te faz perder o controle, a medida, ele, que conseguiu destruir também as grandes nações. Essa quebra de tom sempre surpreendeu. Imperícia? Inverossimilhança psicológica (se supusermos que Catulo estava preocupado com a psicologia)? Justaposição brutal de temas tirados de duas fontes? Recuperação de um autocontrole que depois será considerado bastante romano? Da minha parte, acredito numa incapacidade de manter por muito tempo o papel de Ego; sob o disfarce da primeira pessoa, Catulo diz logo o que a opinião pública pensava da paixão, exatamente como na elegia de Ovídio: o amor é objetivamente uma calamidade, fruto do ócio (diríamos, mais ou menos, do apolitismo), e sua languidez mata o espírito cívico e arruína as cidades mais sólidas.

Na opinião dos antigos, o que se podia dizer na primeira pessoa que não se poderia dizer ainda mais abertamente na terceira? O ego não fazia confissões e era apenas um procedimento literário, uma convenção (para um paradoxo, essa convenção que tomamos por sinceridade é menos chocante que outras convenções dessa época); os monólogos mais ardentes serão apenas um documento entre muitos outros que devemos juntar ao dossiê da paixão; Propércio os apresenta como citações, ainda que pareça falar como um apaixonado, e em outras ocasiões falará sobretudo como um poeta do amor que, sob a convenção do ego, faz uma exposição típica do amor.

O caráter típico dos diferentes traços gera a incoerência do retrato. Cíntia é todo um harém: ora é uma mulher livre, que escolhe seus amantes e concede suas noites uma a uma, venais ou não; ora é uma amante chorosa, que Ego abandona e trai; nesse caso, Ego se torna um Don Juan (II, 22). Ego procura em vão o afeto da bela em I, 1, mas, em II, 20, ficamos sabendo que foi ela quem tomou a iniciativa e o procurou. Às vezes, Délia ou Cíntia (I, 3) torna-se uma amante lendária, da qual não saberíamos dizer se é esposa ou concubina: essa questão seria prosaica demais para essa terna apaixonada, que à noite fia, enquanto espera em vão o amante volúvel.[23] Em II, 6, estamos muito longe das cortesãs insensíveis e das apaixonadas: agora assistimos a uma comédia de adultério burguês em que Cíntia apresenta seus amantes como pretensos "primos do interior".[24] Em II, 12, a bela tem olhos negros; é loira em II, 2, mas, em II, 18, comete o erro de pintar o cabelo.

O poeta sabe de tudo isso e se diverte; ele se diverte com as próprias convenções. Estava decidido que ele cantaria apenas Cíntia e seria seu adorador servil; ele lembra seu compromisso pontualmente, mas essa pontualidade é tão automática e reaparece tão mecanicamente no fim do poema que o resultado é um cômico intencional; Ego amaldiçoa Cíntia, persegue-a com sarcasmos e, de repente, conclui: "No entanto, adoro-te e adorarei apenas a ti" (I, 8 A; II, 6, II, 17). A longa peça II, 32, termina com uma palinódia: Propércio adverte Cíntia de sua conduta e de sua má reputação, depois, sem transição, declara que não se deve acreditar nos mexericos e aconselha Cíntia a viver livremente, com tanto ardor quanto ele antes a proibiu de fazê-lo. Isso foi reconhecido depois como uma variação original sobre o procedimento helenístico que consistia em terminar um poema

---

23 Sobre essa visão quase matronal da amada, cf. Lilja, *The Roman Elegists' Attitude to Women*, p.69 e 172.

24 Cf. o que diz Boucher, op. cit., p.430.

"pegando a tangente",[25] em detrimento da verossimilhança e em proveito da desenvoltura.

A incoerência vai ainda mais longe. Propércio, que apesar de suas promessas está longe de cantar somente o amor, não o canta sempre a propósito de Cíntia; outras figuras femininas aparecem ao longo das elegias; elas são tão impessoais quanto Cíntia, mas às vezes apresentam um traço que se encaixa mal na ficção cintiana e nos impede de aproveitar o anonimato para lhes dar o nome de Cíntia. Em II, 14 e 15, temos duas primeiras noites de amor em que a parceira é ninguém e poderia ser todo mundo; também lembramos que em II, 18, Ego faz propostas a uma mulher de reputação duvidosa que ainda não era sua amante. Outra exceção, dessa vez gritante, e da qual se desconfia há muito tempo, é a elegia III, 20, em que Propércio, como ele próprio confessa, teria um "novo amor"; ele faz uma declaração de amor e quase um pedido de casamento a uma moça que, longe de ser uma irregular, é "casável", é do mundo dele. O marido dessa dama é governador de uma província distante. Um detalhe chama a atenção: a dama tem um ancestral famoso no mundo das letras;[26] nossa elegia é seguramente uma ficção (em III, 12, Propércio desenvolveu o tema contrário: a mulher do magistrado em missão que permanece fiel ao ausente), mas não é impossível que Propércio tenha incluído uma *private joke* na elegia para agradar aos ouvidos de uma dama bem real.

Minha leitora talvez fique contente em saber como as mulheres tiravam partido da ausência de um marido que tinha ido governar a Tunísia e encher os bolsos de propinas e rapinagens. Os costumes da aristocracia eram tão livres na antiga Roma como no nosso século XVIII e as damas não pensavam duas vezes para se divorciar; elas ficavam com o dote, o que

---

25 Sobre essa arte do "tangential ending", cf. Cairns, *Tibullus: A Hellenistic Poet at Roma*, p.125.

26 Cf. Syme, *History in Ovid*, p.202.

explica muitas coisas. "Valéria Paula se divorciou sem motivo, no mesmo dia em que o marido deveria retornar de seu governo", escreve a Cícero um de seus correspondentes; "ela vai se casar com Brutus".[27] A ficção de Propércio não era absurda, portanto, e talvez prenunciasse o futuro, quando falava de um pacto entre amantes como se se tratasse de um contrato de casamento:

Um homem que viste sair desembestado da tua cama, achas que ainda pode pensar no teu rosto? Um sem coração, que trocou a amante por dinheiro! A Tunísia vale as tuas lágrimas? E vais imaginar ingenuamente que os deuses... Asneiras! Quem sabe se ele não se morde de amor por outra? Tens a teu favor tua beleza de rainha, tens talentos de boa sociedade[28] e o brilho do renome do teu sábio ancestral reluz até ti. Casa afortunada a tua, se pudesses contar com um amigo: esse amigo serei eu! Acode, minha amada, ao meu ninho e tu, Sol cujo brilho estival estende-se demais no espaço, abrevia teu curso luminoso e não nos faze perder tempo. Chegou para mim a primeira noite, a primeira noite me concedeu suas horas.[29] Ó Lua, faze durar nossa primeira vez. Mas devo primeiro fazer o pacto desse amor novo, assinar sua convenção, redigir sua

---

27 Caelius a Cícero, *Ad familiares*, VIII, 7.

28 O mais simples é entender que a dama fazia tapeçaria, bordado (o texto diz literalmente: "as artes da pudica Minerva"). Também podemos entender que ela tinha talento para a música, o canto e a dança (essas três artes eram uma coisa só), como a mulher de Estácio, *Silvae*, III, 5, 65? Não sei. Em todo caso, a menção ao pudor não nos obriga a pensar apenas nas artes têxteis, dever da casta matrona: cada vez que falavam de uma cantora ou de uma intelectual, os romanos, assustados, apressavam-se em dizer que nem por isso ela era menos pudica (Estácio; Marcial, VII, 69; X, 35 e 38; Ovídio, *Tristes*, III, 7, 13). Fiar podia ser uma ocupação da alta sociedade e, por esnobismo, até as cortesãs fiavam (Crome, *Spinnende Hetairen?*, p.245). Cf. C. Dobias-Lalou, em *Revue des Études Grecques*, 1982, p.47-50.

29 Se Propércio espera a noite com tanta impaciência, não é apenas porque a noite de amor é uma maneira de falar: considerava-se muito descaramento fazer amor em plena luz do dia (Plutarco, *Quomodo adulescens poetas, Moralia* 18 F-19 A; cf. Pausânias, VIII, 6, 5; santo Agostinho, *Contra julianum*, XIV, 28).

lei; nenhum outro além do Amor selará essas garantias, das quais será testemunha a noite, deusa constelada de tranças estreladas...

A proposta é feita num tom insistente, como podemos ver, porque em Roma as mulheres eram crianças grandes, e eram tratadas com uma mistura de autoridade e certa familiaridade benevolente.

Ficamos iludidos durante muito tempo, imaginando que Propércio falava apenas de Cíntia, que sua Cíntia tinha a consistência de uma personalidade de carne e osso e não se limitava aos traços que seu criador lhe confere expressamente. Certo editor diz que, em virtude do poema II, 23, Cíntia deve ter tido um marido. Mas onde ele viu que essa elegia se refere a Cíntia? O nome dela não é citado, nem o de nenhuma outra, e o poeta se exprime em termos gerais; ele faz uma comparação entre os amores adúlteros e os amores venais (esse tipo de debate estava na moda) e, dessa vez, escolheu desenvolver as vantagens destes em relação àqueles. E o que dizer de III, 19! Propércio se dirige a uma interlocutora anônima que são todas as mulheres: tu criticas minha libido masculina, mas a tua é muito mais imperiosa, pois não conheceis limites, quando soltais as rédeas do pudor.

Cíntia, Délia são apenas nomes e, como escreve Gordon Williams, "nada confere a elas traços individuais ou uma identidade; além disso, a imagem que o poeta apresenta dessas mulheres tende a variar de uma peça para outra".[30] O segundo livro de Propércio foi publicado algum tempo depois do primeiro;[31] logo

---

30 Williams, op. cit., p.560.

31 Acredito que o primeiro livro foi publicado à parte, porque ele termina com um "selo" (*sphragis*) duplo e, no início do Livro II, Propércio lembra ao leitor o tema de sua atividade poética: cantar uma tal Cíntia. Em compensação, não usarei como argumento a palavra *monobiblos* (Marcial, XIV, 189, daí o título do Livro I nos manuscritos), que não deve significar "que forma sozinho um livro completo" (como entenderam os copistas dos manuscritos, que devem ter tirado esse título de Marcial, ao arrepio), mas "em um único

depois do prefácio literário em versos e da homenagem de praxe ao príncipe, há um retrato de Cíntia (II, 2), com o qual teremos de nos contentar:

> Eu era um homem livre e cultivava a arte[32] de viver num leito vazio; mas o Amor fez a paz só para me enganar melhor. Por que a beleza dessa mortal ainda não foi levada para os céus? Esqueçamos por caridade, ó Júpiter, tuas conquistas do passado.[33] Louros cabelos, longas mãos, uma estatura de deusa, o andar da irmã--esposa de Júpiter, ou de Minerva [detalhes]; assim era Iscômaco [detalhes], assim era Brimo[34] [detalhes]. Entregai as armas, deusas que outrora, no alto do Ida, o pastor Páris viu tirarem seus vestidos. Que jamais a idade venha alterar sua beleza, quando ela viver tantos séculos quanto a profetisa da lenda.

Propércio quis lembrar, nessa peça preliminar, o tema de seus versos; ele finge começar a amar a bela (ou recomeçar;

---

volume": Marcial oferece a um amigo um Propércio "completo em um único volume"; cf. edição Butler e Barber, p.lxxxiv.

32 Diz-se *meditari* do atleta ou do retórico que treina.

33 Provavelmente uma expressão da linguagem coloquial (hoje, em italiano, *ignoro* é a forma de dizer o que o francês coloquial diz com: "fecho os olhos", ou melhor: "não quero saber"). Entendo: "Cíntia é tão mais linda que as próprias amantes de Júpiter que será uma caridade esquecer". Mas a interpretação de Butler e Barber é diferente ("Eu te perdoo, ó Júpiter, por ter pecado, porque minha experiência me ensina que dificilmente se resiste à beleza"), assim como a de Rothstein ("Júpiter, eu não te conhecia, eu te ignorava, eu não te reconheço mais: como é que ainda não tentaste me tomar a minha Cíntia?").

34 Texto duvidoso. Essa Brimo, assim como Iscômaca, é uma heroína pouco conhecida da Fábula: Propércio se dá, mais vezes do que se afirmou, a elegância de uma erudição fascinante nessa ciência divertida que era a mitologia, nessa espécie de jogo de salão. Sobre Brimo, antiga deusa tessália, cf. Wilamowitz, *Der Glaube der Hellenen*, v.1, p.172. Os turistas que pegam a autoestrada de Tessália na direção de Atenas podem dedicar um pensamento a Brimo, depois de passar por Larissa, cerca de dez quilômetros antes da saída para Volo e seu esplêndido museu: a alguns quilômetros à esquerda da autoestrada fica o lago Boibes, local do culto e da lenda de Brimo.

ele tem o cuidado de deixar esse ponto indefinido) por causa dos leitores que não se lembram mais do livro anterior ou não o leram. Para ele, é suficiente construir uma imagem ideal, à maneira de um retrato; ele não precisa de outras precisões. Ficção literária; se imaginássemos que Propércio fala de seu coração e não de seu novo livro, perderíamos as ilusões no início da peça seguinte (II, 3): "Ouvindo-te", diz o poeta a si mesmo, "ninguém mais no mundo poderia ferir-te o coração.[35] Pois bem, eis-te enrabichado; coitado, mal consegues sossegar um mês ou dois, já te dás ao ridículo de um segundo livro que tratará de ti".

Na ausência de uma fisionomia identificável, as heroínas dos elegíacos são reconhecíveis apenas pelo nome e, ao menos em Propércio, o nome de Cíntia tem quase o valor de um título no topo da página: ele se insinua na página inteira e cria a presunção de que todas as peças da coletânea devem se referir a Cíntia; de tanto que o poeta repete que canta apenas essa Cíntia e nunca amará outra a não ser ela. Essa promessa de apaixonado é também um compromisso de escritor. Tal é o poder de ilusão de um título ou, mais precisamente, da paixão sugerida pelo título: somos persuadidos de que apenas a paixão torna poeta e, por consequência, um poeta fala apenas de sua paixão. Propércio, e também Catulo, cantaram apenas porque amaram; tão grande é a força das imagens de Épinal: temos dificuldade de admitir que a coletânea de Propércio pode conter poemas dirigidos a outras mulheres, além de Cíntia, e que as desconhecidas que o poeta mantém no anonimato devem permanecer assim. Mesma coisa em relação a Catulo. É fato que ele amou uma tal Clódia[36] e a cantou em versos inesquecíveis, com o nome de Lésbia; não

---

35 O verbo *nocere*, "causar dano", refere-se às flechas da beleza que ferem um homem e o transformam em escravo. Cf. a nota de Heyne e Wunderlich em Tibulo, I, 8, 25; Pichon, *De sermone amatorio apud elegiarum scriptores*, p.214.

36 Sobre a identificação de uma das irmãs Clódia como Lésbia, cf. Deroux, *L'identité de Lesbie, Aufstieg und Niedergang der Römischen Welt*, I, 3, p.416; Moreau, *Clodiana religio*, p.169.

hesitamos em aclamar Lésbia em outras mulheres, as quais o poeta mantém no anonimato e cuja figura é tão vaga que elas podem tanto rechaçar quanto impor essa identificação. Faz mais de dezenove séculos que um poeminha encantador de Catulo é chamado de "Pardal de Lésbia", embora nada nele designe a ousada mundana de belos olhos que foi essa dama que Cícero admirava com uma birra assustada e humilhada; aliás, esse poeminha tão lindo e um pouco diminuto em seu êxito não é a medida da paixão do nosso poeta: não existe nenhuma razão, exceto o hábito, para atribuir esse poético pardal a Lésbia. Ainda passaria se Catulo, como Propércio, tivesse feito no início de sua coletânea a promessa de bêbado de só cantar a sua amada; ele não fez isso e não podemos nem mesmo afirmar que um poema, escrito com o pensamento em uma desconhecida ou, mais provavelmente, em ninguém (mas apenas em fazer lindos versos), foi dedicado a Lésbia depois, na intenção do poeta ao organizar a coletânea para a publicação: Catulo não planejou compor um *canzoniere* de Lésbia e nenhum título comum infunde um nome de mulher nos poemas que formam sua coletânea.[37]

---

37 Esse poema sobre o pardal "de Lésbia" é a peça 2 de Catulo. Outra peça de Catulo que talvez não se deva atribuir a Lésbia (em que seu nome não é citado) é a peça 70. Catulo declara que a "senhora" (*mulier mea*) se diz disposta a casar-se com ele, mas o que as mulheres dizem se escreve nas ondas. Essa mulher poderia ser Lésbia, como parece nos obrigar a pensar o paralelo com o poema 72. Todavia, esbarramos no fato de que o latim é pouco conhecido: como se entendia o *mulier mea*? Nos poetas, *mulier* significa comumente a amada, esposa ou simples amante (Pichon, *Index verborum amatorius*, p.209); *mulier mea* significa a mesma coisa? Duas coisas nos levam a conceber como possível (nem mais nem menos) uma outra interpretação. Em primeiro lugar, num relevo de Narbonne vemos um vendedor ambulante anunciando sua mercadoria: *mala, mulieres meae*, "maçãs, senhoras" (Espérandieu, *Reliefs*, 616). Em segundo lugar, várias peças de um discípulo de Catulo, Marcial (cf. a edição Friedländer, p.24), começam com *mulier mea* ou falam de *uxor mea* (II, 102; III, 92; IV, 24; XI, 43 e 104). Marcial não era casado. Nesses versos, não só ele representa o papel do marido descontente com a mulher e, por intermédio dela, com todo o mulherio, como

O título ou o nome próprio são suficientes para criar um fantasma que cansa o leitor como uma cítara. Se *As flores do mal* se intitulassem *Jeanne* ou *Fanfarlo*, atribuiríamos a essas mulheres – uma imaginária e outra bem real – todos os poemas de amor de Baudelaire que não contêm o nome de sua inspiradora: teríamos certeza de que Jeanne é a "mãe das recordações, amante das amantes" e que o poeta batia nela "sem raiva e sem rancor, como um açougueiro". Isso seria capital para os biógrafos do poeta, porque os iludiria capitalmente, mas, para os simples leitores, o erro não teria consequências e não acrescentaria nem tiraria uma única vírgula da "verdade" de *As flores do mal*; apenas faria acreditar que o poeta quis fazer um fantasma feminino pairar acima de seu livro, como Scève elevou *Délia, objeto da mais alta virtude*, à posição de arquétipo.

Obviamente, basta estabelecer esse gênero de ficção; não é necessário ser fiel a ele em cada página. Propércio repete com mais ou menos frequência o nome de Cíntia, mas seu coração está em outro lugar: a verdadeira inspiradora de seus versos é apenas um tipo, ou até vários. Ele mesmo não tem a pretensão de ser constante; senão, sua pintura de gênero seria incompleta. Ele corre atrás de moças de condição humilde (II, 23) e, todas as noites, cem mulheres atraem seu olhar quando passam na rua

---

também a repetição dos vocativos *mulier* ou *uxor* parece ter caracterizado como um refrão certo tipo de poesia popular antifeminina: era uma brincadeira popular escrever versinhos em que o autor, casado ou não, feliz ou não, representava o papel do cônjuge descontente que espalhava para todo mundo como sua companheira se comportava. Parece-me que a peça 70 de Catulo se vincula a esse tipo de poesia popular antifeminina, e na primeira pessoa, na qual um Ego misógino fala mal de sua *mulier* ou *uxor*. Quanto a sua peça gêmea, a 72, em que o nome de Lésbia é citado, veremos mais adiante que ela pertence ao mesmo tipo de ficção que as elegíacas: o poeta *representa o papel* de um amante e canta uma mulher de nome grego convencional. Por mais que Catulo tenha vivido o que ele cantava, veremos que *se presumia* que ele representava um papel, e não que contava sua própria vida quando dizia "eu".

(II, 22). Como Ovídio não é mais fiel que ele e é menos metódico ainda, três quartos de seus *Amores* não têm nome algum; para ler o de Corina nas entrelinhas, teríamos de ser mais ovidianos que Ovídio e nos veríamos em sérias dificuldades em II, 10, quando Ovídio diz que lhe aconteceu uma desgraça: ele se apaixonou por duas mulheres ao mesmo tempo (ou muito me engano ou essa é uma situação típica); a uma das duas devemos dar o nome de Corina?

"Corina" e "Cíntia" são ficções tão mal sustentadas quanto o "eu" dos romances na primeira pessoa. Jean Molino me dizia que esses romances foram pensados na terceira pessoa pelo autor, e que este se limita a lembrar a convenção de tempos em tempos, introduzindo um "eu" no meio de uma paisagem ou de considerações gerais que são dele. Tibulo faz a mesma coisa com os nomes próprios. Ele compôs um pequeno *A arte de amar adolescentes* (como pode ser intitulada sua elegia I, 4); ali, ele desenvolve generalidades, como convém a um *magister*, mas, quatro versos antes do fim, lembrando-se de que é poeta na primeira pessoa por profissão, ele "pega a tangente" e acrescenta, de maneira absolutamente inesperada: "Ah, Márato me consome em fogo brando!"; ficamos sabendo, um pouco tarde, da existência e do nome desse desconhecido, e por que o poeta se interessou tanto pelo amor masculino. Para zombar de nós, Tibulo transforma, *in fine*, sua Arte em elegia pessoal. Esse Márato aparece de novo em I, 8, quando toma gosto por uma mulher-feita, o que não parece provocar muito ciúme em Ego; dez versos antes do fim, Tibulo, pelo princípio, diz o nome da indiferente: ela se chama Foloé e ele não se refere mais a ela.

Se o poeta não mantém a ficção pessoal estabelecida no início, o leitor a esquecerá, se não for filólogo, e as figuras cairão de novo no anonimato. É o que acontece no Livro III de Propércio, em que o nome de Cíntia é citado apenas três vezes e sua presença inominada não está mais entre nós: vimos que em III, 20, Ego fazia uma declaração a uma mulher que pertencia ao seu mundo; em III, 6, ainda se trata de galanteria na boa sociedade.[38] Outras peças são instantâneos anônimos. A III, 8 enaltece o prazer que é possuir uma mulher que gosta de batalhas de mordidas e unhadas; a III, 10, celebra o aniversário da Amiga de maneira típica. Lemos anteriormente a III, 15, em que uma desconhecida maltrata sua serva porque ela foi a primeira amante de seu amante: situação clássica do adultério numa aristocracia escravagista, que não é o mundo de Cíntia.

Propércio só se decide a escrever o nome de Cíntia sete páginas antes do fim de seu livro; em III, 21, anuncia sua partida para a sábia Atenas, onde tinham sede as diferentes seitas filosóficas e onde as pessoas iam ouvir suas lições; lá ele espera esquecer Cíntia: "Longe dos olhos, longe do coração... Uma vez lá, começarei a podar meu caráter na Academia de Platão ou então no teu jardim, douto Epicuro". Porque Propércio tinha grandes ambições: depois de cantar o amor, desejava dedicar sua velhice ao estudo da física ou da metafísica (III, 5); Propércio aspira a elevar-se, tratar dos mais altos assuntos e, quem sabe, terminar com um poema filosófico: o amor é tema apenas de seus primeiros versos e, a partir do quarto livro, ele canta mais as antiguidades romanas que Cíntia. Esta última é citada ainda nas duas peças que concluem o Livro III: o poeta joga na cara de Cíntia que ela deve a ele a sua falsa celebridade; ele a amaldiçoa e "mata", como bem lembramos, depois de cinco anos de "ligação", durante os quais se prolongou a publicação dos três primeiros livros, de 28 a 22 antes da nossa era, aproximadamente.

Sabemos que os elegíacos se divertem com sua ficção, e também com a de seus confrades. Na primeira peça de seu primeiro livro, Tibulo promete a sua Délia nunca "matá-la"; "é a tua mão que eu, agonizando, segurarei com a minha mão trêmula",

---

38 Galanteria de boa sociedade, em que se manda um lacaio se informar sobre o humor de uma bela dama: comparar com III, 14, 25 (*nullo praemisso*).

promete.[39] Ele não consegue manter sua promessa de fidelidade poética, porque canta também Márato, e a negra Nêmesis no segundo livro. Portanto, depois da morte de Tibulo, Ovídio se divertirá mostrando Nêmesis, que, diante da pira do poeta, vinga-se implicitamente de sua rival declarando: "Foi a minha mão que ele, agonizando, segurou com sua mão trêmula!".[40] Os biógrafos concluíram que Álbio Tibulo morreu efetivamente nos braços da mulher que ele cantou sob o pseudônimo de Nêmesis; Bright teve o mérito de ter entendido a piada: "Quando Ovídio afirma que Nêmesis era a amante de Tibulo no momento da sua morte, ele quer dizer simplesmente que o último livro de Tibulo canta uma Nêmesis".[41] Na sua morte, Propércio pede apenas que o funeral seja acompanhado de Cíntia em lágrimas, homenageando aquele que cantou apenas a ela, e dos três livros que a cantam (II, 13): em seu funeral, portanto, estarão presentes Cíntia e *Cíntia*. Cantando sua Cíntia, ele se imortaliza como o autor de *Cíntia*. E Propércio se diverte: em II, 5, explica que a péssima reputação que Cíntia adquiriu com sua má conduta fez a excelente reputação literária de *Cíntia* e de seu autor; em II, 24, diz que, sem dúvida, *Cíntia* fez a reputação de seu autor, mas que infelizmente é uma reputação de homem devasso... Passos de contradança entre o homem e a obra. "E ainda ousas abrir a boca, apesar de o sucesso de um livro fazer de ti o assunto de todas as conversas e toda a alta-roda romana ler a tua *Cíntia*?" (II, 24). A poesia amorosa valia sucessos ligeiramente escandalosos a seus autores, porque Roma, cidade mexeriqueira, distinguia mal o homem e a obra (nós mesmos acreditamos nos amores de Aragon e Elsa) e procurava os modelos; Ovídio se divertia com isso: "Minha verdadeira riqueza", diz ele, "é o

---

39 Tibulo, I, 1, 60.
40 Ovídio, *Amores*, III, 9, 58; cf. 32. Sobre outro equívoco do mesmo tipo (presença da mãe e da irmã de Tibulo em seu leito de morte), cf. cap.3, n.17.
41 Bright, op. cit., p.268, n.13.

sucesso dos meus versos: muitas mulheres gostariam de ter um nome, graças a mim, e conheço ao menos uma que anda dizendo que Corina é ela".[42]

Já que Corina ou Cíntia são criaturas imaginárias que se distinguem mal do sucesso de seu criador e dos versos em que ele as celebra, a brincadeira favorita de Propércio é compreensível: ele finge acreditar que o mais lindo madrigal que pode dedicar a Cíntia é elogiar sua cultura, e a ameaça mais temível, negar--lhe esse mérito (II, 11); essa criação literária é ela própria uma moça letrada, uma *docta puella*, tão douta como o *doctus poeta* que é Propércio; o poeta não tem outro prazer a não ser "ler entre seus braços" (II, 13 A); ela recita os versos do poeta e prefere seus versos aos mimos mais preciosos (II, 26 B). Propércio promete que, se ela se comportar bem, seu nome viverá para a posteridade como o das heroínas da fábula grega (II, 28 A); senão, não (I, 15).

Para completar a brincadeira, só resta ao criador ameaçar a criatura; Propércio, que tirou Cíntia do nada, pode mergulhá-la de novo no nada: "Comparei tua tez às rosas da aurora, embora estampasses no rosto um brilho falso" (III, 24): Cíntia se maquia demais, sem dúvida, e *Cíntia* é uma ficção que deve seu brilho à imaginação do poeta, que se prepara para traí-la com outro livro: "Entre tantas mulheres levianas, hei de encontrar uma que aceite te suplantar, para que meus versos a tornem célebre" (II, 5). Ovídio executou um *tour de force* sobre esse tema; cantei demais minha Corina, escreve ele em III, 12, e leram-me demais. A princípio, eu era o único amante dela; agora, receio ter de compartilhá-la com um mundo de pretendentes, atraídos pelo bem que eu disse dela. É por isso que o ciúme me devora. E, no entanto, acrescenta ele, apenas a credulidade pública poderia multiplicar tanto o número de meus rivais: esqueceram-se de que nós, os poetas, mentimos imensamente. Ovídio não diz se

---

42 Ovídio, *Amores*, II, 17, 28.

ele exaltou mentirosamente uma mulher real ou se amantes se atropelam em torno de uma mulher inexistente... À custa de espirituosidade, ele se aproxima de uma poesia do absurdo.

A única existência de Cíntia, Délia ou Corina é a do sucesso de livraria, e o Livro IV de Propércio comporta um retorno ao sucesso de livraria, mas divertindo-se com esse sucesso. Aos olhos dos leitores, Cíntia adquiriu a consistência das personagens clássicas; ora, é privilégio dos objetos poder ser visto ou mostrado de um ângulo diferente. Já que Cíntia está morta para ele, e bem morta, Propércio faz seu fantasma reaparecer; ele volta para conversar com o poeta e o acusa de ter se esquecido da "longa dominação que ela exerceu" sobre a sua inspiração (IV, 7). Já que para ele Cíntia foi tanto tempo aquela que só se podia adorar e de quem não se devia rir, Propércio vai mostrá-la com uma indulgência desprovida de ilusões (IV, 8). Já que o poeta não podia se dar conta daquilo que os narratários viam muito bem, isto é, que ele levava uma vida desregrada, Propércio vai mostrá-lo, e chegar muito perto da vulgaridade realista; o fantasma da heroína lembra ao poeta que o palco de seus amores foi o bairro de Suburra, cujo nome já evocava todo tipo de sem-vergonhice, e que "muitas vezes nós nos amamos em pleno cruzamento,[43] nossos corpos enlaçados esquentavam a rua através dos nossos mantos" (IV, 7). Outra peça põe em cena uma alcoviteira que ensina a uma jovem beldade como fazer seus

---

43 Propércio, IV, 7, 19. "Em pleno cruzamento", isto é, "num canto discreto". As ruas e os cruzamentos das cidades antigas não eram iluminados; os cruzamentos ofereciam um espaço amplo e escuro, com recantos: eram faixas escuras a uma distância segura dos muros da rua estreita. Os cruzamentos também abrigavam todos os terrores noturnos: fantasmas, cães de rua e bandidos. E prostitutas. Acontecia o mesmo no Japão das estampas: os cruzamentos de Edo, atual Tóquio, tinham ladrões, samurais que iam para as encruzilhadas para testar um sabre novo nos transeuntes (*tsuji-giri*) e as "damas dos cruzamentos" (*tsuji-kimi*), isto é, as prostitutas pobres; uma estampa de Utamaro mostra uma *tsujigimi* com uma esteira debaixo do braço; era nela que ela se deitava com o cliente (British Museum).

amantes serem generosos (IV, 5); o nome da beldade em questão não é citado e é inútil reconhecê-la como Cíntia, que será mostrada pelo poeta em negativo: é *Cíntia* que escreve de novo ao inverso; quando ele mostra a realidade sórdida da vida irregular, passa do tom elegíaco para o tom satírico, para o tom das *Sátiras* e dos *Epodos* de Horácio, do qual o *Parnasse satyrique* ou Mathurin Régnier dão uma ideia. E, para ressaltar que inverteu sua própria poesia, Propércio cita a si mesmo parodicamente: ele põe na boca da alcoviteira alguns versos do início de seu primeiro livro, e ela os cita apenas para caçoar deles.

Essa foi a verdadeira história dos amores de Propércio e Cíntia.

Devemos desistir de conhecer a biografia sentimental de Propércio ou de Tibulo através de seus versos; quanto ao brincalhão Ovídio, ninguém nunca pensou em conhecê-la. Devemos desistir por duas razões.

Primeiro, Cíntia ou Délia são figuras típicas, tão vagas e incoerentes que não se pode tirar nada delas; matronas adúlteras, cortesãs libertas, mulheres de teatro, mulheres sustentadas por um amante, não se sabe e não é possível saber, porque o poeta não se propõe a fazer o retrato de uma mulher que ele conheceu e contar seus amores; ele retrata um tipo de vida e certo meio.

Segundo, não se pode voltar, dos versos dos nossos poetas, para a sua biografia, porque esses versos não decorrem de sua vida como de uma fonte sob pressão; o modo de criação dessa poesia insincera não é o alívio das emoções de seus autores. A *Canção do mal-amado* é um poema boêmio, fantasioso, tão maneirista quanto possível; contudo, quando Apollinaire diz: "De la femme que j'ai perdue/ L'année dernière en Allemagne/ Et que je ne reverrai plus",* nenhum leitor jamais duvidou, e com

---

* Trad.: "Da mulher que perdi/ Ano passado na Alemanha/ E não voltarei mais a ver". (N. T.)

razão, de que o sorriso estivesse lá para esconder as lágrimas que brotam aqui; a precisão, o tom não enganam (nem a convenção tácita, da qual quase não temos consciência, e que permite aos poetas modernos falar de si mesmos e ter a reputação de fazê-lo); de fato, essa mulher existiu, um estudioso americano a encontrou e conversou com ela sobre seus amores com Apollinaire (que ela conhecia pelo nome de Kostrowitzky). Um poeta elegíaco não se propõe ter uma emoção comunicativa, mas oferecer o divertimento de retratos humorísticos e falsamente verdadeiros.

Propércio não canta Cíntia para aliviar sua afetividade. Não estou dizendo que o cavaleiro romano não tenha tido uma paixão em sua vida: essa felicidade temível é suficientemente difundida para que ele tenha recebido o seu quinhão. Digo apenas que, entre a mulher que desejamos que ele tenha amado e Cíntia, qualquer semelhança só pode ser mero acaso; ela será estranha e até mesmo contrária às intenções do poeta. Como dissemos, ninguém nunca acreditou que Ovídio tenha contado sua vida em *Amores*: sua poesia cheira demais ao humor e ao quadro de costumes; no entanto, Ovídio é o único que sabemos que teve paixões em sua vida:[44] embora a contragosto, ele próprio conta isso em seus poemas de exílio, nos quais, para salvar o resto, confessa o que dificilmente poderia negar.[45] Como bem

---

44 Ovídio, *Tristes*, IV, 10, 65: "Meu coração sensível não era inexpugnável aos rasgos do desejo; contudo, tal como eu era, inflamável à menor faísca, jamais se pôde contar mexericos a meu respeito" (sobre esse último detalhe, cf. *Tristes*, II, 349). Isso quer dizer que, além de seus três casamentos (mas Cícero e César também se casaram três vezes), Ovídio teve casos, porém com plebeias: não se pode acusá-lo de adultério com uma matrona.

45 Além dessa confissão de Ovídio, o que sabemos da biografia dos nossos poetas resume-se a um texto famoso de Apuleio: "A Lésbia de Catulo se chamava Clódia, a Cíntia de Propércio, Hóstia, e a Délia de Tibulo, Plânia" (*Apologia*, X, 3). A informação tem um fundo de historicidade: a biografia dos grandes homens era um gênero cultivado desde muito tempo. Naturalmente, o autor dessa nota biográfica aplica o esquema conhecido:

disse Boucher, a elegia não é autobiográfica; o poeta representa o papel do apaixonado poeta, ou melhor, apresenta uma interpretação pessoal desse papel, condizente com seu tipo de talento.[46] Veremos mais adiante que se trata mais de uma concepção diferente do indivíduo do que de uma falta de sinceridade; em outras palavras, do direito de um simples indivíduo de tomar a palavra para falar de si mesmo.

Em nossos autores, isso é acrescido do maneirismo helenístico. Enquanto se trata de poesia leve, o resultado é divertido; ele se torna irritante quando esses poetas se sentem na obrigação de ser sérios. Propércio dedicou uma elegia (III, 18) à morte de um jovem príncipe muito amado, Marcelo, sobre o

---

todo poeta conta sua vida e devemos imaginar essa vida de acordo com o modelo de sua obra (logo, Rabelais era um beberrão e Paul Nizan era um dedo-duro); o biógrafo sabia que uma certa Hóstia fora importante para Propércio e concluiu que Cíntia era ela. A verdade é que não saberemos nunca se Propércio amou essa Hóstia pouco, muito ou com paixão; isso não importa para a obra. Dos versos sobre Cíntia, não podemos concluir que Propércio foi apaixonado por Hóstia: o objetivo do poeta não era contar sua vida (e veremos que, pragmaticamente, ele não tinha esse direito); mesmo que quisesse contá-la, o retrato que ele faz é tão vago e pouco coerente que seria falho: sua Cíntia é vaga e anônima, e o retrato que ele faz da paixão é pouco comovente.

46 Boucher, *Caius Cornelius Gallus*, p.215. Encontramos uma crítica equilibrada das reconstituições da biografia amorosa de Propércio e de sua cronologia em Allen, Sunt qui Propertium malint, p.113-8, e em Bright, op. cit., p.1, n.1, e p.99-124, que também acha inútil e impossível reconstituir a biografia de Tibulo. Cf. também um texto brilhante de Ross, *Backgrounds of Augustan Poetry*, p.52 e 110. Com toda a sua convicção, Guillemin acredita, e acredita que deve acreditar, na sinceridade de Propércio: "Antes de tudo, a sinceridade de Propércio, de suas ênfases trágicas, de suas alegrias, de suas tristezas, está fora de questão: não há nada nele que leve a suspeitar um fingimento ou uma aventura puramente literária: ele realmente gozou ardentemente e sofreu cruelmente com o amor" (Guillemin, Properce, de Cynthie aux poèmes romains, *Revue des Études Latines*, XXVIII, p.183). Como saber? Temos apenas a obra de Propércio e, quando desaparece a óptica que mostra Propércio através de Petrarca, a obra aparece cheia de literatura e fingimentos.

qual Virgílio soube derramar lágrimas comoventes e admiráveis; os sentimentos de Propércio não eram e não podiam ser menos sinceros, ou cometeria um crime de lesa-majestade; apesar disso, o resultado foi um poema bizarro, frio e até feio. Frieza, porque Propércio preferiu ser amaneirado a ser empolado; como ele gosta de dizer, "Calímaco é sem exageros". Não há nada mais contrário ao maneirismo do que o *páthos* e o barroco. Obra de esteta, a elegia não pretende ser uma confissão; obra fria, ela não é exatamente fria e não jorra de um coração aflito. A mais ínfima experiência mostra que, até hoje, a credulidade dos leitores não tem limites; publique um artigo fantasioso, rebuscado, mas na primeira pessoa, e, de Paris a Tóquio, todos os seus amigos e conhecidos verão ali a sua autobiografia; não falha nunca.

Isso também aconteceu com os elegíacos: acreditou-se ingenuamente que esses nobres poetas usavam o bom público como testemunha de suas lágrimas verdadeiras. A biografia verdadeira dos elegíacos se parece muito pouco com a ficção. Tibulo, que banca o indolente, começou como general e foi condecorado pelo papel que teve na repressão de uma revolta no sudoeste da Gália. E a vida sentimental deles deve ter sido a seguinte. Havia em Roma uma cumplicidade de salão, um esoterismo mundano e uma propaganda da *dolce vita*; lisonjeados porque falavam deles, os nobres preferiam ter uma amante conhecida, se fosse inferior a eles ou se não fosse uma daquelas matronas que deveriam ser oficialmente respeitadas; eles faziam propaganda entre seus pares ou, se fossem personalidades públicas, para o bravo povo. Exploraremos esse mundo em que as pessoas se acanhavam e veremos uma atriz sair da sarjeta e passar da mão de um dos mestres do momento para a de outro, à vista de todo mundo. Os eruditos antigos sabiam e transmitiram os nomes das amantes dos nossos elegíacos. Mas esse exibicionismo mundano, absolutamente tolerado, não deve ser considerado uma confidência do coração, que nem era do gosto da época: ainda não era o tempo do amor cortês e dos suspiros platônicos; na

Roma pagã, o mundo onde as pessoas se divertiam não era o mundo onde elas suspiravam de amor e, se isso acontecia, evitavam gabar-se: não convém a um senhor suspirar em vão por uma liberta. Era digno de um cavaleiro fazer conquistas, assim como escrever versos lânguidos; mas, quando ele gemia nesses versos, ninguém levava ao pé da letra os detalhes desses amores chorosos: sabia-se que aquilo era apenas um jogo e que um senhor não ia deliberadamente exibir ao público suas pieguices íntimas. Mas, por outro lado, numa cidade de fofoqueiros, as pessoas sabiam que tal nobre tinha tal ou tal amante. Portanto, achavam que a insensível que ele cantava em seus versos e a amante real eram necessariamente uma única e mesma pessoa, e que o nome da segunda era a chave do pseudônimo literário da primeira. Porque sempre se acreditou que os poetas mentem e que a poesia fala *de alguma coisa*: diante de um poema, procura-se instintivamente seu referente na realidade. Muitas pessoas tiveram dificuldade para entender que a pintura abstrata não representava *nada*.

5
A má sociedade

É historicamente impossível e esteticamente absurdo identificar as amadas dos elegíacos; isso seria até prejudicial à compreensão da obra, porque eles não cantam uma ligação amorosa em particular, mas a vida amorosa em si. Ao contrário de certos românticos, Propércio faz como os trovadores e os petrarquistas; ele não celebra Hóstia, que muito provavelmente foi uma de suas amantes, mas cria uma mitologia erótica.[1] Dizer que, com isso, ele sublimou ou estilizou sua "experiência" é contentar-se com palavras vazias: Propércio pôde inventar tanto quanto experimentar, e sobretudo em seus versos, essa emoção amorosa, nas raras vezes em que existe, vem dessa sua mitologia e não da lembrança de suas possíveis aflições de mal--amado. Mitologia do amor livre idealizado, em que as cortesãs se tornam egérias que amam os poetas por seus versos, em

---

1 Sobre o fato de a autobiografia não ter um papel importante na poesia dos trovadores (que também tiveram sua lenda autobiográfica, com os nomes de suas amantes), cf. os próprios termos de Spitzer, *Études de style*, p.104 e 107-8, que gostaríamos de citar inteiro.

que a dureza de mulheres venais se torna crueldade de mulher fatal, em que a escolha que elas fazem todas as noites entre os postulantes torna-se capricho de soberana. Falar da sinceridade do nosso poeta teve a sua utilidade, na época ainda recente em que a pesquisa das fontes ou a identificação dos lugares-comuns levavam a melhor sobre o estudo da originalidade literária; tornou-se inútil quando "sinceridade" deixou de rimar com "originalidade", e isso obrigou certa criação a fazer voos rasantes. Onde já se viu a sinceridade ser uma qualidade estética? Para acreditar nisso, é preciso gostar mais dos mexericos, ou melhor, da psicologia, do que do sentido literário.

Mas "sinceridade" tem também o mérito de rimar com uma ideia bem mais interessante, a da seriedade do imaginário, e, em mãos autorizadas, traduz a impressão de que a elegia não era um jogo fútil; mas a elegia não precisa repousar sobre um fundo de realidade para ter peso, e o oceano das palavras também tem sua verdade, tanto quanto a terra firme tem a dela. Infelizmente, um detalhe complica as coisas: existiu realmente em Roma um *demi-monde* de costumes galantes, uma vida de prazeres da qual a elegia parece ser a representação; Griffin tinha toda a razão quando reafirmou a realidade dessa má sociedade,[2] como veremos em breve. Nossos poetas provavelmente viveram nesse meio (de sua parte, Ovídio confessou); seus versos o enaltecem indiretamente e tratam como brincadeira coisas que chocariam um moralista sério; Propércio chega ao ponto de fazer a apologia dessa sociedade e, dessa vez, sem traço de humor. Mas saber se

---

2 Griffin, Augustan Poetry and the Life of Luxury, *Journal of Roman Studies*, LXVI, p.87; ele tem razão de afirmar contra Williams (*Tradition and Originality in Roman Poetry*) a realidade histórica de uma vida de prazeres, pederastia etc. Mas talvez o único erro de Williams tenha sido tomar por um intervalo real o intervalo puramente semiótico entre essa vida de prazer e o retrato não realista que os elegíacos fazem dela. Todavia, do fato de que um retrato não é uma mimese não se segue que o que ele não representa não existiu realmente.

a elegia que retrata essa sociedade é a representação dela é uma questão muito diferente: o que decide isso não é o que é retratado, mas como e por que é retratado; senão, uma pastoral e um romance de costumes poderiam ser literariamente a mesma coisa. Os elegíacos não fazem uma mimese desse mundo de gente de reputação duvidosa; eles criam um dobrete fantasioso e humorístico, com finalidades estéticas que não são o prazer da mimese. Teremos certeza disso se dermos uma olhada na realidade[3] e examinarmos todas as lindas "transviadas" de dois milênios atrás: descobriremos entre elas as irmãs mortais de Délia ou Cíntia? O que descobriremos, em todo caso, é como o paganismo era pudico e, no entanto, como os costumes dos velhos romanos eram pouco severos.

Certa vez, Cícero foi convidado para jantar na casa de um *bon vivant* e acabou em companhia tal que não conseguiu conter a impaciência até o fim do jantar: ele tinha uma notícia quente nas mãos. Pegando suas tabuinhas, escreveu a um correspondente capaz de apreciar a novidade:

> Estou à mesa, o jantar mal começou,[4] e te rabisco estas palavras. Onde estou? Na casa de Volúmnio Eutrapelo, mas espera a continuação: ao lado dele, está Volúmnia Cíteris! Vais pensar: Cícero em companhia semelhante, esse Cícero em quem todos têm os olhos pregados... Juro que não pensei um segundo que ela fosse estar presente. Outro que eu responderia também, como um dos

---

3 Sobre esse tema tão estudado, cf. Lilja, *The Roman Elegists' Attitude to Women*; Boucher, *Études sur Properce*, p.447-51; Griffin, op. cit., p.87-105 (cf. Syme, *History in Ovid*, p.203); André, *Les élégiaques romains et le statut de la femme*, p.51-62; Guillemin, *L'élément humain dans l'élégie latine*, *Revue des Études Latines*, XVIII, p.95-111 (cf. Boyancé, *Properce*, *Entretiens sur l'Antiquité Classique*, II, p.194). As fontes literárias e jurídicas, assim como a epigrafia, ainda deixam espaço para uma nova investigação.

4 Literalmente, "são nove horas", isto é, mais ou menos dezesseis horas para nós (Blümner, *Die römischen Privataltertümer*, p.384, n.9).

amantes de Laís: "Laís é minha, eu não sou dela"; mas esse tipo de coisa nunca me atraiu, nem quando eu era mais novo; agora que sou um velho...[5]

Essa Cíteris, tão comprometedora para um senador, era uma atriz famosa e, como muitas de suas colegas, uma antiga escrava; ela fazia as delícias de certo meio mundano, boêmio, cultivado; ela foi amante de Antônio, na época de suas primeiras vitórias, e depois de Cornélio Galo, outro mestre do Egito, além de poeta elegíaco; ele cantará uma tal Lícoris, que qualquer leitor poderia identificar como Cíteris;[6] as areias do Egito revelaram alguns fragmentos de elegias de Galo sobre sua Lícoris ideal. O leitor deve ter reparado que Cícero parece considerar que a tal atriz é uma cortesã, e que isso torna sua companhia comprometedora; explicaremos isso no momento oportuno.

Uma cortesã, uma ex-escrava. Durante muito tempo, os estudiosos se perguntaram se Cíntia, Délia ou Corina eram cortesãs ou libertas. Hoje sabemos que a má sociedade não se limitava a essas categorias derivativas; e mais: os critérios de marginalidade não eram os da nossa moral e são bastante complicados. O interesse histórico desse capítulo da história anedótica reside nisso. Versos de Ovídio no exílio são a origem do erro e também a solução do problema.

A própria neta do imperador reinante, Júlia, tinha um comportamento intolerável para uma família que queria se dar ares de dinastia; mas ela apenas imitava modestamente o mau comportamento da mãe e, como ela, conheceu a rigidez do imperador. Ovídio, um dos parentes, foi envolvido na desgraça

---

5 Sobre Volúmnia Cíteris, cf. Syme, op. cit., p.200; citamos aqui passagens da carta de Cícero, *Ad familiares*, IX, 26.

6 Cornélio Galo cantou uma Lícoris e amou Cíteris; mas, para que Lícoris seja Cíteris, e a chave faça sentido, a imagem de Lícoris tem de ser suficientemente precisa e realista para ser o retrato de uma mulher real e específica; ora, na poesia elegíaca as mulheres são imprecisas e idealizadas.

de Júlia e exilado no litoral do Mar Negro. Jérôme Carcopino, que nasceu finório e cuja malícia nem se conta mais, inventou que Ovídio era pitagórico e isso era grave; na verdade, Ovídio foi envolvido, de forma subalterna, num escândalo qualquer da corte (podemos imaginar, para dar a dimensão do crime, que Júlia organizou uma espécie de carnaval folclórico em seus aposentos, no qual ridicularizava a figura de seu augusto avô).[7] Ovídio, no exílio, cansou de repetir em versos que não fez nada, mas seus olhos eram culpados de ver o que é imperdoável ver; até a sua morte, tentou conseguir seu perdão e, para isso, fingiu acreditar que seu verdadeiro crime, mais perdoável, foi ter cantado o amor leviano; pela absolvição, defendeu que esse amor, apesar de leviano, não era ilegal.

Quais amores não eram ilegais? O governo imperial acabara de decretar normas revolucionárias nessa matéria: o adultério da esposa, assim como de seu cúmplice, seria punido com severidade, e as relações fora do casamento com uma *vidua*[8] (uma mulher sem homem: viúva ou divorciada) seriam punidas como "estupro". Na Antiguidade, o legislador estava preparado para

---

7 Sugiro isso como exemplo; cf. Tácito, *Histórias*, IV, 45, e Flávio Josefo, *Autobiografia*, LXII, 323; eles dão ideia de mascaradas muito semelhantes.

8 Se não estou enganado, na legislação augustiana, apenas as relações com prostitutas e escravas não são nem estupro nem adultério (vamos deixar de lado a relação sexual de uma mulher livre com um escravo de outro e os avanços de um homem em cima de um escravo de outro). E com as libertas? É intocável apenas a liberta que é concubina de seu próprio senhor ou esposa legítima de um homem, seja ele quem for (*Digesto*, XXXIV, 9, 16, 1; XLVIII, 5, 34 pr.; XLVIII, 5, 13 pr.; XXXVIII, 1, 46, e todo o *Do concubinis*, XXXVII, 14, 6, 4). Sobre o estupro com a *vidua*, XLVIII, 5, 13, 2; XLVIII, 5, 10 pr., cf. 6, 1. Porque a *vidua* é uma matrona (acrescentar L, 16, 46, 1): única exceção, a *vidua* que se prostitui; não há estupro nesse caso. Esse respeito com a *vidua*, não menos do que com a matrona e a virgem (livre, não escrava, naturalmente), faz parte da velha moral (teórica) de Roma: cf. Plauto, *Curculio*, 37; a lei de Augusto falava indistintamente de adultério e estupro com relação às *viduae*, e os escritores falam de adultério com essas mulheres sem marido (Tácito, *Anais*, VI, 47 e 25; Quintiliano, V, 13).

mudar a sociedade por decreto:[9] a lei era feita para não estar nem muito à frente nem muito atrás dos costumes. O legislador podia mudar uma sociedade, porque ele também constituía as sociedades: a vida social existia porque um legislador havia fundado uma cidade. A sociedade não sobreviveria por si mesma, por uma sociabilidade natural ou por uma mão invisível que conciliasse os egoísmos: o homem, que cai em decadência quando a lei não estabelece a disciplina,[10] é um malandro que só estuda sob a palmatória do mestre. De tempos em tempos, vinha uma lei para tirar do buraco uma cidade que tinha caído bem baixo, e ela não hesitava em agir de forma drástica, já que supostamente não inovava, apenas punha de novo nos eixos; primeiro os cidadãos se submetiam docilmente, do mesmo jeito que nos submetemos às boas resoluções que tomamos; Cícero[11] obedece piamente a uma lei capaz de salvar Roma da decadência: ela proibia gastos excessivos com comidas finas. E, como toda boa resolução, a lei era esquecida, exceto quando um estabanado a trazia à tona, em vez de desrespeitá-la em silêncio.[12]

---

9 Williams (op. cit., p.632) viu muito bem esse caráter bastante peculiar da legislação augustiana; não há nada mais revelador do "não dito", do "discurso", dos "pressupostos tácitos" da política e do pensamento político na Antiguidade; cf. Veyne, Critique d'une systématisation, *Annales, Économies, Sociétés*, v.37, n.5-6, a propósito das *Leis*, de Platão.

10 Destaco quase ao acaso uma frase que, para a Antiguidade, é um lugar--comum: "Como ninguém os reprimia, o fato de acreditar que tudo era permitido e não se recusar nada [*luxuria*] e a arbitrariedade dos desejos [*libido*] só fizeram crescer" (Suetônio, *Vespasiano*, XII).

11 Cícero, *Ad familiares*, VII, 26, e também, dez anos depois, IX, 26, em que se percebe que ele não brinca com essa autodisciplina; cf. André, *L'alimentation et la cuisine à Roma*, p.29 e 224.

12 Como o ingênuo cuja desventura é contada por Plínio, o Jovem (VI, 31, 4-6); a lei foi aplicada: ele cometeu o erro de invocá-la; Plínio, nessa carta escrita para ser publicada, conta a história para desculpar os juízes e advertir o público. Em geral, havia uma hesitação entre a severidade "revolucionária" e o alinhamento ao estado real dos costumes; a hesitação é patente na própria legislação augustiana: sem entrar em detalhes, digamos que ela é menos terrível na aplicação do que parece à primeira vista, e que

Ovídio tinha de provar que não fora contra as novas leis em seus poemas eróticos.

Ele devia garantir categoricamente que os conselhos em versos que dera aos sedutores não eram, como ele os concebera, para serem usados contra a virtude de matronas, casadas ou sem marido, mas apenas com mulheres venais, que não eram punidas pela lei. Porque, no fim das contas, nos termos da nova legislação, o amor livre, fora do círculo da família, aquele que não se fazia com a esposa ou com as próprias escravas ou libertas, só era tolerado com prostitutas ou, salvo exceção, com libertas não casadas; toda aquela que não fosse mulher da vida ou ex-escrava não casada devia ser respeitada e era denominada matrona; mulheres casadas, viúvas e divorciadas eram matronas e deviam usar vestidos longos ou *stola*, para indicar que eram intocáveis; nem me atrevo a citar as virgens nascidas livres, mais intocáveis ainda, se é que isso era possível. Era proibido fazer amor com qualquer mulher nascida livre e com qualquer mulher casada, nascida livre ou não.

Portanto, o exilado vai jurar que os versos ousados que escreveu não visavam os vestidos matronais:

Jamais tomei como alvo as camadas legítimas; escrevi somente[13] sobre as mulheres cujos cabelos não são cingidos pudicamente pelo

---

Dion Cássio a caracteriza de maneira muito justa, quando manda que se aconselhe o seguinte a Augusto: "Vigia os costumes dos cidadãos, contudo sem examiná-los de maneira inoportuna; julga todos os casos que forem levados a ti por terceiros; mas fecha os olhos para os casos em que nenhum acusador se apresente" (52-34). Por exemplo, apenas o marido (em certas condições, ainda por cima) e o pai podiam fazer uma mulher ser punida por adultério.

13 Ovídio escreveu: *"Scripsimus istis, quarum..."*, nós traduzimos: "je n'ai écrit *que* sur les..."; a ausência ou a raridade de um equivalente latino do francês *ne... que* faz que uma das coisas em que todo tradutor francês deve pensar é acrescentar *ne... que...*, quando traduz do latim ou do grego. Senão o resultado às vezes é lamentável. Em *Eneida*, XII, 382: *"abstulit ense caput*

bandó e cujo vestido não desce até os pés; jamais quis que se seduzissem as prometidas, que se dessem bastardos a um marido; falei apenas daquelas de quem a lei não se ocupa.

Como prova do que diz, o exilado cita à sua maneira[14] alguns versos do *Manual do amor* nos quais tomou o cuidado de especificar: "Longe de mim, fino bandó, marca de virtude, vestido longo até os pés; não cantarei nada que não seja legal, nada que não sejam favores autorizados; não haverá nada repreensível em meus versos"; para dizer a verdade, o texto original, que ainda podemos ler, dizia: "Não cantarei nada que não seja o prazer sem medo", e não "nada que não seja legal", o que é mais do que uma simples nuance. Ovídio não conclui menos intrepidamente:[15] "Não afastei inflexivelmente do campo de aplicação do meu *Manual* todas que o vestido longo e o bandó tornam intocáveis?". Tibulo tomou a mesma precaução;[16] em defesa própria, ele transformou Délia numa cortesã ou, ainda, numa plebeia e escreveu: "O bandó não esconde seus cabelos nem o vestido longo as suas pernas" e achava correta essa liberdade de ação. Conclusão de Ovídio: "Desde a primeira página do meu *Manual*,

---

truncumque reliquit harenae", "il lui tranche la tête et laisse le tronc sur le sable" ["ele lhe corta a cabeça e deixa o tronco na areia"]; essa tradução deve ser de um açougueiro ou de um esquartejador; entenda-se: "il *emporte* la tête coupée et *ne* laisse au sable *que* le tronc" ["ele *leva* a cabeça cortada e deixa na areia *apenas* o tronco"].

14 O texto original do *Manual* era: "Cantarei uma Vênus sem riscos e nada além dos favores autorizados" (*Artes*, I, 33); isso é mais do que uma simples nuance: a Vênus sem riscos era aquele caso em que o direito excluía a acusação de adultério e em que, de fato, o homem não corria o risco de ser pego pelo marido e ter o mesmo destino de Abelardo. Em outras palavras, Ovídio pretendia evitar cantar, no *Manual*, os adultérios cometidos na boa sociedade: todo o resto era permitido. Em seus poemas de exílio, ele diz ter sido menos laxista.

15 Ovídio, *Pônticas*, III, 3, 49; *Tristes*, II, 244; *Ars amatoria*, I, 32.

16 Tibulo, I, 6, 67.

as mulheres nascidas livres estavam excluídas e eu falava apenas das cortesãs".[17] Ele confunde a cortesã com a humilde plebeia.

Poderíamos perguntar se era realmente necessário escrever um *Manual* de sedução de mulheres à venda[18] e por que ele supõe que essas mulheres haviam nascido escravas. Isso não importa: para o exilado, a matrona se opõe à cortesã, o que não é "nada que não seja legal"; mas, quando ele escreveu seu *Manual*, a matrona de vestido longo opunha-se simplesmente ao "prazer sem medo", isto é, às plebeias. A casada ou nascida livre, rica ou pobre, é matrona nos termos da lei; a não plebeia é matrona de acordo com os costumes, dama da boa sociedade, com seu lindo vestido tradicional; o "prazer" não é "sem medo" com ela, por-que seu senhor, marido ou pai, não pensará duas vezes antes de aplicar nos galantes as vinganças privadas que a lei e o costume lhe permitiam. Em compensação, não havia nenhum risco com as plebeias, seja qual for o sentido dessa palavra: se ela tinha marido, esse homem do povo não se atreveria a levantar a mão contra um senhor. Com as plebeias, o adultério não passa de um pecadilho à toa.

Mas não com as damas, o que dava ao encanto da vida mundana o tempero de um perigo sórdido. Pego na residência conjugal onde fora se encontrar com a esposa, o amante, mesmo que fosse um senador como o historiador Salústio, aprendia o que era levar uma sova dos escravos do marido, ser urinado pela lacaiada, sodomizado pela mesma ou pelo marido em pessoa,

---

17 Ovídio, *Tristes*, II, 303: *scripta solis meretricibus Arte*.

18 Lilja, op. cit., p.41. Todavia, Ovídio, que joga com as palavras, não se engana com elas: o emprego da palavra "cortesã" era muito amplo, e as mulheres que, segundo os costumes vigentes, eram chamadas desse modo quando se falava com severidade não eram somente as que tinham se declarado prosti-tutas aos censores e tinham a marca da infâmia; eram também as mulheres de conduta livre, das quais muitas eram libertas (ou se supunha que fossem libertas, segundo um estereótipo comum na época) e outras pertenciam à melhor sociedade, como veremos adiante.

desfigurado, castrado como Abelardo ou, melhor ainda, libertado depois de pagar regaste;[19] desconfio que a esposa infiel era menos maltratada:[20] essas criaturinhas não eram mais responsáveis que uma criança. Isso era o adultério mundano e não podia ser outra coisa, porque as esposas não saíam sozinhas e não iam aonde queriam; uma dama com seu lindo vestido longo era reconhecida na rua por seu chichisbéu e por suas *comites* ou damas de companhia,[21] e essa vigilância valia bem o gineceu onde os gregos trancavam suas mulheres. Abordá-la para "dizer palavras doces" (*blanda oratio*) era um crime qualificado,

---

19 Pseudo-Quintiliano, *Declamationes minores*, CCLXXIX, p.135, 21 Ritter; Aulo Gélio, XVII, 18 (Salústio); Valério Máximo, VI, 1, Rom. 13; Marcial, II, 47, 60, 84; Horácio, *Sátiras*, I, 2, 37 e 127; *Digesto*, XLVIII, 5, 2,2; 2; 6; 14 pr.; 29, pr. e 2; Aristófanes, *Pluto*, 168. Isso ainda é autorizado sob o Império: *Digesto*, XLVII, 5, 22, 3.

20 A lei de Augusto sobre o adultério proibia o marido de matar a mulher infiel, mesmo que tivesse sido pega em flagrante (*Digesto*, XLVIII, 5, 38, 8, e 8, 1, 5); cf. Corbett, *The Roman Law of Marriage*, p.135. O marido que matava a mulher era exilado ou, se fosse plebeu, condenado a trabalhos forçados perpétuos. Também era proibido matar o amante, ou melhor, somente podia matá-lo impunemente não o marido, mas o pai da filha adúltera, desde que matasse ambos, filha e amante, que os matasse logo em seguida e os tivesse pego no domicílio paterno ou no domicílio conjugal, além de outras condições que faziam disso uma hipótese teórica (*Digesto*, XLVIII, 5, 20 et seq.). Nesse sentido, o Código Napoleônico é bem pouco romano. Em Roma, uma mulher pertence sobretudo ao pai, que a empresta ao marido.

21 Já dissemos algumas palavras a respeito do *custos*, que estudaremos em outro lugar, desde Catulo (LXII, 33) a Tertuliano (*De pudicitia*, V, 11) e são Jerônimo (fim da carta CXVII, 6). É significativo, tanto para a condição feminina quanto para a pederastia, que o *custos* (Quintiliano, I, 2, 5) e os *comites* (*Digesto*, XLVII, 10, 15, 16: "*inter comites paedagogi erunt*": Quintiliano, I, 3, 17) sejam comuns às damas e aos adolescentes de boa família, quando eles saíam de casa: muitos textos provam que os adolescentes eram tão ameaçados pelos galantes quanto as mulheres. Sobre essa *liberalis custodia*, que não era a dos escravos (que habitualmente eram mantidos trancados: Galeno, *Opera*, v.8, p.132 Kühn), cf. Cícero, *Brutus*, XCVI, 330. Sobre o *comitatus* de Lívia e Júlia, Macróbio, *Saturnálias*, II, 5, 6; a Ogúlnia de Juvenal (VI, 353) arranja *comites* e *amicae* para ir ver os jogos com ela; sobre o *comitatus* de Plotino, cf. Plínio, *Panegírico*, 83, 7.

Elegia erótica romana

o mesmo que caluniar uma pessoa publicamente ou espancar alguém no meio da rua;[22] afastar à força os cérberos[23] ou apelar para a persuasão[24] não adiantava. Propércio gemia e elogiava os costumes bem mais indulgentes de Esparta (III, 14); o que essas leis tão elogiadas tinham de mais admirável para ele era a educação liberal das moças, às quais se podia dirigir a palavra na rua; em Roma, ao contrário, a escolta desencorajava os galantes a fazer galanteios, e mais ainda a procurar a solidão a dois. Eles só podiam se encontrar com a matrona infiel na residência do marido, onde entravam depois de enganar a vigilância dos escravos, sempre prontos a defender a honra de seu mestre e senhor. Horácio mostra um amante que tirou suas insígnias de cavaleiro romano, entrou na casa da amada, tremendo de medo, e escondeu-se num baú, com a cabeça enfiada entre os joelhos.[25] Horácio conclui, com sua proverbial moderação, que é melhor não se interessar pelas "matronas de vestido longo"; falando como falará Ovídio, diz que o amor só é "sem medo" com aquelas que não são matronas. Ele chama essas mulheres de segunda categoria, essas plebeias, de ex-escravas, de libertas.[26] Ele tem razão em confundi-las?

Vamos esclarecer logo as coisas: o que complica inutilmente o quadro da galanteria, que no fundo é muito simples, é a tendência dos romanos e de todos os homens de tomar a norma pela realidade e restringir o desvio a ficções que os tranquilizam. A chave do mistério nesse caso é que Ovídio, nos *Amores* e no

---

22 *Digesto* XLVII, 10, 15, 20; Moreau, *Clodiana religio*, p.28.

23 *Digesto*, XLVII, 10, 1, 2; 9 pr.; 15, 15; 15, 16; XLVII, 11, 1, 2.

24 Id., XLVII, 10, 15, 18.

25 Horácio, *Sátiras*, II, 7, 46.

26 Ibid., I, 2, 47: "*tutior... in classe secunda, libertinarum dico*"; elas não são matronas e não se é adúltera (49 e 54). Mesmo desdém prudente dos amores arriscados na Comédia Nova, em que são destacadas as tranquilas vantagens das prostitutas (Ateneu, XIII, 568 F-569 D, daí Kock, *Comicorum atticorum fragmenta*, II, 187, 468, 479).

Manual, tinha em mente de preferência uma espécie de galanteria que ainda não tivemos oportunidade de tratar: as mulheres sem marido, mulheres desocupadas que pertenciam à boa sociedade e que, não satisfeitas de viver livremente, não escondiam isso; com elas, o amor era "sem riscos", sem dúvida alguma, e os sedutores não podiam perverter mulheres que já eram pervertidas: é isso que diríamos e os romanos teriam dito, porque, quando falavam de amor sem medo, pensavam nas mulheres não casadas, nas plebeias, nas libertas, nas cortesãs, em todas aquelas cujos amantes contavam com a indulgência dos costumes ou mesmo da lei; em resumo, nossos romanos pensavam por estereótipos.[27] Por sorte, esses estereótipos eram numerosos e, como não se encaixavam muito bem, deixavam transparecer um pouco de verdade.[28]

---

27 Marcial, III, 33: "Prefiro uma mulher nascida livre; se isso não é possível, será uma liberta; em último caso, uma escrava". Classificação segundo o estatuto cívico.

28 Porque esses estereótipos se sobrepõem parcialmente, com a habitual complicação das instituições romanas. (1) *Estatuto pessoal*, que já é complicado: as matronas, sejam casadas ou *viduae* (divorciadas ou viúvas), contrapõem-se às libertas não legitimamente casadas e às moças de família (porque a moça livre e não casada, se deixa de ser moça "de família" – por exemplo, em consequência do falecimento do pai –, torna-se, aos olhos da lei, uma "mãe de família", ainda que seja virgem: ela é responsável por seus atos e esse é um dos sentidos da noção de matrona; cf. Tertuliano, *De virginibus velandis*, XI, 6). (2) *Estatuto cívico*: libertas, mulheres nascidas livres. (3) *Nível social*: as matronas, no sentido de "belas damas", contrapõem-se às libertas pobres e também às mulheres livres pobres; são todas pobres "plebeias", mas preferia-se pensar que as plebeias eram todas libertas... (4) *Moralidade pessoal*: as "cortesãs", no sentido mais vago da palavra, com todos os graus concebíveis, contrapõem-se às matronas honestas; se uma viúva da alta sociedade tivesse um amante, certos censores não teriam hesitado em falar de costumes de cortesã. (5) *Vida profissional* de estilo elevado: a cortesã no sentido próprio da palavra, que não vive em bordel nem bate calçada. (6) *Polícia*: a prostituta que se declarou como tal diante dos censores e é marcada pela infâmia; cf. Tácito, *Anais*, II, 85, para ver um abuso engraçado dessa instituição; cf. Suetônio, *Tibério*, 35; interpretar à luz do novo *senatus consultum* de Larino (*Année Épigraphique*, 1978, 145).

Eles preferiam não pensar que belas damas podiam ter costumes fáceis, que plebeias nascidas livres podiam enganar o marido com um senhor generoso; preferiam ter dois bodes expiatórios, admitidos pela lei e pela moral: as cortesãs e as libertas. Estereótipo social: com as plebeias, o pecado não tem importância; estereótipo moral: uma mulher de costumes muito livres era, *consequentemente*, uma cortesã; estereótipo cívico: a categoria das libertas tem estatutariamente uma moral particular. Essa é uma forma arcaica de desvio: a moral era diferente, conforme o estatuto de cada um; mas veremos que havia ainda um outro arcaísmo: a relação com a venalidade, entre as mulheres mais honestas, e isso para nós é desconcertante.

Primeiro conflito entre estereótipos: uma plebeia, embora seja uma cidadã, é realmente uma matrona? À ficção de um corpo cívico em que todos são iguais opõe-se a ficção de uma sociedade em que alguns são mais iguais do que outros: apenas as belas damas são realmente cidadãs e Plínio, o Naturalista, opôs o "vestido longo" à "plebe".[29] Como para simbolizar esse deslocamento, o significado do vestido estava mudando justamente na época em que Ovídio escrevia; a *stola*, o uniforme das cidadãs casadas, era usada quase só pelas belas damas e, como a própria toga, estava se tornando um traje de cerimônia e um sinal de superioridade social;[30] dali em diante, a expressão "dama em vestido", *stolata matrona*, será uma espécie de título de honra para designar as mulheres de posição superior à plebe.[31]

---

29 Plínio, *História natural*, XXXIII, 12, 2.

30 Sobre a *stola*, Marquardt, *Das Privatleben der Römer*, II, p.573 e 575; Blümner, op. cit., p.232; Brandt, em sua extraordinária edição da *Ars amatoria*, p.7. O uso desse vestido distinguia as cidadãs das escravas e das cortesãs (*Digesto*, XLVII, 10, 15, 15). Um texto importante de Tertuliano relata um discurso de Caecina Severus queixando-se no Senado que, agora, as mulheres saem em público sem *stola*; Marquardt data esse discurso do reinado de Tibério (*De pallio*, IV, 9; Marquardt, II, p.581, n.8).

31 É provavelmente um erro referir o título de *matrona stolata* às matronas que tinham o *jus trium liberorum*: isso significa simplesmente "mulher não

Em vez de marcar com uma roupa coletivamente convencionada o pertencimento comum ao corpo cívico, permite-se que cada mulher se vista de acordo com seus meios e exiba sua riqueza em suas roupas: os fatos falarão por si mesmos para distinguir a posição de cada uma. O vestido não é mais o que distingue as cidadãs casadas das escravas e das prostitutas, assim declaradas e a quem a lei proibia o uso da *stola*;[32] quando Ovídio contrapõe a matrona em vestido às cortesãs, das quais seu *Manual* falaria exclusivamente, ele tenta fazer o leitor acreditar que essas cortesãs são prostitutas fichadas, privadas do direito de usar o vestido; na verdade, ele tem em mente mulheres de costumes livres, que cada um tinha a liberdade de considerar como "damas de bem", mulheres honestas em sentido moral e social. Além do mais, ele cita o nome desse vestido ancestral para manifestar seu apego de cidadão honesto à tradição nacional.

Jogando com o equívoco a respeito do vestido, ele quer nos convencer de que respeitava todas as matronas, ricas ou pobres; "não há marido que pertença a uma plebe tão medíocre que, por minha culpa, possa duvidar que seja pai de seus filhos".[33] Ele conseguiu que a opinião pública e a lei não transformassem

---

plebeia"; cf. Friedländer, *Sittengeschichte*, I, p.281; as *mulieres stolatae* de Petrônio (XLIV, 18) são matronas, que como tais participam de uma liturgia, mas essas matronas foram escolhidas na elite: são "damas da alta". O título é atestado na epigrafia latina (*C.I.L.*, V, 5892; X, 5918 e 6009; XIII, index VI, s.v. *Matrona stolata*; *Année Épigraphique*, 1930, 53; 1956, 77; 1974, 618); na epigrafia grega (*Inscriptiones graecae ad res romanas pertinentes*, I, 1097; III, 116; IV, 595, com as referências); em Jouguet (*Dédicaces grecques de Médamoud*, p.1-29), duas *matrone stolatae* têm navios e fazem comércio no Mar Vermelho; em 298 da nossa era, ainda se lia *matrona stolata* no início do papiro de Oxirrinco (n.1705). Cf. Holtheide, em *Zeitschrift für Papyrologie und Epigraphik*, XXXVIII, p.127.

32 Sobre esse fato conhecido, cf. Horácio, *Sátiras*, I, 2, 63; Juvenal, II, 70; e as referências da penúltima nota. Na época de Afranius, parece ter existido *cortigiane oneste*, como em Veneza; elas usavam o vestido longo como as matronas (fr. 153 Daviault, 133 Ribbeck: *meretrix cum veste longa*; a cena se passa em Nápoles e pode se tratar de uma cortesã grega).

33 Ovídio, *Tristes*, II, 351.

esse adultério numa tragédia? Uma e outra já distinguiam as pessoas "honestas" dos cidadãos cuja única qualidade era ter "apenas nascido livres",[34] o que parece ser um mínimo, não uma definição... Para as matronas mínimas, a própria lei relaxa o rigor teórico; o concubinato com uma mulher nascida livre não será mais estupro, se ela tiver nascido "na camada mais baixa da sociedade", *obscuro loco nata*.[35]

Tudo isso criava um mal-estar; as pessoas não sabiam como conciliar os critérios sociais e cívicos de classe e queriam aproveitar todos; os ricos queriam poder desprezar a plebe, liberta ou nascida livre, mas não queriam tirar o valor do título de cidadão ou humilhar os homens livres diante dos antigos escravos, porque eles próprios eram livres e cidadãos. A solução foi um estereótipo: entre as matronas e as escravas, sem mencionar as cortesãs, existem apenas libertas;[36] não se fala mais de cidadãs de nascimento obscuro; finge-se que a plebe é composta apenas de libertos e libertas. Vai resultar disso o segundo conflito entre estereótipos, entre o estatuto cívico-social e o estatuto individual.

Em outras palavras, uma liberta, mesmo legitimamente casada, é realmente uma matrona? Sim, nos termos da lei; se uma liberta é legitimamente casada, o marido lhe "valerá a honra do vestido".[37] Assim, distinguia-se uma variedade particular de

---

34 Sêneca Pai, *Controvérsias*, VII, 6 (21), 1, opõe os *honesti* ao *tantum ingenuus*.

35 *Digesto*, XXV, 7, 3 pr. ("*in concubinatu potest esse et aliena liberta et ingenua, et maxime ea quae obscuro loco nata est*"); combinar com XXXIV, 9, 16, 1; XXIII, 2, 41; XXV, 7, 1; o que contradiz o princípio de que há estupro em ser amante de uma *vidua* (XLVIII, 5, 34 pr.; XLVIII, 18, 5; L, 16, 101 pr.), exceto se ela é prostituta (XLVIII, 5, 13, 2).

36 Na sátira I, 2, Horácio reconhece apenas três categorias: as matronas de vestido longo, as libertas (entre as quais se encontram mulheres de teatro e *meretrices*) e as prostitutas no sentido estrito da palavra; em III, 33, que citamos anteriormente, Marcial distingue as mulheres nascidas livres, as libertas e as escravas.

37 *Hic me decorat stola*, diz de seu marido, cidadão filho de cidadãos, uma liberta legitimamente casada (*C.I.L.*, I, 1570; Buecheler, *Carmina epigraphica*, n.56).

antigas escravas, a das "libertas de vestido",[38] e acredito que essa distinção era reconhecida no registro civil,[39] ao menos nos tempos dos nossos poetas. A Délia de Tibulo não tinha direito ao vestido.[40] Só as libertas casadas podiam usá-lo, assim como aquelas cujo patrão, e nenhum outro, tinha reservado para concubina:[41] essas eram libertas matronas aos olhos da legislação.

E para a opinião pública? O tom de escravismo desenvolto com que Ovídio fala do casamento de ex-escravas é eloquente. Ele acaba de estabelecer como regra que é preciso respeitar as mulheres casadas, que a moral quer que seja assim e que o imperador lembrou isso em suas leis; mas em seguida acrescenta que mesmo para isso existem limites:

> Eu estava decidido a não ensinar a arte de enganar a penetração de um esposo, a vigilância de um guardião, porque a mulher casada deve temer e respeitar seu marido, e o resguardo que a cerca não deve poder ser furado. Mas como seria tolerável que te deixassem de fora, também tu, que mal foste libertada? Inicia-te no meu método para enganar teu homem.[42]

Acontece que um jurista, no correr da pena, contrapõe a liberta à matrona, como se essas duas categorias se excluíssem.[43] Como se pode considerar verdadeiras matronas ex-escravas que não foram educadas nem foram mantidas virgens para se torna-

---

38 Macróbio, *Saturnálias*, citando um texto do nosso período, I, 6, 13: *"libertinae quae longa veste uterentur"*.

39 Valério Máximo, VI, 1 pref., diz ao imperador: *"te custode, matronalis stola censetur"*; isso quer dizer que os censos, ao menos os de Augusto, registravam a condição das mulheres, segundo fossem plenamente cidadãs e casadas, ou não. Sabemos, por outro lado, que os censos augustianos foram os primeiros a recensear as mulheres.

40 Tibulo, I, 6, 67.

41 *Digesto*, XVIII, 5, 13 pr.; L. 16, 46, 1; etc.

42 Ovídio, *Ars amatoria*, III, 611.

43 Em XXV, 7, 1, 1, o *Digesto* contrapõe as libertas às mães de família.

rem esposas, e que usam o vestido apenas quando a sorte põe em seu caminho um cidadão que se casa com elas, em vez de tratá-las como concubinas?

Ninguém se surpreenderá que as antigas escravas fossem tão pouco estimadas em Roma como eram antigamente no Sul dos Estados Unidos; o que é curioso é que, ao contrário dos Estados Unidos cristãos, as regras gerais da virtude não foram impostas às libertas: a moral variava conforme as categorias cívicas e podia se permitir não ser universal, sem perder a credibilidade. Se muitas vezes se pensou que Délia ou Cíntia deviam ser libertas, é porque as antigas escravas pareciam ter nascido para ser mulheres pouco honestas ou, como se gostava de dizer na época, cortesãs. Novo estereótipo, sem dúvida nenhuma, mas de onde ele saiu?

Quando um romano pensa numa liberta, ele a vê primeiro como uma mulher que não é legitimamente casada, salvo prova contrária, e para quem o casamento seria o caminho para sair da "mais baixa das ordens" cívicas.[44] Dois séculos antes de Ovídio, Plauto já punha as libertas na posição de cortesãs; Roma, naqueles tempos, não satisfeita de pertencer sem nenhum esforço às franjas do helenismo, pretendia se helenizar voluntariamente, aceitar o desafio dessa prestigiosa civilização que, na época, era a norma universal. Adaptando comédias gregas segundo o espírito dos artistas etruscos que pintavam ou cinzelavam os mitos gregos, às vezes Plauto se vê no caso de dar, das cortesãs gregas, um equivalente mais familiar aos espectadores romanos; ele as disfarça de libertas.

Uma dessas comédias contém, nesse sentido, uma cena digna de nota;[45] a cena se passa na Grécia, como sempre, e mostra

---

44 Numa inscrição na Aquileia (*C.I.L.*, V, 1071), uma liberta diz em seu epitáfio: "*satis fui probata, quae viro placui bono, qui me ab imo ordine ad summum perduxit honorem*".

45 Plauto, *Cistellaria*, 22-41.

os costumes das prestigiosas cortesãs de lá: elas não são do tipo que esperam os clientes na rua, como as prostitutas romanas.[46] Eles as cortejam, convidam para jantar, organizam banquetes em suas lindas salas de jantar. Eles são amantes delas; elas tiram dinheiro deles, conseguem que eles as comprem do senhor que explora seus encantos servis, deixam que eles chorem diante de sua porta, têm medo de que sua sala de jantar seja invadida por baderneiros.[47] O que exige toda uma arte de viver; nada a ver com o coito por encomenda, e o público romano devia ficar impressionado com o contraste, porque, no início da apresentação, justamente, o mestre de cerimônias anunciava aos espectadores que a linda atriz que eles iam ver não se faria de rogada, se lhe oferecessem dinheiro na saída.[48] As cortesãs gregas, embora sejam escravas, têm a independência e o nível social das libertas romanas, essas cidadãs de segunda categoria; mas elas sabem que são profissionais, que são particularizadas pelo métier, ao passo que a liberta romana seria leviana e interesseira, e considerava-se apenas uma liberta em geral.

A equivalência entre as libertas e as cortesãs gregas era capenga e Plauto hesitará entre as duas. As cortesãs que vemos em cena não falarão como colegas da profissão mais antiga do mundo, como no resto da peça, mas como colegas da mesma

---

46 Cf. Fraenkel, *Elementi plautini in Plauto*, p.140 e 143-5.

47 O senhor dessas cortesãs escravas, quando queria ser obedecido, ameaçava "prostituí-las", isto é, mandá-las para a calçada (Plauto, *Pseudolus*, 178 e 231). Em *Stichus*, 764, um amante diz a uma cortesã: "Dá-me um beijo", e ela responde: "Um beijo? De pé? Como com as prostitutas, então!". Na própria *Cistellaria*, 332, uma cortesã diz: "Volto para casa, pois, se uma cortesã fica sozinha na rua, isso é prostituição de calçada" (se é que podemos dizer assim, porque as "calçadas", um refinamento do urbanismo helenístico, como soubemos recentemente pelos arqueólogos, ainda não eram muito difundidas na Itália). A arena das cortesãs era o salão de banquetes de sua residência, não a rua.

48 Plauto, *Casina*, 81-6; cf. ainda Estácio, *Silvae*, I, 6, 67: "*Intrant (in scaenam) faciles emi puellae*" ("entram em cena moças à venda").

"ordem" das libertas (no sentido em que se falará das três ordens em 1789) e elas mostrarão as divisões morais dessa ordem; Plauto não adapta mais o modelo grego: ele inventa o romano. Uma das cortesãs declara a sua colega:

> Minha cara Selênia, nós, dentro da nossa ordem, temos de ajudar umas às outras e viver. Porque as damas da alta, as matronas aristocráticas, cultivam suas amizades, e como!, e são todas muito ligadas. Nós tentamos fazer como elas, nós as imitamos exatamente e, no entanto, nós nos saímos muito mal, de tão detestadas que somos.

Poderíamos pensar que essas damas da alta são aquelas cujos maridos correm para a casa das cortesãs, suas inimigas; na realidade, são as próprias senhoras e protetoras oficiais das nossas libertas, que as acusam precisamente de ser hiperprotetoras e ainda se achar indispensáveis para suas antigas escravas:

> Elas querem de todo jeito que nós não consigamos fazer nada sem a proteção delas, elas imaginam que, por conta própria, não conseguiríamos chegar a nada, que precisamos delas para tudo, que rastejamos atrás delas. E, se as procuras, bem depressa darias tudo para estar longe dali: na frente dos outros, elas parecem ser puro mel com a nossa ordem, mas de fininho, na primeira oportunidade, elas nos arrastam para a lama.

Esse discurso reivindicativo e organizado deve ter sido repetido milhões de vezes em Roma, porque corresponde exatamente ao drama de todos os libertos, que tinham condições de ser independentes, de formar um grupo específico entre eles, mas que a lei e o costume obrigavam a permanecer fiéis ao antigo senhor; poucas passagens são historicamente tão sugestivas. E, de repente, nossas duas libertas voltam a falar como cortesãs e suas protetoras abusivas se tornam rivais: "Essas damas espalham aos quatro ventos que passamos o nosso tempo com o marido delas, que somos amantes deles", o que é facilmente concebível; mas eis a continuação: "Porque somos libertas é que tua mãe e eu viramos cortesãs; vossos pais foram um acidente e nós vos criamos sozinhas; não forcei minha filha a ser cortesã: nós precisávamos ganhar o nosso pão". Elas não são cortesãs escravas que um belo dia foram alforriadas por seus senhores, segundo o esquema grego, mas ex-escravas que se tornaram cortesãs para viver, no dia em que foram alforriadas por seus senhores, segundo o estereótipo romano. E estão irritadas com a classe dos senhores, que quer continuar acreditando que é necessária.

É raro que a Antiguidade mostre uma intuição tão moderna a respeito da mentalidade como reflexo das contradições internas de um grupo social e da dialética dos grupos entre eles; mas os libertos romanos tinham um estatuto tão contraditório que o grupo social estava se tornando um museu de bizarrias psicológicas, relações ambivalentes de amor rancoroso e supercompensação do menosprezo. Os libertos são independentes, mas ficam à mercê de seu senhor; são cidadãos, mas de segunda ordem; ricos, mas desprezados pelos mais pobres, e odiados; a relação com os grupos sociais vizinhos não é menos contraditória: eles são vigiados com uma curiosidade vil e malsã. Pondo libertas em cena, Plauto tinha a certeza de satisfazer a um ódio lúcido, na grande maioria do público; além do mais, sua própria curiosidade de literato devia ver esse grupo social como um espetáculo fascinante. Dois ou três séculos depois, o mesmo grupo levará ao "milagre" do *Satiricon*, de Petrônio.[49]

---

49 Milagre, porque, à primeira vista, o *Satiricon* parece ter sido escrito numa viagem no tempo: parece um romance realista burguês publicado em plena Antiguidade escravagista. Biografia quase balzaquiana do novo-rico Trimalquião, negociante rico, psicologia nietzschiana do grupo de libertos, com seus ressentimentos, sua supercompensação do despezo de classe, seu desdém invejoso em relação aos outros grupos sociais... O milagre

Grupo menosprezado, invejado e inclassificável; o problema era resolvido com estereótipos. A cortesã grega só se parece com a prostituta das ruas de Roma porque ambas são definidas por uma profissão; a liberta romana se parece com sua semelhante de menor indignidade social, porque os romanos a consideravam de costumes fáceis, embora não vissem isso como uma profissão. Tanto o destino da liberta era a promiscuidade sexual que a legislação decidiu que não era estupro deitar-se com ela:

---

não é exatamente um milagre e o *Satiricon* não é um romance: é uma sátira menipeia (cf. Auerbach, *Mimésis*, p.35, e Frye, *Anatomie de la critique*, p.376). Petrônio não constrói personagens com consistência balzaquiana: ele pega no ar, no transcorrer da vida cotidiana, uma camada superficial, a das conversas, do palavreado ridículo e revelador, das entonações e expressões que revelam um mundo em uma frase; é a arte da comédia de costumes ou do "teatro de revista"; essa arte se interessa pelos tipos sociais, assim como pelos tipos "morais", e enumera seus defeitos: o Avarento, o Distraído, o Soldado Fanfarrão. É uma arte mimética, uma arte do "papel de composição", e Petrônio não está longe de Plauto. Essa arte de caricaturista nos decepcionaria, se a julgássemos pelo romance moderno: o *Satiricon* daria uma impressão de negligência, de repetição (o banquete na casa de Trimalquião é interminável), de ser desconexo; mas *Ubu Rei* também. O desdém evidente que Petrônio sente pelos libertos que ele põe em cena não é um desprezo social que Petrônio tivesse por eles quando escrevia; é claro que ele devia considerá-los personagens presunçosos e subalternos, mas, se o *Satiricon* é satírico, não é porque Petrônio pensa isso deles, mas porque ele escreve uma sátira. O romance burguês não é satírico: ele é *sério*, isto é, nem épico ou trágico, nem cômico ou satírico; mas, como diz Auerbach, a Antiguidade desconhece a seriedade: para tratar de temas "realistas", ela conhece apenas o tom satírico, e não o tom sério e neutro do romance burguês; ela só consegue falar dos temas "baixos" caçoando deles. O que atraiu o escritor Petrônio não foram os libertos em sua relação com o grupo social ao qual pertenciam ele próprio e seus seletos leitores: foi essa psicologia tão peculiar que eles tinham, campo fértil para um caricaturista. O que é único é o talento de Petrônio para discernir e traduzir essa psicologia tão moderna e tão estranha às categorias mentais da Antiguidade; se Petrônio não anuncia nada de Balzac e Zola, ele anuncia um pouquinho da visão psicológica da humilhação e do ressentimento em Nietzsche ou Dostoievski.

strupum non committitur.[50] Em Roma, fazia-se amor livre com as libertas e apenas com elas, ao menos em teoria; para a opinião pública, isso tinha ao menos o mérito de evitar que os homens atentassem contra as matronas.[51] É desnecessário dizer que essa indulgência beneficiava apenas as relações com as libertas; as relações de uma mulher nascida livre com um liberto eram consideradas vergonhosas.[52]

A real liberdade de costumes de muitas libertas (sem mencionar as cortesãs e, entre elas, as atrizes) eram aqueles casos individuais que confirmam o que já se pensava de todo o grupo; há estereótipo quando temos certeza do que acontecerá e sabemos como os estereótipos são analisados; no princípio é ideologia, ou melhor, valorização: tal grupo é inferior, menosprezado; o que os membros do grupo fizerem confirmará o menosprezo: não se podia esperar outra coisa dessa gente; e, porque são como são, serão obrigados a ser assim: eles não merecem outra coisa; eles são assim, querem ser assim e não são dignos de outra coisa: o fato confirma e cria a norma; do contrário, não conta. A frequência relativa desses casos individuais torna-se a universalidade de uma essência.

---

50 *Digesto*, XXV, 7, 1, pr. e 1; a única exceção é a liberta que é concubina de seu próprio senhor; XXXIV, 9, 16, 1; XLVIII, 5, 13 pr.

51 Citaremos textos mais adiante; acrescentar Tácito, *Anais*, XIII, 12-3.

52 Ovídio, *Amores*, I, 8, 64; em Tibulo, II, 3, a execrável Nêmesis, negra megera, toma um liberto como amante. César e Augusto mandam chicotear ou matar alguns de seus libertos, porque tiveram relações sexuais com matronas (Suetônio, *César*, 48; *Augusto*, 45 e 67). Uma mulher livre que tiver relações com um escravo de outro será escrava do senhor desse escravo (Paulo, *Sentenças*, II, 21 A). Quando os moralistas estoicizantes quiseram provar que era imoral para um homem se deitar com uma escrava, eles o fizeram ver que o inverso era vergonhoso (Musônio, XII, 6-7; Quintiliano, V, 11, 24; cf. são Jerônimo, carta LXXVII, 3); Tertuliano dirá "que há mulheres que se entregam a seus libertos ou a seus escravos, desafiando o desprezo geral" (*Ad uxorem*, II, 8, 4).

Essa frequência se explica.[53] As jovens escravas não eram educadas exatamente para ser matronas; depois de libertas, sua eventual devassidão não perturbava a ordem cívica, na qual tinham pouco importância. Elas cresciam ou ao menos tinham a fama de ter crescido na promiscuidade servil; os romanos gostavam de pensar que seus escravos viviam na promiscuidade; não os desprezavam por isso, ao contrário, invejavam-nos e desculpavam-lhes essa liberdade bucólica: esses seres eram tão inferiores que se tornavam inocentes. Quando as escravas eram alforriadas, raramente era antes dos 30 anos (assim determinava a legislação imperial) e, mesmo sem a proibição de intercasamentos, era tarde demais.[54]

Não que, depois de livres, os antigos escravos preferissem por princípio viver em concubinato, em vez de se casar, como se pensou durante muito tempo:[55] mais do que um casamento entre pessoas humildes, o concubinato era a negação do casamento legítimo, e essa negação, embora seja explicável do ponto de vista de um senhor que não quer reconhecer como sua igual a antiga escrava que se tornou sua concubina, é menos compreensível

---

53 Sobre a vida amorosa dos escravos, cf. o estudo fundamental de Martin, em Collart, *Varron: grammaire antique et stylistique latine*, p.113-26.

54 O *conubium* entre libertos e nascidos livres existe desde a República: Kaser, *Römisches Privatrecht*, v.1, p.315, n.39; sobre o *conubium* dos latinos junianos (Ulpiano, *Regulae*, V, 4 e V, 9), cf. Lemonnier, *Condition privée des affranchis*, p.208; Wilinski, Zur Frage des Latinern ex lege Aelia Sentia, *Zeitschrift der Savigny-Stiftung*, LXXX, p.387. De resto, o fato de uma liberta não ser legitimamente casada não fará que seu filho seja menos cidadão e nascido livre (*Código Justiniano*, VI, 3, 11, e VII, 14, 9), apesar de *spurius*: mas essa bastardia era tão comum que não era problema para a criança.

55 A documentação jurídica, considerável, mas ambígua, deu lugar a dois excelentes trabalhos que terminam com conclusões opostas: Plassard, *Le concubinat romain*, e Rawson, Roman Concubinage and Other De Facto Marriages, *Transactions of the American Philosophical Association*, CIV, p.279, que não acredita num concubinato frequente. Sobre a época republicana, cf. Fabre, *Libertus: recherches sur les rapports patron-affranchi à la fin de la République romaine*; sobre o Império, muitos fatos em Weaver, *Familia Caesaris*.

entre um liberto e uma liberta. Mas esse casamento foi necessariamente tardio, porque a instituição do casamento somente se tornou acessível aos escravos no século III da nossa era;[56] a estabilidade dos casais servis era muito improvável, portanto. Além disso, a escravidão não era exatamente uma matriz de famílias conjugais; no direito romano, o filho de uma escrava era escravo do senhor de sua mãe; portanto, se esse senhor declarava essa escrava como sua herdeira (esses casos eram frequentes), o filho era escravo da própria mãe. A partir daí, podemos imaginar as configurações mais absurdas e elas acabaram se concretizando. Era comum que um filho alforriasse o próprio pai, que se tornara seu escravo, ou que um irmão fosse escravo de outro irmão.[57] Essas relações institucionais parecem ter sido mais importantes que as relações de parentesco e uma liberta legitimamente casada com seu senhor continuava a vê-lo como um senhor, e não como um esposo.[58] O grande motivo dos costumes irregulares das libertas era ainda o direito da primeira noite que os romanos tinham sobre suas servas, mesmo que elas vivessem maritalmente com um de seus escravos; fazendo das tripas coração, as

---

56 Esperamos voltar em outra ocasião a essa datação, baseada nos Pais da Igreja e no próprio *Digesto*, em que as menções aos casamentos servis são mais frequentes do que se suporia.

57 Essas complicações, bastante conhecidas dos epigrafistas, são ilustradas por Rawson, Family Life among the Lower Classes at Rome in the First Two Centuries, *Classical Philology*, LXI, p.71. Pai que tem como escravo o próprio filho: *Digesto*, IX, 2, 33; XXXVII, 10, 1, 5 (cf. XXXVII, 14, 12); XL, 1, 19; XL, 2, 11, e 20, 3; XL, 5, 13, e 26, 1; XL, 12, 3 pr. Não ficaremos surpresos, portanto, com *Année Épigraphique*, 1969-1970, 160 (pai e filho têm sobrenomes diferentes; o pai deve ser pai natural, o filho será liberto ou bastardo de sua própria mãe); 1972, 17bis, 106 e 116.

58 Tenho a lembrança de várias inscrições em Roma em que um filho, liberto de seu próprio pai, ergue um túmulo para ele "como a um pai e a um senhor"; em que uma esposa ergue um túmulo "como a um marido e a um senhor"; no museu de Cortona, vê-se o seguinte epitáfio: "*D.M.P. Helvio Crescenti, Helvia Tigris, liberta et uxor, patrono b. m. fecit*". Cf. Dessau, n.1519, 2049, 8219.

servas se consolavam com o ditado: "Não há vergonha em fazer o que ordena o mestre".[59]

Quando se tornavam livres, as servas não eram respeitadas e não se respeitavam; o hábito servil da promiscuidade continuava. Em Plauto, um escravo planeja uma noite de farra com sua amante e um amigo: "Ela é nossa amante, minha e dele, por isso nós somos meeiros, por assim dizer".[60] Vimos que Propércio também era meeiro de sua Cíntia; ele não foi nem o único nem o primeiro. Três séculos antes dele, dois ricos atenienses entraram em acordo, estabelecido em contrato, para sustentar uma bela liberta, que passaria uma noite na casa de um e outra na casa do outro;[61] aparentemente, esse concubinato de uma mulher com vários homens era conhecido em Roma: uma ou duas inscrições funerárias foram dedicadas a uma mulher por "dois amantes" que, por amá-la ambos, tornaram-se tão amigos quanto Orestes e Pílades.[62]

O que explica muitas coisas é que os libertos não formavam um grupo social propriamente dito, ansioso por transmitir privilégios aos descendentes; eles eram um grupo rotativo, composto de famílias diferentes a cada geração: um filho de liberto era cidadão de pleno direito, não um liberto como seu pai ou sua mãe. O liberto não tinha nenhuma expectativa pessoal, nenhuma responsabilidade em relação a seus filhos: ele não sairia nunca de seu estatuto e, uma vez liberto, seria liberto para sempre, ao passo que seus filhos eram automaticamente cidadãos; ele não

---

59 Marcial, IV, 66, 11: *"duri compressa est nupta coloni"*; Petrônio, LXXV, 11: *"nec turpe est quod dominas jubet"*.

60 Plauto, *Stichus*, 431; meeiros: *rivales*.

61 Pseudo-Demóstenes, *Contra Neera*, 45-8.

62 Epitáfio de Lésbia, *C.I.L.*, VI, 21200; Buecheler, op. cit., 973. E, sobretudo, o epitáfio de Allia Potestas, *Année Épigraphique*, 1913, 88; Buecheler, Lommatzsch, *Supplementum*; a primeira interpretação correta foi a de Galletier, *Étude sur la poésie funéraire romaine*, p.168; cf. Kaser, op. cit., v.1, p.329, n.11; Häusle, *Das Denkmal als Garant des Nachruhms*, p.97.

precisava fazer nenhum esforço, nem por ele nem por seus filhos, o que provavelmente explica a liberdade de costumes desse grupo rotativo; o conformismo que alinha a conduta pessoal às instituições vigentes é cultivado nos meios que se reproduzem de geração em geração, que têm de se esforçar para transmitir privilégios a sua descendência. Em contrapartida, a liberdade de costumes dos libertos é muito semelhante à dos meios literários ou artísticos: como o talento não é uma herança, é inútil viver decentemente para ser bem-visto pela sociedade em geral.

Aqui não é lugar para explicar por que tantos escravos – ao menos entre os escravos das cidades (não nos referimos aos escravos das zonas rurais, que eram de longe muito mais numerosos) – eram alforriados no mais tardar aos 30 anos;[63] o que importa para nós é que as libertas eram mulheres jovens. Essas ex-escravas compunham um meio urbano que havia servido à boa sociedade, conhecia seus modos, era heterogêneo, ousado, endurecido na luta pela vida e pela liberdade, pouco sensível aos valores comuns. Era entre elas que se escolhiam as egérias (em séculos posteriores, elas saíam dos meios cosmopolitas ou sem raízes); era entre as ex-escravas que se podia encontrar mulheres inteligentes, que não se intimidariam com o chilreio e a plumagem dos escrevinhadores e não reclamariam do escândalo, do ridículo ou do esnobismo.

E, de sua parte, a sociedade em geral não obrigava os libertos a ser castos, ou melhor, obrigava-os a ser complacentes com seus senhores. Um liberto foi acusado de complacência; o advogado respondeu: "Num homem que tivesse nascido livre, a passividade [*impudicitia*][64] seria um crime; num escravo, um

---

63 Cf. um estudo capital, que renova nossa visão sobre a escravidão romana: Alföldy, Die Freilassung von Sklaven und die Struktur der Sklaverei in der römischen Kaiserzeit, *Rivista Storica Dell'Antichità*, reimpressa com acréscimos em Schneider, *Sozial- und Wirtschaftsgeschichte der römischen Kaiserzeit*.

64 O que é vergonhoso é ser passivo (o homem deve possuir, e não ser possuído; possuir é ser homem, seja qual for o sexo do possuído); o que é

dever absoluto; num liberto, um dever moral".[65] Se a moral dos objetos sexuais varia conforme seu estatuto, os agentes, de sua parte, resistirão ou não conforme o objeto eleito; não haverá crime com mulheres feitas para isso, e a velha ética romana, a de Caton, declarava:

> Ninguém te proíbe de procurar mulheres venais e comprar o que se vende publicamente. O que importa é que não invadas o terreno do outro; ama quem quiseres, desde que te abstenhas da mulher casada, da que foi, da virgem, do adolescente e da criança que nasceram livres.[66]

Se as coisas foram como deveriam ser, os poetas elegíacos tiveram apenas libertas como amantes.

Na realidade, o último século antes da nossa era e o primeiro século depois dela foram séculos de liberdade de costumes para

---

criminoso é possuir um adolescente nascido livre: esse é o único estupro punido pela Lei Escantínia, e não a homossexualidade em si; a legislação augustiana faz o mesmo: somente há crime se o adolescente amado nasceu livre; seu caso é comparável ao da virgem nascida livre (*Digesto*, XLVII, 10, 9, 4, e XLVIII, 5, 34, 1); um texto esclarecedor é a terceira das *Declamationes majores* de Quintiliano ou do Pseudo-Quintiliano.

65 Sêneca Pai, op. cit., IV, pref. 10; cf. Fabre, op. cit., p.260; cf. Sêneca, o Filósofo, *De beneficiis*, III, 18, 1, sobre a tripartição *beneficia-officia-ministeria*. Sobre o dever de não violentar um homem livre, cf. o fragmento de Catão citado por Aulo Gélio, IX, 12; os tiranos é que ousam tocar nas virgens e nos adolescentes não escravos: em Capri, Tibério desonrava jovens nascidos livres (Tácito, *Anais*, VI, 1); Nero cometeu os três grandes sacrilégios: tinha como pajens homens nascidos livres, dormia com matronas e deflorou uma vestal (Suetônio, *Nero*, 28).

66 Plauto, *Curculio*, 23 8; cf. uma frase espirituosa de Catão em Horácio, *Sátiras*, I, 2, 31; essa também era a moral dos cínicos: mais vale frequentar as prostitutas que seduzir as matronas, porque a natureza não exige tanto (Diógenes Laércio, VI, 88-9). Um texto importante para a transformação da moral é Dion de Prusa, VII, 138: não se deve frequentar nem as cortesãs; longe de ser uma diversão que desvia das matronas, habitua ao vício e prepara para seduzir as matronas. Cf. cap.10, n.30.

a aristocracia; a escolha entre essa liberdade e a moral rígida era individual ou de tradição de família; e a conduta das damas, boa ou má, não ficava atrás da dos homens. Não era uma questão de saber quem dormia com quem e transformar isso numa frase espirituosa; Planco era amante de Maevia, que era casada, e a filha de Sila tinha dois amantes.[67] Em alguns, isso levava à ilusão oposta à da normalidade: "Nero tinha profunda convicção de que ninguém era casto e a maioria das pessoas disfarçava seus vícios por interesse".[68] A política tinha interesse nisso, assim como a literatura.

> Entre as mulheres famosas em Roma por sua beleza e encanto, havia uma tal Praecia; ela não se comportava melhor que uma cortesã, mas sabia se servir de suas relações e frequentações para favorecer as ambições políticas de seus amigos; unia aos seus encantos a fama de mulher dedicada aos seus e eficiente, de modo que sua influência era considerável.[69]

Muitas damas também se interessavam pela cultura "não para adquirir sabedoria filosófica, mas para perder a vergonha".[70] A própria filha do imperador, Júlia, recebia muitos galanteios e as pessoas se admiravam diante dela que seus filhos se parecessem com seu marido. "Só aceito passageiros quando o barco está cheio", explicou.[71] A palavra cortesã manchava essa ousadia de palavras e conduta,[72] embora sem venalidade.

---

67 Macróbio, *Saturnálias*, II, 2, 6 e 9.
68 Suetônio, *Nero*, 29.
69 Plutarco, *Lúculo*, VI, 2.
70 Sêneca, *Ad Helviam*, XVII, 4.
71 Macróbio, *Saturnálias*, II, 5, 9. Que o leitor fique tranquilo: outros métodos de contracepção eram conhecidos.
72 Sobre *meretrix* como conduta imoral e insolência, e não venalidade, cf. Cícero, *Pro Caelio*, XX, 49; para Aurélio Vítor (cf. *De viris illustribus*, 86), Cleópatra se prostituiu, no sentido de que teve muitos amantes.

O mais importante para nós está em outro lugar; o *Manual do amor*, de Ovídio, refere-se a um meio que, apesar de impreciso, não poderia ser nem a aristocracia nem o povo; em todo caso,[73] é um meio elegante, do qual o poeta fala sem traço de condescendência. Não há dúvida de que Ovídio não é Tibulo: ele não despreza as mulheres nem tem fobia delas, vê as coisas com outros olhos e chega a amar o prazer feminino;[74] no entanto, o tom do *Manual* vai além desse feminismo espontâneo: o poeta e suas belas vítimas pertencem à mesma sociedade, ainda que as vítimas sejam mais interesseiras, senão venais, do que se poderia imaginar.[75] Ovídio estabeleceu como princípio que essas mulheres não usam o vestido de matrona:[76] um poeta conta o que quer, mas é preciso convir que não há maridos enganados em seu *Manual*, ou porque não são mencionados,[77] ou porque não existiam, ou porque eram tolerantes.

Trata-se ou de adultério mundano, apesar das negativas de Ovídio, ou de mulheres ricas, desocupadas e sem marido, que vivem livremente e, sobretudo, não escondem isso; trata-se de um meio caracterizado por uma liberdade de costumes que é vista como um direito. O rival do amante é apenas outro amante;[78] os homens não hesitam em brindar em público uma dama "e aquele com quem ela dorme".[79] O amante frequenta a

---

73 Ovídio, *Ars amatoria*, I, 97 (*cultissima femina*); I, 367 (fazendo a toalete); II, 1257 (muitos escravos); I, 486 (na liteira); 562 (jantar em sociedade); II, 282 (a cultura como distinção mundana); *Remedia*, 628 (mesmos deveres de mundanismo).

74 As *Heroides* veem os problemas amorosos pelos olhos das mulheres; sobre o prazer feminino, do qual pouco se trata na literatura latina, cf. Ovídio, *Ars amatoria*, II, 683 e 721.

75 Ibid., I, 403 et seq.; II, 161; III, 553 et seq.

76 Ibid., II, 600, e III, 483.

77 Os maridos não são esquecidos quando Ovídio começa a ensinar às libertas, e apenas a elas, a arte de enganar o esposo, se bem que a lição era apropriada também para as mulheres nascidas livres: ibid., III, 615-58.

78 Ibid., II, 539, cf. 600.

79 Ibid., I, 419 et seq.

casa da amante,[80] sem que a discrição o faça passar pela grande dificuldade dos amores clandestinos em Roma, que era encontrar um lugar onde se ver; era impossível receber a amante em casa: os domésticos comentariam; os apaixonados não ovidianos se encontravam a sós na casa de um amigo complacente, ou então alugavam a cela de um sacristão[81] (os guardiães dos templos eram, por profissão, homens de confiança, a quem se podia confiar um segredo).[82]

Antes de querer identificar esse meio, devemos nos perguntar se essa identificação tem sentido; o retrato de Ovídio é impreciso, compósito (o adultério clandestino coexiste com a união livre), prudente e idealizado; se Ovídio quisesse definir os contornos, facilmente teria dito algumas palavras precisas que teriam demarcado socialmente seus retratos. Meio rico e mundano, sem dúvida; meio elegante, mas isso pode ser uma propensão da imaginação de Ovídio, uma preferência por fazer bonito, por idealizar as coisas. Mas nossa investigação parece fazer sentido; Ovídio não é Propércio ou Tibulo e sua arte não visa criar uma convenção ideal, mas divertir pela imitação da realidade, à custa de certos embelezamentos: o *Manual* não é uma bucólica; toda a espirituosidade de Ovídio perderia a graça, se o leitor não a reportasse a uma realidade e não se divertisse, pensando que essas coisas existem e são praticadas: esse retrato tira seu encanto da sensação da existência de um modelo. Pouco importa que este último seja desconhecido do narratário: ele será deduzido do quadro, que adquirirá todo o seu sentido no

---

80 Ibid., I, 599.

81 Catulo, LXVIIIB, 69 e 158; Tácito, *Anais*, XI, 4; *Digesto*, IV, 4, 37, 1; XLVII, 11, 1, 2; XLVIII, 2, 3, 3; XLVIII, 5, 8-10, e 32, 1. Agripina emprestava os próprios aposentos a seu filho Nero, para os amores dele com Acte (Tácito, *Anais*, XIII, 13).

82 Sobre o sacristão ou *Aedituus*, Minúcio Félix, XXV, 11; ele esconde também agentes políticos em seu quarto (Tácito, *Histórias*, III, 74; cf. Suetônio, *Domiciano*, 1).

choque em direção contrária; arte mimética, que não é a dos outros elegíacos.

Onde encontrar em Roma o prosaico modelo dessas lindas cenas de costumes? Deixemos as esposas infiéis, porque elas existem em todos os lugares, e os maridos complacentes, porque eles existiam.[83] A ostentação da devassidão por parte das mulheres é historicamente atestada, como vimos; algumas considerações permitirão especificá-la. A frequência dos divórcios também é atestada: a divorciada é um tipo da época; a jovem viúva é outro: sabemos o que é a demografia antes de Pasteur, e certamente Roma teve suas Celimenas. O problema do dote: a mulher que tem um dote é toda-poderosa e vive como quer; a que não tem dote não encontrará marido e terá de ser sustentada por um homem para viver. Por último, o poder paterno: no direito romano, os filhos dependem do pai enquanto este viver e são donos do próprio nariz a partir dos 14 anos, se o pai morrer. Ainda que seja cônsul, o filho pode ser açoitado por ordem do pai; ainda que tenha 40 anos, teria o destino de um menor, se o pai fosse vivo; em compensação, um adolescente de 18 anos, mas órfão, declarará sua amante como sua herdeira, antes de morrer precocemente.[84]

Uma moça órfã, rica herdeira, também será responsável por sua conduta, desde que mantenha as aparências, e era conveniente ignorar essa conduta, se ela deixasse que fosse ignorada. Ela ainda tinha de evitar cair sob uma nova autoridade; na Ode III, 12, Horácio lamenta as moças que não conseguiram escapar da autoridade de seu novo senhor, isto é, de seu tio paterno, cujo papel era ser severo (o tio materno tinha a função contrária): o malvado proibia que ela tivesse amantes, queria manter a velha proibição do vinho para as mulheres e impunha essa prisão sem

---

83 Sêneca, *De beneficiis*, I, 9, 3; Ovídio, *Ars amatoria*, II, 372.
84 Quintiliano, VI, 3, 25; Suetônio, *Tibério*, 15; Quintiliano, VIII, 5, 17-9.

grades que consistia em ocupar as moças com os tradicionais trabalhos forçados da roca e do fuso, garantia da virtude.

E se a moça não tivesse um tio bravo? O que acontecia nesse caso? O que valia para os moços valia também para as moças: com a morte do pai, a mulher se tornava responsável por sua pessoa e por seus bens. Portanto, apostamos que o largo criadouro onde havia mulheres disponíveis para pescar, se acreditarmos em Ovídio, compreendia sobretudo divorciadas, viúvas e moças sem dote.[85]

Essas mulheres, embora muito mais ilustres que as libertas, num ponto se parecem com elas: são pagas, ou recebem pensão, apesar de conceder seus favores por amor; e as damas da aristocracia fazem a mesma coisa. Na poesia amorosa da época, fala-se tanto de dar dinheiro quanto no Grande Século se falará de cortejar; se a bela se mostrar insensível, oferece-se mais. O dinheiro é mais do que um meio de convencer as damas: é um direito que elas adquirem por seus favores e a mais apaixonada será a mais bem paga; o imperador Vespasiano, que apreciava a generosidade, cedeu aos avanços de uma mulher que o achou de seu agrado e, no dia seguinte, mandou que o ministro das Finanças lhe desse o equivalente a algumas centenas de milhões de nossos centavos; "Debitar essa quantia da conta a título de quê?", perguntou o ministro. "A este: Vespasiano satisfeito, tanto", respondeu o soberano.[86] Outros constituíam uma pensão anual à matrona da alta sociedade que secretamente era sua amante;[87] o costume era tão comum que os juristas tinham competência para julgá-lo.[88] As ordinárias, depois do rompimento,

---

85 Cf. Griffin, Augustan Poetry and the Life of Luxury, *Journal of Roman Studies*, LXVI, p.103; Syme, op. cit., p.200.

86 Suetônio, *Vespasiano*, 22.

87 Sobre esses *annua*, Sêneca, *De beneficiis*, I, 9, 4; Marcial, IX, 10.

88 A presunção muciana (*Digesto*, XXIV, 1, 51) pressupunha por princípio que os bens de uma mulher provinham de seu marido, para não supor, sem prova, que provinham de um adultério; cf. Kaser, *Ausgewählte Schriften*, v.1,

exigiam seus presentinhos diante dos tribunais.[89] Não há elogio mais lindo a uma mulher do que a sua incorruptibilidade; para consolar seu mecenas, que enviuvara, o poeta Estácio fez o elogio da amada defunta, e não se esqueceu do capítulo da fidelidade: ela não trairia o marido, mesmo que lhe oferecessem uma quantia muito gorda.[90] E Propércio diz a mesma coisa.

Na poesia da época, a fronteira é imprecisa entre a mulher livre, a mulher interesseira, a mulher sustentada por um amante e a mulher venal; os poetas escrevem para todas e cada uma escolhe sua moral pessoal; os galantes sabiam de cada mulher se ela tinha a perna bem torneada ou o peito bem-feito, e se pedia presentes caros ou baratos.[91] As que não estavam à venda ainda assim exigiam pagamento do eleito do seu coração, porque o amor merecia salário; mas não devemos imaginar que as mulheres eram venais em sua maioria: tratava-se, na verdade, de uma espécie de retribuição na forma de salário. Em Roma, era possível obter os favores de uma mulher ou de um adolescente da melhor sociedade, em troca de pagamento;[92] essa forma de prostituição estava por toda a parte, porque a venalidade propriamente dita se limitava a certas indelicadezas: deitar-se com um homem porque recebeu pagamento, em vez de receber pagamento porque se deitou com um homem; prometer favores por escrito, assinando uma verdadeira confissão de dívida;[93]

---

p.223 (que, além do mais, reconhece nisso um traço de casamento *cum manu*); na casa de uma mulher adúltera, há cartas de amor e "dinheiro cuja procedência ela não pode explicar" (Quintiliano, VII, 2, 52).

89 Explica assim Ovídio, *Remedia*, 663-72; Valério Máximo, VIII, 2, 2.

90 Estácio, *Silvae*, V, 1, 57; Propércio, III, 12, 19.

91 Ovídio, *Remedia*, 317-22.

92 Tácito, *Anais*, IV, 1; Suetônio, *Augusto*, 68; daí as "noites de adolescentes da nobreza", prometidas aos jurados de Clódio, numa carta famosa de Cícero, *Ad Atticum*, I, 16, 5.

93 Suetônio, *Domiciano*, 1. Isso existe ainda em certo país do Oriente, onde os filhos de um ministro não são insensíveis a promessas em cifras. Assim

negociar favores dando ouvidos aos conselhos comerciais de uma alcoviteira.

As mulheres são pequenos seres que não se respeitam e não são respeitados; inocentes como as crianças, fazem o que os adultos mandam, exceto quando lhes desobedecem; esperam pagamento sem mais constrangimento do que uma criança que pede um brinquedo caro. Elas não são parceiras, são crianças mimadas; uma noite, elas se comovem, abrem a porta para o homem que as solicita e, no dia seguinte, pedem um presente caro; mas esse capricho não estabelece uma ligação duradoura: no dia seguinte, o vento muda e a mocinha tranca a porta ao galante; como as crianças, elas conhecem apenas o humor do momento. Com muitas, não se podia ter uma ligação contínua; nada além do capricho de uma noite. Sem os conselhos de Ovídio, elas aprendem sozinhas que têm muito a ganhar com esse ritmo pueril: o favor único é mais caro, e o favorito, se é que ele existe, só ficará mais louco de amor.[94] Tanto a venalidade quanto a estratégia da mulher menina estabeleciam que as irregulares impusessem a sua tropa de solicitantes esse regime de noites concedidas a conta-gotas que causava tanto sofrimento ao Ego de Propércio. Uma mulher interesseira sabe controlar sua tropa, distribuir seus favores, não ser complacente demais, ceder uma noite para não desanimar um infeliz que acabaria desistindo.

Mas deixemos de lado essas nuances, e que as árvores não nos escondam a floresta; o que Ovídio nos mostra é menos adultério ou graus de promiscuidade e prostituição do que uma estrutura original de sociologia sexual: a vida em "rede". Cada uma dessas mulheres escolheu um certo número de amigos e cada um desses amigos frequenta um certo número de mulheres; a cadência desses amores seriais é de uma noite: "Poderás

---

como não se era na corte de Luís XIV. Sobre a alcoviteira, Propércio, IV, 5; Tibulo, I, 5, 47; I, 6; II, 6; Ovídio, *Amores*, I, 8.

94 Ovídio, *Ars amatoria*, III, 579.

vir me ver hoje, teremos todo o tempo para nós, o Amor te oferece hospitalidade pela noite inteira".[95] Há escolha de parceiros potenciais, mas essa escolha é múltipla.

Além disso, essas mulheres não são venais, mas interesseiras. Porque eram romanas e a sociedade romana era tão interesseira, os antissemitas poderiam eleger Roma como tema obsessivo, ao invés dos judeus; isso quer dizer simplesmente que as atividades econômicas não eram nem especialidade de alguns profissionais nem característica de determinada classe social: em Roma, todo rico fazia comércio de tudo, todo senador emprestava dinheiro a juros e as negociatas nobres eram mais comuns do que no fim do Antigo Regime, exceto que não eram por baixo do pano. Essa onipresença multiforme do lucro substituía a ausência de uma classe burguesa. As damas em rede, ansiosas por presentinhos, também faziam negócios; elas corriam atrás dos mimos, enquanto os homens corriam atrás dos dotes.

---

95 Propércio, III, 23, 15.

6
Da sociologia à semiótica

Se nossos poetas fossem seus próprios historiadores, e Délia ou Cíntia fossem retratos, teríamos de descobrir a que categoria de "transviadas" elas pertenciam; se não conseguíssemos determiná-la, seria caso para nos afligir. Mas, como a elegia é uma ficção, sabemos tudo, tudo que o autor julgou que deveríamos saber e era suficiente: elas não são mulheres "normais" e definem-se em oposição a um mundo normal, que o narratário, se quiser entrar no jogo elegíaco, é convidado a ver como sendo o dele; é impossível e inútil ir além dessa definição negativa, que é mais do que suficiente para o efeito de arte rebuscada. Os elegíacos não situam seu Ego entre as "marginais" simplesmente porque esse meio existiu, porque provavelmente viveram nele e talvez tenham amado nele, e seus versos seriam o reflexo dele, mas sim para produzir esse efeito; se as irregulares não existissem, eles as teriam inventado, ou então a elegia não seria a elegia. Délia e Cíntia têm necessariamente de ser irregulares; elas não são irregulares por obra do acaso, porque o poeta, por exemplo, teria conhecido as mulheres em sua vida por intermédio desse tipo de mulher. Encontramos a mesma necessidade nos trovadores, embora invertida; segundo Léo Spitzer, eles amam uma dama casada e não se trata de uma lembrança biográfica ou de um lugar-comum da época, mas "um fato necessário, por assim dizer, porque ele faz a inutilidade desse amor que se quer sem solução".[1]

Então o que era a elegia romana? Uma ficção tão sistemática quanto a lírica erótica dos trovadores ou a poesia petrarquista; a contingência de acontecimentos talvez autobiográficos é substituída pelas necessidades internas de certa criação, pela coerência de uma contraverdade, pela lógica de um antimundo que chamaremos de pastoral em traje de passeio. E vamos logo especificando: uma pastoral, sim, mas dolorosa, uma bucólica em que o destino é sofrer e "não é nenhum idílio", como se costuma dizer coloquialmente. E não é só isso: supõe-se que apenas o poeta tem acesso a essa tentadora má sociedade imaginária, réplica idealizada da verdadeira; ele não compartilha seu sonho com os narratários; a contrário, ele os tira desse sonho para que julguem esse mundo irregular, distingam-no do mundo normal, admirem-se da suposta cegueira do poeta, cuja infelicidade é fruto dessa irregularidade. Por fim (e essa é a grande diferença em relação a Petrarca e aos trovadores), o sonho acaba, a elegia é uma mentira divertida, tudo é simulacro humorístico, sem traço de ironia ou amargura, inclusive as aflições do amor e as más companhias. Há, na base, um fato de civilização: do mesmo modo que, nos trovadores, a semiótica do amor inacessível repousa sobre o ideal cristão de castidade, nos elegíacos o amor doloroso por mulheres fáceis repousa sobre a ideia grega e romana de que a paixão é uma escravidão.

A poesia amorosa pagã cantará a infelicidade de amar, porque falta ambição à felicidade, a não ser que se trate de um momento de triunfo; os felizes da vida não são poéticos. Sendo a elegia uma pastoral em que se sofre, alguns deduziram que

---

1 Spitzer, *Études de style*, p.102.

"Propércio" era um virtuose do ciúme ou existe certo "masoquismo" de sua parte. O que nem é verdade no caso de seu Ego poético; isso é confundir masoquismo e ambição. Os homens não procuram a felicidade, mas o poder, isto é, a própria infelicidade em geral. Mas onde conseguir uma ilustre derrota no mundo real em que supostamente se passa a elegia? Os poetas pagãos não tinham o recurso de adorar em vão uma dama casada, porque ninguém acreditaria nisso. O adultério não era pecado e as chamas do inferno não o perseguiam; quando muito, era um delito contra a ordem burguesa, ou melhor, cívica. Um amor impossível pela mulher do próximo não seria mais poético do que cobiçar o bem alheio; além do mais, o leitor pagão não conseguiria deixar de pensar que o gato não resistiria muito tempo à tentação de comer o passarinho em sua gaiola dourada; ele teria achado a poesia dos trovadores ridícula. Em Roma, o único jeito de o homem sofrer poeticamente no amor era amar uma mulher indigna, com quem ele se casa. Mas, nesse caso, não seria mais possível descrever essa paixão fatal por uma bisca como uma verdadeira tragédia; o que restará é cantar em tom humorístico o amor infeliz pelas irregulares.

Era essencial que o palco da elegia fosse a má sociedade, para que os poetas pudessem ser escravos e chorosos; amar sendo mestre e senhor era privilégio do amor conjugal. Isso era essencial também por outra razão: o leitor ideal era convidado a não ver as coisas do ponto de vista do Ego e achar este último humorístico; essa é outra diferença com relação ao petrarquismo, no qual o amante eleva ao sublime os sentimentos e as virtudes que ele compartilha com todos os homens e com todos os cristãos. Em contrapartida, o mundo das mulheres fáceis não poderia ser proposto como exemplo, ainda que seja difícil amá-las. Essas mulheres fáceis, o leitor, o que quer que ele pense individualmente a respeito delas, deve julgá-las não normais, se quiser ser um bom narratário: a sociedade dessas mulheres deve ser, para ele, uma sociedade "diferente". O narratário terá com elas a relação que temos com aquilo que não somos nós; isso irá, *ad libitum*, da negação horrorizada à atração pelo proibido e pitoresco, mas, de todo modo, esse mundo não será exemplar; ele não falará do narratário ao narratário, este não se verá "entre pessoas do mesmo mundo"; em resumo, esse mundo não é óbvio nem evidente. Porque, nele, os indivíduos não se comportam como todo mundo: eles amam fora do casamento, transgridem as proibições sexuais e as mulheres, em particular, são de má vida. Atração ou horror, não importa: esse outro mundo é enaltecido justamente por sua irregularidade e compreendemos que, por um contrassenso apenas parcial, a posteridade, não reconhecendo o humor, aclamou a elegia erótica como o modelo da poesia que exalta o amor.

Os encantos da transgressão vão da curiosidade à atração pelo fruto proibido e a uma imagem elevada da lei do coração e dos corpos, que não dá a mínima para as leis cívicas. Infelizmente, não devemos esperar dos nossos elegíacos um erotismo ousado: os romanos eram tão pudicos em seus versos como eram em seus atos; os elegíacos vão até menos longe do que Lucrécio ou Virgílio, que fizeram retratos mais violentos ou poderosos da união dos corpos. Virgílio tinha a desculpa de retratar uma união conjugal, e era permitido e até recomendado que ela fosse elogiada com palavras audaciosas. Propércio, que não tinha essa desculpa, arriscou-se apenas uma vez a falar dos atos do amor, e essa é a única elegia em que ele revela seus verdadeiros pensamentos. Tibulo? Ele fala do amor de má vontade e já vimos em parte a alusão carnal mais precisa que ele arriscou: "Que prazer ouvir da cama o vento inclemente, tendo a amante ternamente enlaçada em seus braços, ou, quando o vento de inverno trouxer sua chuva fria, seguir o caminho do sono, protegido por um bom fogo!" (I, 1). Cometo um engano: há nele precisões perigosas, contatos, longos beijos, mordidas, uma boca úmida e ofegante, peito contra peito, coxa contra coxa (I, 8); mas esses prazeres não são os do Ego: são os que sente um belo adolescente,

Márato, por quem Ego ora arde em fogo brando, ora intercede junto de uma mulher caprichosa, que se dá e se nega. O Ego de Tibulo e mesmo o de Propércio preferem contornar o firme obstáculo dos corpos femininos, que dão um lastro poderoso à musa leve e jucunda; apenas Ovídio, em sua *Arte de amar*, que ainda hoje é um livro muito agradável de ler, poderá divertir o leitor moderno, mas Ovídio é estranho ao grande jogo elegíaco.

Quanto ao erotismo, nossos poetas se contentam em indicá-lo, como um costureiro "indica" as ousadias da moda numa roupa clássica, e o erotismo que eles indicam se limita a traços negativos, que transgridem outras tantas interdições: fazer amor sem roupa, durante o dia, sem garantir a escuridão completa; isso era uma coisa muito feia, e era por essas ousadias que se reconheciam os verdadeiros libertinos. A *Arte de amar* vai mais longe: Ovídio tolera as carícias masturbatórias, desde que sejam feitas com a mão esquerda, sem o conhecimento da direita.[2] Corina vai ver Ovídio em pleno meio-dia, e ele lhe roga alguns instantes de amor (I, 5); ela diz sim, muito antes da noite, e acaba permitindo que ele lhe arranque a última peça de roupa. Cíntia deixa Propércio arrancar a dela, mas exige que ele apague a lâmpada (II, 15); só os libertinos da *Antologia grega* invocam como testemunha do excesso de seus prazeres a lâmpada que ficou acesa.[3] "Cloé da alva espádua, alva como o mar sob a Lua", escreve Horácio; por fazer amor somente à noite e sem luz, a única chance de entrever

---

2 Ovídio, *Ars amatoria*, II, 706, cf. 614, com a nota da edição de Paul Brandt; Marcial, IX, 41 (42); XI, 58 e 73, com as notas da edição de Friedländer (a masturbação não era feita com a mão esquerda); Ovídio diz também (II, 614) que era com a mão esquerda que se fazia o gesto da Vênus pudica; é o mesmo gesto da Vênus do Capitólio e da Vênus de Médici, mas não da Vênus de Cnido, que esconde as partes pudendas com a mão direita.

3 Deixar a lâmpada acesa durante o ato sexual é uma conduta de prostituta; cf. Horácio, *Sátiras*, II, 7, 48: "uma rameira nua perto de uma lâmpada que ilumina"; Marcial, XI, 104, em que uma esposa nega esse favor ao marido; XIV, 39; XII, 43, 10. Em contraste, Plauto, *Asinaria*, 785-9. Seria fácil multiplicar as referências.

a nudez da amada era a Lua passar diante da janela e mostrar o ombro nu da mulher adormecida sob os lençóis.[4] O sentimento em relação às interdições era tão profundo e tão ingênuo que o próprio Ovídio parece meio desajeitado quando fala do pudor e de seus atos:[5] eles aceitavam docilmente as proibições, como uma regra vinda de fora, de modo que obedeciam a elas como se obedecia às realidades naturais, sem interiorizá-las na forma de constrangimentos; eles não tinham o pudor de omitir o que era proibido fazer. Com uma mansidão absolutamente militar, eles "aplicavam o regulamento".

Portanto, os elegíacos não terão dificuldade de dizer que Ego não tem moral e é um libertino; e não saberemos mais do que isso, exceto que ele vive numa sociedade pequena, na qual seus pares se assemelham, o que não é surpresa para nós: "Eu te vi com os meus próprios olhos", escreve Propércio a um amigo, "eu te vi fraquejar, enleado nos braços da amada, derramar lágrimas de alegria em seus longos abraços, querer dar o último suspiro em palavras de amor; e depois eu vi, ó amigo, o que o pudor me impedirá de contar" (I, 13).

Não sabemos mais sobre a cúmplice de Ego; nem virgem nem matrona, ela é uma daquelas mulheres com quem os homens não se casam, salvo quando Propércio, para enaltecer Cíntia, dá a entender que ela é da raça das que não se casam. Muito se perguntou sobre o que era Cíntia; é mais simples reparar que Propércio não se dignou a esclarecer esse ponto.

---

4 Sobre o tema da Lua na janela, erótico ou não, cf. Horácio, *Odes*, II, 5, 18, que citamos aqui; Propércio, I, 3, 31; *Antologia grega*, V, 122 (123); *Eneida*, III, 149; Ovídio, *Ars amatoria*, III, 807; *Amores*, I, 5 inteiro; *Pônticas*, III, 3, 5.

5 Ovídio desajeitado, *Ars amatoria*, II, 584 e 613. O amor não conjugal, o prazer por si mesmo, tinha outro caráter, do qual eles falavam com mais liberdade do que nós: o sadismo na cama, as unhadas, os puxões de cabelo; nessas "lutas de Vênus", a mulher se defende molemente (com unhas pouco pertinazes, *ungulo maie pertinaci*, diz Horácio) e o homem gosta de bater e obrigar; cf., por exemplo, Tibulo, I, 10, 53-66.

Jovem viúva? Divorciada? Herdeira de costumes fáceis? Liberta? Cortesã? Uma imprecisão artística envolve essas precisões prosaicas; podemos ver que ela não é uma mulher honesta, mas os contornos são incompletos, porque o poeta não se preocupa com o pitoresco e prefere idealizar as figuras: Cíntia concede uma a uma as noites de amor com o poeta, e é lícito supor que isso não é capricho de mulher menina ou cálculo de mulher interesseira, mas arbitrariedade de soberana. Ela tem vários amantes, troca-os por um sedutor mais rico,[6] aceita e solicita dinheiro e, do lado dele, ela é adorada, linda, orgulhosa, resplandecente, cultivada, autoritária, cruel, soberana.

Tibulo, retratista menos ambicioso e menos feminista que Propércio, prefere a incoerência descuidada à imprecisão idealizada: Délia é uma esposa adúltera na peça I, 2, e uma liberta que não tem direito ao vestido em I, 6. O meio social também varia: ora Tibulo e Délia são do mesmo mundo, que parece brilhante e letrado, ora Délia é o alvo de aventuras em que o poeta, assim como Barnabooth, cai na bandalha com gente de condição liberta. Em Propércio também, Cíntia e seu meio variam de uma peça para outra, ou melhor, o retrato varia de uma elegia para outra, da imagem idealizada a um perfil de realismo satírico, porque nossos poetas desenvolvem cada situação em si, sem se preocupar com a coerência da coletânea. Assim, seus próprios sentimentos são variáveis: ora ciumentos, ora tolerantes com rivais e amigos. A única precisão que Propércio dá ao leitor, para

---

6 Em Propércio, I, 8, Cíntia está prestes a abandonar o poeta para seguir para uma província com um governador rico e poderoso; Galo já havia tratado desse tema, como se deduz de Virgílio, *Bucólicas*, X, 22-3; cf. Tibulo, I, 2, 65. O leitor apressado, que quiser ver rapidamente em que a conduta de Cíntia é interesseira ou venal pode ler, por exemplo, Propércio, 11, 4, 8, 14, 16 e 20. Não retomarei aqui um estudo textual feito várias vezes, em particular por Boucher, *Études sur Properce*, Lilja, *The Roman Elegists' Attitude to Women*, e Butler e Barber no prefácio de sua edição. Sobre as noites concedidas uma a uma, cf. Preston, *Sermo Amatorius in Roman Comedy*, p.25.

situar Cíntia, é, modestamente, posicioná-la em relação a Lésbia de Catulo, e esse eixo é puramente literário: antes de Cíntia, Lésbia já fora da má vida e pôde vivê-la impunemente (II, 32). Entenda-se: Propércio não é o primeiro a cantar o amor livre, a censura da opinião pública é e deve continuar a ser indulgente com a poesia ligeira; enfim, Propércio não se julga inferior ao poeta mais famoso de meados do século anterior.

A endogamia é um excelente critério social, como dirá qualquer sociólogo; ora, Propércio escreve em algum lugar:

> A abolição da lei que tanto nos fez chorar, tu e eu, ó Cíntia, deve ter-te agradado, porque essa lei queria nos separar... Mas eu preferia que me cortassem o pescoço a desperdiçar as tochas do himeneu, como todo mundo; a representar o personagem do marido para passar chorando pela tua porta, que eu teria traído e não se abriria mais. (II, 7)

Vemos que as cláusulas dessa lei efêmera[7] tiveram dois efeitos: obrigar Propércio a se casar, o que certamente é verdadeiro (de fato, as leis de Augusto farão de tudo para aumentar o número de casamentos), e proibir qualquer união com Cíntia, o que é falso; Propércio nunca cogitou se casar com Cíntia e não precisava de uma lei que proibisse os casamentos entre nobres romanos e damas de pouca virtude. *Era evidente*, para o poeta e para a própria Cíntia, que Cíntia não era casável, porque ela não era do meio dele; havia ainda uma segunda razão por que ela não era casável, que não era óbvia e por isso Propércio vai desenvolvê-la: um poeta tem preocupações mais importantes do que gerar cidadãos para a pátria; sua única preocupação é viver como poeta elegíaco, isto é, como apaixonado (um e outro eram

---

7 Sobre a data provável desse projeto efêmero, cf. Brunt, *Italian Manpower 225 BC-AD 14*, p.558. Sobre as numerosas discussões jurídicas suscitadas por essa elegia, cf. André, Les élégiaques romains et le statut de la femme.

considerados a mesma coisa, como veremos). Isso significa, em primeiro lugar, que Ego, que se toma pelo centro do mundo, situa o mundo elegíaco, sem nem mesmo ter de dizê-lo, como irregular em relação a ele, sem discussão possível; significa, em segundo lugar, que a elegia é poesia passional, porque o amor não combina com o casamento, exceto no fim dos contos de fadas, como dirá qualquer semiólogo. Cíntia tem a dupla atração da irregularidade e da paixão; a elegia tem a dupla atração da poesia ligeira e da poesia amorosa.

Se Ego frequenta apenas mulheres inesposáveis, não é por gosto ou porque faz parte da sua autobiografia, mas porque o casamento seria um epílogo muito burguês. A paixão tem um canto repetitivo que impede qualquer evolução para um epílogo: Propércio não se casará com Cíntia; a poesia elegíaca escolheu dar ao leitor o prazer da transgressão e fazê-lo passear entre mulheres levianas: Propércio não poderia se casar com uma Cíntia. Uma tradição poética que remonta ao menos a Arquíloco determinava que se cantassem apenas mulheres com quem os homens não se casam, e ela não se explica apenas por respeito à moralidade, por medo da censura, por razões sociais ou pela história da condição feminina; não é Propércio que recusa Cíntia, mas é sobretudo a paixão que recusa se submeter aos imperativos da tribo. Um dia, alguém inventou de cantar o amor conjugal e essa façanha foi vista como um paradoxo estético. Na melhor das hipóteses, o laço do casamento e o laço passional são redundantes e, esteticamente, as redundâncias são lastimáveis. Apenas os contos de fadas levam a ingenuidade ao ponto de considerar que casamento e prole numerosa são um epílogo idílico; e, sobretudo, os contos de fadas são um tipo de narração em que é necessário que o epílogo seja um retorno à normalidade, já que o conto se inicia com uma ruptura, uma dissonância que deve ser resolvida. Já a elegia não começa nem termina, mas repete-se e gira sobre si mesma. O epílogo da paixão não é o casamento e a poesia passional simplesmente não comporta epílogo, porque o tempo nela não passa.

Portanto, explicar o que dizem os escritores pela sociedade ou pela ideologia é tão inútil quanto explicá-lo pelo homem; não que seja errado, apenas não tem interesse. Há um tipo de narração que sempre termina com um epílogo edificante, em que o herói se redime de seus erros tornando-se um bom cristão ou um bom budista: romances picarescos, como *Manon Lescaut* ou *Vie d'une courtisaine*, de Ihara Saikaku; não saberíamos deduzir desse epílogo as intenções da obra, as convicções do autor ou a religiosidade do meio em que ele vive: o fim conformista serve para levar de volta ao ponto zero uma narração engendrada por um desvio inicial. Essa é uma primeira razão, e a mais sumária, para não acreditar na sociologia da literatura. É claro que só se pode dar um fecho a uma narrativa sobre um retorno à ordem cristã numa sociedade ainda cristã. Do mesmo modo, Balzac só pode escrever uma epopeia de sobrecasaca e pôr luvas amarelas nos tubarões das finanças porque vivia numa sociedade capitalista (mais precisamente, numa sociedade não capitalista, que tinha camponeses e usurários, mas não tinha ainda banqueiros de verdade, estradas de ferro ou sociedades anônimas); no entanto, ao lembrar esse fato material, o que se faz não é sociologia da literatura, mas sociologia da sociedade francesa por volta de 1830.

Para completar, um escritor não escreve o que quer, mas o que pode; por mais contrário que fosse à Guerra do Vietnã, talvez ele não tivesse corda em sua lira que lhe permitisse entrar harmoniosamente nesse combate. Cada um explora as minas que pode, porque a literatura não repousa sobre a sociedade, mas em torno de filões de beleza. Assim, a poesia explora por definição os maus costumes porque, esteticamente, eles são uma mina, e em dobro. Em primeiro lugar, a arte e o nu, mesmo artístico, são menos castos do que se afirma e a beleza convive harmoniosamente com tudo que é atraente ou tentador, inclusive os prostíbulos. Em segundo lugar, todos os lugares são bons para a arte, desde que fiquem longe das normas e dos hábitos:

a alteridade, por si só, sem outro adjetivo, já é uma mina a ser explorada pelos artistas. Mesmo a alteridade pouco tentadora como, por exemplo, os camponeses dos Le Nain...[8]

Porque o mundo deles é diferente, porque ele é anormal e elas não são retratos, as figuras de Cíntia ou Délia comportam apenas traços negativos, como vimos anteriormente; os elegíacos não estão nem um pouco preocupados em fazer o retrato de uma mulher que eles teriam conhecido bem, mas fazer a ficção elegíaca funcionar, e precisões demais seriam nefastas a ela. Num ponto, porém, Propércio foi um pouco longe demais, mas não no sentido da precisão: num canto do quadro, percebemos o rosto de Cíntia; mas esse rosto é idealizado: salta à vista que ele não é um retrato; como não vimos essa evidência? Como se a literatura amorosa não fosse povoada de mulheres ideais! Tibulo não foi tão longe: Délia é bonitinha e não precisamos de mais do que isso, enquanto sonharmos com uma cabana. Já Propércio criou um mito de mulher independente e fácil, que reúne os atrativos menos conciliáveis e deve sua grandeza a sua improbabilidade; onde encontrar, na má sociedade real, uma Sanseverina, duquesa e cortesã, uma personalidade forte que daria orgulho dominar e por quem um poeta tem orgulho

---

8 O mundo camponês dos Le Nain, para o público de apreciadores do século XVII, era "diferente", nada além disso; ele não era pitoresco nem populista. Os camponeses não são maltrapilhos: nem pobres nem ricos; eles não são poéticos, tampouco prosaicos: são simplesmente sérios. Eles não são pitorescos: deixam-se ver e às vezes, achando graça, olham para o pintor ou para o espectador (que, portanto, é um espectador e não caçoa nem participa). Em *Camponeses numa paisagem*, que está na National Gallery de Washington e foi exposto em Paris, no Grand Palais, em 1982, um certo número de representantes desse povo encontra-se de pé e interessa-se, ou se desinteressa, cada um por sua conta, pela presença de uma testemunha; mas eles não fazem nada entre si, estão de pé e solitários, não se ocupam pitorescamente e também não vivem por conta própria entre si; tudo acontece como se o olhar do espectador tivesse captado, um por um, cada um dos representantes dessa raça diferente e, depois de examiná-los, ele os tivesse colocado lado a lado na tela.

de sofrer e, sofrendo, mostrar o tamanho de suas ambições? E, no entanto, essa mulher autônoma é interesseira, se não venal, o que é um sonho edênico de liberdade de costumes e promiscuidade... Comprável e inacessível? Um e outro; o que mais se pode querer? É curioso ver que as sociedades mais machistas sonharam com imagens femininas soberanas. Nessa imagem lindíssima, Propércio não procura a verdade de um efeito de ilusão, o do retrato; mas também não procura a verdade de um tipo que, com ou sem razão, parece-nos burilado sobre a realidade; dessa vez, para falarmos como André Chastel, ele procura produzir o tipo de evidência que adquire aos nossos olhos aquilo que está em conformidade com o ideal e as leis da harmonia. A esse ideal de feminilidade, a poesia da época contrapunha uma imagem negra, uma curiosidade hostil e assustada com as estranhezas da paixão feminina, e é esse contraideal que encontraremos na Nêmesis de Tibulo.

E Ego? Já íamos nos esquecendo dele. Quem é ele? O que sabemos dele? Antes de tudo, que Ego não é como nós; na verdade, ele posa de libertino, faz profissão de amar fora do casamento, não conhece outro dever além de amar. Já que se vangloria de seus vícios diante de nós, os narratários, ele estabelece que não somos como ele, que somos pessoas normais e que, sobre o vício e as mulheres, temos opiniões saudáveis. Naturalmente, não se trata aqui do que o leitor real pensava realmente das mulheres, depois de fechar o livro, nem do que o cavaleiro Propércio, nativo de Assis, pensava delas: o humo das ideias preconcebidas serve apenas para sustentar um jogo de espelhos e contrastes tais que Joseph Prudhomme e Georges Lukács não reconheceriam mais suas próprias verdades nem a ideologia dos outros.

A elegia faz profissão de ser a poesia dos libertinos, o que ela ainda será para o jovem Chénier. Ora, se isso é verdade, Ego não é para o narratário um semelhante, um exemplo, um interlocutor válido, um sujeito como ele: é um objeto para observar e julgar; o narratário o surpreende gemendo, enaltecendo-se, invocando o testemunho de seus companheiros de esbórnia. Como Victor Hugo, Ego perdeu o direito de dizer ao narratário que é seu semelhante e irmão: "Insensato, que acredita que eu não sou você!"; ele não é mais o Homem universal, que abrange o narratário, e, para que haja a elegia, não deve ser. Começamos a perceber a importância que tem nesse caso a oposição entre "nós" e "os outros", isto é, entre normalidade e irregularidade, entre aquilo que é evidente e aquilo com que se fazem fanfarronices. Quando Victor Hugo ou Paul Éluard falam deles mesmos, nós os escutamos a sério: quer pensem como nós, quer queiram nos convencer de que nossos preconceitos nos enganam, há, em todo caso, uma comunhão de boa vontade. Isso não existe com Ego, que é um outro para nós e que escutamos sabendo disso; assim, o libertino evita dirigir-se diretamente a nós, os narratários: ele dirige seus versos aos seus companheiros ou a sua própria amante, e seu livro é como uma carta que teríamos pegado de surpresa.

Mas essa carta deve ter tido um editor... que não é outro senão o próprio Ego; ele se chama Propércio, como ele. Isso era previsível. Quando abrimos uma coletânea de versos ligeiros ou um romance picaresco e um fanfarrão de vícios e crimes fala de si mesmo e exibe sua vida, adivinhamos de imediato que esse Ego não passa de um marionete e o verdadeiro Propércio o manipula dos bastidores para o nosso divertimento. Os verdadeiros libertinos, os verdadeiros bandidos, se tomam a palavra, não se exibem, porque eles não são diferentes aos seus próprios olhos e não se acham surpreendentes; a menos que tenham consciência de sua irregularidade aos nossos olhos: mas, nesse caso, militarão para nos livrar desse preconceito. Já a elegia nem milita nem se cala.

Propércio terá duas vozes, portanto: a dele, como editor do Ego, e a desse libertino do Ego. O libertino exagera; vimos que ele faz monitoria do amor e se apresenta como exemplo aos candidatos apaixonados; ele se vê como nós o vemos e, como diz Brooks Otis, mantém a pose diante do público.[9] Ele deixa que o leitor o surpreenda gemendo; o espetáculo de um apaixonado é cômico, quando não é nobre; é nobre gemer na rua, diante da porta que a desalmada não abre? Além disso, ele pretende ignorar a existência de uma humanidade normal, exceto para se divertir de vez em quando, ao ver um representante dessa espécie entrando para o partido libertino (Propércio, II, 34); ele fala apenas com outros libertinos, amigos, rivais, ciumentos ou imprudentes, para os quais ele escreve: "Eu bem te disse" (I, 9); esses seres não têm outra realidade a não ser a de ser semelhantes a ele e de se definir em relação a sua amizade. A tradição determinava que as elegias fossem cartas abertas, destinadas a um indivíduo a quem o poeta se dirige no vocativo; o antigo Teógnis escreveu lições de sabedoria em versos para o jovem Cirno.[10] A esperteza dos nossos poetas foi substituir o discípulo virtuoso por uma amante ou um amigo de farra e ensinar não a virtude, mas coisa muito diferente. E, como essas relações entre Ego e seus amigos têm como editor um Ego homônimo, a elegia, "obra enganadora", é feita de falsa ingenuidade. Numa época em que o "eu" só tinha direito de falar dele mesmo para repetir o que todos já sabiam, a manha era apresentar a irregularidade como se fosse uma norma comprovada. Para quebrar, "distanciar" o vínculo entre narratário e Ego: faz parte

---

9 Otis, em *Harvard Studies in Classical Philology*, LXX, p.29.

10 O poeta dirige suas elegias amorosas ou à amante, ou a um amigo cujo nome muitas vezes aparece apenas ao longo do poema; Propércio, I, 9, começa assim: "Eu bem te disse, ó caçoador, que o amor viria também para ti"; quase no fim, ficamos sabendo seu nome: "Uma mulher que é tua só te escraviza mais ainda, ó Pôntico". Os filólogos chamam esse endereçamento de *Anrede*; cf. Wilamowitz, *Die hellenistische Dichtung*, v.1, p.232; Abel, *Die Anredeformen bei den römischen Elegikern*; Kroll, *Studien zum Verständnis den röm. Literatur*, p.233; Otis, op. cit., p.41-2; Boyancé, em *Fondation Hardt, Entretiens*, v.2, p.195. Na *Revue de Philologie* de 1979, há um estudo de inspiração moderna de Evrard-Gillis sobre o *Anrede* em Horácio.

do jogo elegíaco que o narratário se separe do Ego e, em vez de ser subordinado e dócil, olhe-o de cima, com ele, e julgue-o.

Temos de reconhecer que Ego é um poço de contradições: é da boa sociedade e vive na má, é senhor e escravo. Para saber quem ele é, devemos consultar a biografia do cavaleiro Propércio? É exatamente disso que se trata! Ego é caracterizado, sobretudo, por aquilo que ele não diz e que, para ele, é óbvio: porque ele se acha normal, representando a simples humanidade; ele tem o universalismo dos egocêntricos; os que não são do seu mundo são "diferentes" e inferiores. O narratário antigo sabia pelos silêncios do texto tudo de que precisava saber: Ego não diz nada dele, porque não havia nada de censurável em sua pessoa; ele não é um nobre negociando de igual para igual com seus companheiros, cujos nomes lembram a boa sociedade, jantando na cidade, frequentando mulheres caras e não fazendo nada, além de viver como um desocupado que canta o amor? Convidado a olhá-lo de cima, com Ego, o narratário se dá conta de que, como leitor, na melhor das hipóteses ele é apenas igual a Ego, se for rico e nobre como ele; em Pompeia (onde se lia Propércio),[11] Viena ou Lyon, os leitores se sentiam lisonjeados em geral, quando se tornavam narratários, porque um senhor lhes fazia confidências como entre pessoas do mesmo mundo. Assim caminha a literatura.

Contar segredos de má sociedade a pessoas que têm a fama de não frequentá-la... Compartilhando as confidências de um nobre autor, o narratário vai ter uma segunda surpresa: esse Ego, em vez de manter seu brilhante papel, é escravo de uma irregular, a alta-roda romana só fala disso (como Propércio diz com satisfação), e o escândalo diverte o público. Retrato de um meio? Não, fantasia auto-humorística. De um lado, Ego

---

11 Sobre as inscrições dos versos de Propércio encontradas em Pompeia, cf. Boucher, op. cit., p.480; Gigante, *Civiltà delle forme letterarie nell'antica Pompeia*, p.189 e 191.

pertence à verdadeira sociedade, à boa (o que não é o caso de Cíntia ou Délia), e, de outro, ele se acanalha na má; o narratário é induzido a não aprovar essa má escolha; e é autorizado a achar engraçado que Ego, em sua insondável candura, ache que esse acanalhamento deliberado é uma nobre escravidão, da qual ele seria a honrada vítima. Senhor escravo de uma bisca, e com muito orgulho. Existe aí toda uma dialética do autor e do leitor em que a sociedade real servia apenas de pretexto para um jogo semiótico. Declarado superior a Ego por sua moralidade, o narratário é discretamente rebaixado (Ego é da alta sociedade) e humilhado (Ego frequenta mulheres atraentes), antes de ser elevado de novo acima de Ego, esse ingênuo... Mas quem organizava esse jogo em que o narratário apanhava feio antes do seu triunfo final? Era o outro Ego, o próprio editor. Então o leitor é o pato da história? Não, porque ele sabia de tudo; visitando uma feira de livros, ele entrou na Casa dos Espelhos justamente para sentir esses altos e baixos que são feitos para rir. Os elegíacos não tentam esnobar o leitor, dar uma de escritores da alta sociedade.

Estamos numa feira. Encontramos, por exemplo, barracas de filmes de terror e romances *noir*, aonde vamos para sentir medo. Ali não se encena o *Inferno* de Dante, que foi escrito para assustar realmente; nessas barracas, o susto é para fazer rir. A Casa da Elegia foi criada com esse mesmo princípio: Ego, em cena, causa inveja, mas inveja para rir; você entra lá para que o poeta lhe cause inveja e, se você quiser ser um bom público, terá de ser um pouco invejoso também. Porque o poeta faz de tudo para lhe causar inveja; ele está menos preocupado com seus próprios sentimentos do que em fazer o público admirar a imagem de Cíntia; veja como ele fala dela: no tom de um exibidor de feira; ele a exibe aos espectadores.

O cúmulo, por outro lado, é que ninguém além dele decretou que essa mulher não era do mundo dele. Porque Ego classifica tudo do ponto de vista dele; há algumas coisas que são óbvias, como esta, por exemplo: ninguém pode nem cogitar se casar com Cíntia. Na literatura, com frequência, o corte entre "nós" e "os outros" é tão imperioso quanto nas sociedades de classe,[12] mas não corresponde necessariamente a essas classes (na Casa dos Prestígios proustiana, os que frequentam as duquesas dificilmente podem passar por uma classe social); Ego, assim que abre a boca, coloca-se naturalmente no centro do mundo, atrai o narratário para a sua órbita e decide soberanamente quem será do seu mundo e quem será excluído dele. Por mais que a ideologia reinante veja as mulheres fáceis como párias, Ego tem a liberdade de corroborar esse preconceito, atacá-lo ou ver tudo pelos olhos da pária e das evidências dela.

O caso da elegia parece particularmente complicado e ensina que, se na sociedade uma barricada não pode ter três lados, isso pode acontecer nas cartas e nas artes. Ego adora uma mulher indigna, mas como saberíamos que ela é indigna, se ele não nos dissesse isso? Em outras palavras, o editor, falando pela boca de Ego, conta negligentemente que Délia é adúltera, que Cíntia troca de amante todas as noites e, se sente necessidade de mencionar isso, é porque ele é contra; um público adequado deve ser contra também. Assim, Ego se torna ridículo e ligeiramente sórdido, seus amores são desmentidos e sua inconsciência se torna patente. Porque ele falou demais ou muito pouco: ele tinha ou de achar tudo normal e não ver nada nem dizer nada, ou atacar a ideologia reinante de frente e defender a liberdade de costumes.

---

12 Sobre a oposição entre nós e os outros, cf. Todorov, *Mikhail Bakhtine: le principe dialogique*, p.76; Frye, *Anatomie de la critique*, p.47; Lotman, *La structure du texte artistique*, p.331; Jauss, *Pour une esthétique de la réception*, p.150. Eis uma ilustração engenhosa dessa oposição: "Um romance não é mais denominado documentário, quando diz respeito à burguesia e às classes abastadas; nesse caso, torna-se romance psicológico, ou romance romanesco, ou crônica da sociedade; não entedemos muito bem por que o quadro da burguesia pertence a um gênero de romance diferente do quadro do povo" (Thibaudet, *Histoire de la littérature française de 1789 à nos jours*, p.437). Cf. Bourdieu, *La distinction, critique sociale du jugement*, p.558.

Ele não fez nada disso. Resultado: não existe mais ponto de vista privilegiado e não sabemos mais o que pensar da libertinagem; o poeta chegou aos seus fins. Ego, proclamando seu amor, mas sem desmentir as ideias preconcebidas, desmente-se; ou melhor, como não estamos no país dos geômetras, poderíamos dizer também que tudo é verdade.[13] A elegia nos deixa hesitar ou escolher entre duas versões: Ego é atraente, porque não há como não compartilhar as preocupações de um apaixonado. Ego faz rir, porque um garanhão acanhado é um espetáculo engraçado. Encontramos o mesmo duplo sentido no campo das irregulares; a leitora honesta sentiria apenas desprezo pelas cortesãs, pelas adúlteras, se não suspeitasse que essas mulheres talvez sejam mais interessantes do que ela.

O recurso calculado à ideologia diz muito sobre isso. O corte entre nós e os outros, onde está presente, pode ser aquilo que é decretado pela fantasia do autor; outras vezes, é tirado da realidade ou das ideias preconcebidas, como aqui. Mas, mesmo nesse caso, a obra é espelho do real ou produto do social apenas em seus materiais e para suas finalidades. O recurso à ideologia para desmentir não é vestígio de um enraizamento primitivo na sociedade, a sobra de um cordão umbilical mal cortado. A obra não nasce como espelho, um espelho que o poeta poderia quebrar, deturpar ou complicar: ela só representa o real, ou o que chamamos de real, se autor decidir assim e para produzir um efeito estético em seu devido lugar, porque esse é o papel dos materiais, também denominados matéria ou causas materiais. Com mais razão ainda, nem sempre podemos dizer o que o escritor pensava da realidade: nada o obriga a pensar alguma coisa a respeito dela. Seria ridículo considerar a elegia uma obra

---

13 Lotman, op. cit., p.345: "Na poesia, o que é refutado ou desmentido não deixa de subsistir por causa disso; a arte não é como a dialética científica, em que uma das posições sendo reconhecida como não verdadeira e rejeitada, a outra é vitoriosa; na arte, o que nega não elimina o que é negado, mas entra em relação de interoposição com ele".

que se contrapõe à realidade com o propósito de nos desviar dos maus costumes, assim como não se pode saudá-la como um manifesto libertário: faltam o tom e a convicção (no único poema em que Propércio, não ousando fazer mais do que isto, desculpou a liberdade de costumes, ele mudou completamente o tom). A elegia não idealiza as ligações sórdidas, mas também não desmente uma paixão verdadeira, por pudor ou prudência; compreensivelmente, um dos meios de manter esse equilíbrio era situar a cena entre mulheres de má vida.

Outro meio era apoiar-se na moral normal, para obter o efeito contrário. Isso não significava aprová-la: servir-se de uma matéria-prima não é estabelecê-la como tese. Na literatura, duas negações não são uma afirmação, mas apenas um vazio bastante estético. Impondo sua própria regra do jogo ao narratário, o autor não informa ao leitor o que ele deve pensar a respeito das mulheres e do amor: ele se limita a jogar com o que se pensa comumente sobre eles (e que o narratário será convidado a fingir por um momento que pensa), para que o problema do verdadeiro e do falso não se coloque mais na arte. A poesia de Propércio (eu não disse: a opinião pessoal do cavaleiro Propércio sobre a questão) continua e deve continuar indecidível, do mesmo modo que um sorriso meio cético, meio enternecido. Mas só esse sorriso é ambíguo: o mundo e suas certezas continuam os mesmos. Vemos que abismo separa esse maneirismo daquele dos tempos modernos, em que o mundo se torna labirinto, enigma, céu contraditório, verdades escritas nas ondas.[14]

A elegia é ambígua: ela não é cética, tampouco enigmática. Saboreamos nela tanto os prazeres da poesia amorosa quanto os de um pastiche humorístico dessa mesma poesia, e essas duas verdades não se anulam: são ambas verdadeiras e contraditórias. Existe enigma apenas se pretendemos conhecer o verdadeiro

---

14 Cf. os livros fáceis e abundantes de Hocke, *Die Welt als Labyrinth: Manier und Manie in der europäischen Kunst* e *Manierismus in der Literatur*.

pensamento do autor ou, mais exatamente, do cavaleiro Propércio: ele acreditava que se podia amar apaixonadamente uma
bisca de quem se caçoava? Mas o que é enigma em um homem
é dupla leitura em um texto. A elegia só pareceria contraditória
se víssemos nela uma mensagem pessoal do cavaleiro, e não a
obra de um autor.

Não devemos confundir o sorriso desse autor com as opiniões do cavaleiro. Também não devemos conjecturar os verdadeiros pensamentos do leitor por trás de sua complacência de
narratário; ele mostrou que é um bom público, mas talvez não
concorde com tudo. Quando uma secretária assiste a um filme
do "telefone branco" ou lê fotonovelas, essa leitora ou espec-
tadora vê tudo com os olhos da narratária que a lei do gênero
exige: esse é o preço das delícias da imaginação, da mudança de
regime de verdade; ela esquece temporariamente suas convicções para se encantar com uma ficção lenitiva e luxuosa. Assim
que fecha a revista, ela volta a entrar na verdade cotidiana e
recupera suas posições sindicais. Em resumo, ela faz exatamente
a mesma coisa que os intelectuais. A sociologia é subordinada à
semiótica, porque todo enunciado literário supõe um pacto entre
autor e narratário; é sobre esse ponto que há ruptura entre Bakh-
tin, para o qual tudo supõe esse "performativo", e Jakobson, para
o qual o enunciado se limitava a uma mensagem e a um código.[15]

Tomemos o caso de Proust. Seu narrador pede aos leitores que se tornem narratários tão esnobes quanto ele; ele rirá
com eles da Sra. Cottard, a burguesa que imita as duquesas de
maneira ridícula (a superioridade incontestável das duquesas
reina no centro do mundo narrado, sem necessidade que se diga
isso). Ora, a grande maioria dos leitores de Proust são burgueses
como a Sra. Cottard. Mas eles se esquecem disso ao ler o livro,
e eles o leem como deve ser, como pessoas que são do mesmo
mundo do narrador; eles não se sentirão atingidos pelo desprezo

---

15 Todorov, op. cit., p.87.

de Marcel pela Sra. Cottard: os presentes são sempre excluídos, como se costuma dizer. O narrador dessocializa seus leitores, fazendo-lhes confidências; o narratário é dividido, separado do indivíduo, que continuará tão politizado ou pequeno-burguês quanto quiser.[16] Proust não comete a gafe de caçoar dos burgueses diante dele; ao contrário, ele o adula falando com ele, cria uma cumplicidade "performativa" de informação; esse inimigo de classe cria, fora da sociedade, uma nova classe, que é uma classe de informação e agrupa todos os seus narratários presentes e futuros.

Não temos com a representação a mesma relação de credulidade, simpatia ou hostilidade que temos com a realidade supostamente representada. Pela simples razão de que a arte mais realista nunca consegue parecer real: o realismo será hiper-realismo e o *trompe-l'œil* divertirá sem iludir; a arte não é um espelho, mas informação em virtude de um pacto: alguém assumiu a responsabilidade de nos mostrar alguma coisa. A imagem mais exata não será vista como idêntica ao seu modelo, e isso não se deve a uma imperfeição perceptível aos nossos olhos: a desilusão começa assim que ficamos sabendo que aquilo é uma imagem: há, portanto, alguém por trás, exibindo-a; saber isso estraga a semelhança. Se vemos um pedaço do mundo no espelho, é porque aquele que o exibe o escolheu e quis assim. Nós não vemos mais o mundo como ele é, mas como alguém nos faz vê-lo; os burgueses ou os operários aparecerão como um dos nossos ou outros, como exóticos ou então como tocantes; quem os exibe fará pauperismo ou miserabilismo,[17] mas fará alguma coisa, em todo caso; ele não mostrará os operários "como eles

---

16 Sobre a distinção do leitor concreto e do narratário ideal, cf. Genette, *Figures III*, p.227 e 265; Ducrot, *Dire et ne pas dire*, p.288; Ducrot e Todorov, *Dictionnaire encyclopédique des sciences du langage*, p.413; Iser, *Der implizite Leser*.

17 Sobre a antinomia insolúvel do populismo e do miserabilismo, o que confirma a impossibilidade de uma linguagem neutra, cf. Passeron, prefácio a Chevaldonné, *Communication inégale*.

são", isto é, eles mostrados por eles mesmos, porque, se os mostrasse assim, isso seria uma escolha de sua parte: a de vê-los com os olhos frios do entomologista observando insetos humanos.

Mas isso não é tudo. Se alguém nos mostra esses operários, é porque ele considera o espetáculo interessante; em virtude do pacto da literatura e de tudo que se lê por prazer, ele se compromete a interessar seus leitores por uma razão qualquer. Pois se os operários não fossem interessantes, por que alguém falaria deles? Só os padres e os professores têm o direito de aborrecer, mas eles fazem isso por um bom motivo, para mostrar o Bom e o Verdadeiro, que sempre devem ser ditos.[18] Se fizessem um filme sobre Hitler, ele não poderia ser neutro como a realidade; se o roteirista, eliminando qualquer equívoco, não for terminantemente contra, o filme será a favor: pois por que falar de Hitler, se ele não fosse interessante, fascinante?

A questão não é tanto: "O que ele diz sobre isso?", mas: "Por que ele fala sobre isso?". Propércio poderia ter retratado um meio libertino pelo prazer de retratá-lo; já Tibulo gosta desse retrato de costumes, diz como as matronas fazem para escapar discretamente do domicílio conjugal durante a noite, e Ovídio faz apenas esse retrato. Propércio, que não aprecia muito o pitoresco, apela para as realidades da libertinagem apenas para apimentar seus versos com um pouco de alteridade e irregularidade e para engrenar seus espelhos e contrastes. Mas, em essência, quer interessar o leitor num devaneio ambíguo; portanto, sem dizer, substitui a má sociedade real por outra que, com o mesmo nome, é cheia de amantes poetas que choram na porta de biscas admiráveis. Depois de fechar o livro, o leitor pode acreditar, num primeiro momento, que acabaram de lhe falar dos libertinos e das mulheres fáceis que frequentavam os bairros de prazer que existiam na Roma Antiga; num segundo momento, ele adivinha que o enganaram poeticamente e cai na

---

18 Ducrot, op. cit., p.9.

gargalhada, entendendo finalmente que Propércio substituiu os farristas e as mulheres fáceis por heróis de pastoral.

Por que o sorriso da elegia é ambíguo, e por que essa poesia foi mal compreendida durante tanto tempo? Eis a chave do mistério: os elegíacos riem do que eles falam, amores, heroínas e Ego, mas são absolutamente sérios quando se trata das regras do gênero; não há traço de um "segundo grau" neles. O humor dos elegíacos é o inverso do humor dos modernos, cujo alvo são mais as convenções do que o conteúdo. Pensemos em Sterne e nos romancistas ingleses do século XVIII, cujo humor sublinha a convenção em termos explícitos para caçoar dela; esses romancistas fazem operações padrões, como os funcionários das alfândegas: eles aplicam a convenção até as últimas consequências, dizendo isso de maneira tão canhestra que compreendemos imediatamente que eles não a levam a sério; como aquele roteirista que anuncia no fim do filme: "Esse é o *happy end*, como acontece tantas vezes no cinema". É o que os formalistas russos chamam de "desnudamento".[19] Os elegíacos faziam

---

19 Sobre a oposição dos formalistas russos entre desnudamento e motivação, cf. Todorov, *Théorie de la littérature: textes des formalistes russes*, p.98 e 284. Brooks Otis (op. cit., p.32) traduz bem a impressão de sinceridade que os elegíacos conseguem graças à motivação do procedimento; ele caiu como um patinho, mas isso não importa, o efeito foi bem traduzido: "É por sua *irony* que Propércio se torna quase sério; Allen se aproxima da verdade, acredito eu, quando escreve que a superioridade de Propércio é tornar vivas e pessoais as convenções do gênero; o que ele escreve é convencional; ainda assim, sentimos um efeito de imediatidade pessoal". Ao mesmo tempo, Otis sentiu que essa motivação dos procedimentos era acompanhada de um autodesmentido e a palavra *irony* impunha-se. Bem ou mal, ele tenta resolver a pretensa contradição escrevendo: "Todavia, essa constatação não me satisfaz completamente, porque Propércio não se limita a dar vida às convençoes, a vivificá-las por procedimentos de língua e estilo: é na ambiguidade quase deliberada de sua *irony* que reside sua imediatidade, ou melhor, sua seriedade poética, diria eu; de um lado, Propércio representa um papel convencional e até insinua que nem ele nem Cíntia podem levar esse papel a sério; e, no entanto, há uma espécie de profunda solidariedade entre os dois amantes, quando um e outro compreendem tão bem

o contrário: eles "motivavam" as leis do gênero, fazendo sua aplicação passar por um efeito da psicologia dos personagens ou do desenrolar da intriga; já que o gênero exigia que o amor fosse sofrimento e preenchesse a vida, eles vão se atribuir aflições amorosas e se negar a servir à pátria. Em resumo, os elegíacos se limitam a brincar; eles não acrescentam generosamente: "Estou brincando". Além do mais, o que eles escrevem de brincadeira é comovente, se tomado ao pé letra, porque vimos que o humor é exterior à letra do texto e é sempre possível não perceber a brincadeira. Os textos não são como os homens, cujo sim deve ser sim e o não, não.

Um texto literário tem o direito de apresentar vários sentidos contraditórios ao mesmo tempo. Ele é escrito apenas para agradar e não fez um pacto de palavra clara com os narratários, para eles saberem a que se ater. Se ele dá informações inúteis sobre a biografia amorosa do autor e suas opiniões a respeito das mulheres, isso não é uma lacuna. Em outras palavras, a ambiguidade ou a obscuridade de um texto não deve ser julgada em relação à mensagem ou ao código, mas em relação ao pacto: uma mensagem obscura só será um enunciado ruim se o pacto desse enunciado exigir que ele informe o leitor, não que o cative.

O debate é conhecido: a linguagem se reduz a um código e a uma mensagem, como os telegramas em código Morse, é apenas informativa? Se a resposta for afirmativa, ela será neutra (dizer "a bolsa ou a vida" não será ameaçar, mas informar da ameaça); honra dos homens, santa linguagem, santa e pura, neutra como parlamentares agitando uma bandeira branca! Ou (como se acredita cada vez mais) a linguagem tem alguma coisa

---

sua mútua *irony*". A ideia é complicada, mas a impressão é correta; basta ver que, como Cíntia e Ego existiram apenas no papel, esses sentimentos anfigúricos, essa preciosidade da paixão, esse discurso obscuro e empolado, psicologicamente inverossímil se tivesse de ser atribuído a seres de carne e osso, não têm nada de plausíveis, em se tratando de criações literárias: isso é maneirismo, pura e simplesmente.

a mais, uma coisa que faz a diferença, por exemplo, entre informar de uma ordem e ordenar? Peço perdão a Oswald Ducrot por falar em termos tão vagos desses problemas que hoje alcançaram uma precisão admirável. Digamos que essa coisa a mais faz com que uma informação não seja nem um desejo (o fato de desejar consiste em dizer: "eu desejo" e, portanto, esse verbo não é uma informação), nem uma ordem, nem uma interrogação, nem um poema. Um poeta não é obrigado diante de nós a ter a coerência da realidade ou a lealdade de um homem diante de sua palavra. Como escreveu o jovem Nietzsche:

> o homem exige a verdade e faz prestação dela apenas no comércio de moralidade com os outros homens e esse é o fundamento da vida em comum: previnem-se as consequências funestas das mentiras mútuas; em compensação, permite-se que o poeta minta: onde as mentiras são agradáveis, elas são permitidas.[20]

Sacerdotes e filósofos gregos viveram o direito à mentira: o dever de dizer a verdade em todas as matérias é uma exigência mais recente, e essa exigência matou o mito. Se eles tinham o direito de mentir, por que não o de se contradizer?

---

20 Nietzsche, *Philosophenbuch*, I, 70 (Kröner, v.10); "fazer prestação dela", porque esse é o sentido de "*leistet sie*".

7
A pastoral em traje de passeio

Prazer estético de um triunfo lúdico sobre o grosseiro, o gosto pela sentimentalidade e pelo *human interest*. Da nossa realidade, a elegia retém apenas dados banais e vagos (um nobre libertino, uma irregular) e transforma-os em seres de ficção que levam uma vida de sonho; a lógica interna desse mundo que não é o nosso é que ali se vive somente para cantar o amor e sofrer de amor; como não estão no campo, acontece de esses pastores sem trajes adequados suspirarem por não estarem lá. A elegia não canta a paixão, mas a ficção de uma vida exclusivamente poética e amorosa; como diz Fränkel:

> o principal postulado desses poetas é o seguinte: o amor não é simplesmente um episódio numa vida que, de outro modo, é normal, mas reivindica para ele um ser inteiro, dá uma nova configuração específica à existência de sua vítima e coloca-o numa nova esfera, à parte, separa-o do resto dos humanos, situa-o num novo horizonte e num novo clima.[1]

---

1 Fränkel, *Ovid: ein Dichter zwischen zwei Welten*, p.25.

A partir daí, a vítima da paixão não vai mais querer conhecer outro dever além do de amar, outra milícia além da amorosa.

Escolha de um tipo de vida, recusa de abraçar a carreira dos negócios públicos? Não, mudança de natureza, ou melhor, passagem da realidade para a ficção. O que eles se tornam, depois que entram nesse outro mundo? Tornam-se apaixonados poetas, o que é mais do que ser um híbrido de poeta e apaixonado, como eles são entre nós; o apaixonado poeta é uma espécie viva que encontramos apenas naquele mundo, como veremos adiante. Por mais que a elegia tenha como palco as ruas de Roma, Tivoli, os portos do Latium ou a costa napolitana, na realidade ela se passa fora do mundo, do mesmo modo que a bucólica. Mas, se a ficção pastoral nunca enganou ninguém, a ficção elegíaca não conta mais as suas vítimas.

O que é injusto: a bucólica antiga deveria ter enganado muito mais gente, porque é diferente das piegas pastorelas dos modernos, *Bocage royal*, de Ronsard, *Astreia* ou *Pastor fido*; ela é até o inverso; se tivéssemos de comparar, estaria mais para *Porgy and Bess*, com aquelas operetas norte-americanas ambientadas no mundinho dos negros, com sua linguagem e seu sotaque típicos. Se ninguém levava a bucólica a sério, é porque ela se passava num mundo não menos subalterno e pueril, o dos escravos; mundo tão subalterno que se torna inocente e idílico. Escravagista ou racista, o corte entre "nós" e "esses outros" serviu de matéria-prima estética. A pastoral moderna pega os senhores e traveste-os de pastores; a opereta negra e a bucólica antiga pegam negros ou escravos, preservam sua rudeza, suas brincadeiras, sua promiscuidade sexual, mas transforma-os em apaixonados por profissão (que além disso, na bucólica, são poetas).

Na bucólica, portanto, pastores escravos se tornam consubstancialmente apaixonados poetas; na elegia, cavaleiros romanos se tornam a mesma coisa de maneira não menos consubstancial. De modo que bastaria, ou quase, que um cavaleiro de elegia se tornasse pastor para se transformar em personagem de bucólica. Essa é precisamente a experiência literária que, por brincadeira de letrado, Virgílio tentou e conseguiu realizar de maneira admirável na décima e última de suas *Bucólicas*.

Esse texto em segundo grau, esse palimpsesto, como o denominaria Genette, seria de longe a mais linda das elegias romanas, se fosse escrito em ritmo elegíaco, e não em hexâmetros, ritmo da bucólica, e se, precisamente, não fosse elegia apenas em segundo grau; o próprio Virgílio se diverte por ter escrito uma elegia em hexâmetros.[2] À transposição rítmica soma-se uma dupla transferência de conteúdo: um poeta elegíaco célebre na época, Galo, torna-se poeta bucólico por obra de Virgílio, que imagina o que seria do Ego de Galo se ele abandonasse a cidade e suas tristezas e se refugiasse nas solidões pastoris: ele seria caçador e pastor e vestiria o hábito. Num ponto, porém, a metamorfose não seria completa: fiel ao papel elegíaco, Galo continuaria a sofrer de amor, a cantar suas aflições naquelas solidões. Ele continuaria a ser o poeta que sempre foi.

Texto escrito sobre outro texto ou, mais exatamente, sobre outro gênero literário,[3] a Décima Bucólica é um poema deslumbrante (aplausos irrompem na cabeça do leitor a cada verso), mas, como escreve Jacques Perret, é menos patético do que parece à primeira vista; esse *tour de force* de um jovem virtuose sobre outro virtuose faz aquele "desnudamento" das regras do jogo que a elegia evita com todo o cuidado. Na época, Galo era um autor consagrado e o pai da elegia romana; o jovem Virgílio, que pressentia que suas próprias *Bucólicas* o fariam entrar para a posteridade como uma bala de canhão, ousou imitar seu predecessor e, com o pretexto de homenageá-lo, colocou-se como

---

2 Virgílio, *Bucólicas*, X, 50-1; o poeta siciliano deve ser o bucólico Teócrito, o de Cálcis, o elegíaco Eufórion.

3 Como escreve Genette (*Palimpsestes: la littérature au second degré*, p.89), nunca se pasticha, parodia ou imita um texto, mas sim o gênero ou o estilo ao qual se vincula esse texto.

seu igual num gênero diferente. Lembramos que Galo teve como amante aquela bela Volúmnia Cíteris com quem Cícero jantou, causando-lhe orgulho e susto; em suas elegias, Galo cantava os sofrimentos que uma tal Lícoris infligia ao seu Ego. Como todo mundo, não sei se Cíteris fez Galo sofrer e, como veremos, é bastante duvidoso que em Roma fosse costume dos leitores levar a poesia ligeira tão a sério a ponto de atribuir a um poeta o ridículo de publicar suas desventuras íntimas. Lícoris faz Ego sofrer porque a elegia gosta de usar luto e normalmente tem os olhos marejados.

O desespero de Galo tem razões muito elegíacas: sua Lícoris, que vive nas altas esferas, aceitou partir com um de seus amantes para a província que ele vai governar; por força das circunstâncias, ela será todinha do rival; desgraça semelhante calhará também a Propércio e Tibulo. Ego, que é a delicadeza em pessoa, chora pela exilada, cujos pezinhos sensíveis pisarão as neves da terra dos bárbaros, nas fronteiras do Império. Deixando a cidade, suas pompas e obras, Ego se embrenha nos pântanos e nas colinas para compartilhar a vida dos seres que habitam essas solidões, pastores, caçadores e deuses rústicos. Um a um, todos vão consolá-lo. Ego cuida de um rebanho de cabras; ele não se envergonha de ter uma ocupação tão servil? Virgílio lhe suplica que não tenha essa vergonha, mas, alguns versos depois, lhe atribui uma atividade mais adequada a um cavaleiro: a caça (que supunha uma longa imersão na natureza, como mais tarde a caça com cães e cavalos). E Galo sonha que Lícoris, agora fiel (só a cidade gera irregulares), vem se juntar a ele e ambos envelhecerão juntos. Tibulo terá o mesmo sonho rústico com sua Délia.

O mundo bucólico conhece apenas os infortúnios ligeiros e inocentes; a dor racharia o cristal desse sonho. Galo sabe que encontraria poucos desalmados e desalmadas nessas solidões: Fílis está disposta a lhe trançar chapéus de flores e o moreno Amintas a lhe tocar música; porque a promiscuidade servil era um sonho de facilidades paradisíacas. Mas os apaixonados não renunciam tão fácil ao seu melancólico deleite e os poetas às suas fórmulas: Galo repetirá entre os pastores os sofrimentos elegíacos de outrora; ele continua escravo do amor e o campo não basta para consolá-lo. Só resta a Virgílio encerrar o poema e recolher o rebanho, agora que acabou a jornada de trabalhos poéticos: "Para casa! A taça está cheia, a noite vem caindo; vamos, minhas cabras!". Não acredito que, com esse epílogo, Virgílio quisesse nos passar uma "mensagem", deduzir melancolicamente "o fracasso final da poesia, incapaz de purgar as paixões"; que leitor pensaria em tomar uma ficção poética por um preceito de moralista e tirar dela uma lição tão evidente? O epílogo significa simplesmente que, terminado o pastiche, os dois poetas voltam a ser como a eternidade os fará; Galo volta a ser o elegíaco que será para sempre; a confusão dos gêneros foi apenas uma brincadeira de momento: o rebanho pode voltar para o curral.

O próprio Virgílio é guardador de rebanho, então? Sim, porque o poeta era o que ele cantava; se cantava os pastores, ele próprio era um deles.[4] A primeira preocupação dos pastores não era cantar? Eles recolhem o rebanho à noite, no momento de abandonar a poesia. O caso de Tibulo ou Propércio é mais ou menos o mesmo; o Ego de um e de outro é um cavaleiro que não pensa muito na carreira ou no cultivo de suas terras; ele pensa quase só em viver de amor e poesia.

Já que, segundo eles, o homem refletia o poeta (a nosso ver, o contrário é que é verdade), um poeta apaixonado não será político nem homem de negócios; o que não significa que, na prática, um indivíduo não possa ser tudo isso ao mesmo tempo,

---

4 Williams, *Tradition and Originality in Roman Poetry*, p.237: "What Virgil does in *Buc.* 10 is to maintain the ambiguity between *writing bucolic poetry* and *being a shepherd*" ["O que Virgílio faz nas *Bucólicas* 10 é manter a ambiguidade entre *escrever poesia bucólica* e *ser um pastor*"].

mas simplesmente que as temáticas são diferentes: poesia erótica não é poesia patriótica. A bucólica, por exemplo, desconhecia a riqueza e as honras públicas. A bucólica se abstrai do real; portanto, a elegia, que finge se prender ao real, deve recusar categoricamente o que a pastoral se limita a omitir. Mas ela o recusa com tanta insistência, e desenvolve o tema da milícia do amor com tanto gosto,[5] que, visivelmente, sente prazer nessa recusa; prazer de atacar as convenções, de desafiar os imperativos, de derrubar os valores. Derrubá-los para rir: o instrumento elegíaco não tem corda para sons mais graves; nas comédias do teatro helenístico, a vida dos ociosos libertinos já satisfazia a imaginação dos honestos espectadores.

Que imperativos eram esses que deviam ser desafiados? O Ego elegíaco é visivelmente um membro da boa sociedade, um cavaleiro; ora, é na nobreza dos cavaleiros que é recrutada a equipe de governo, isto é, na prática, o Senado.[6] Portanto, todo jovem cavaleiro tinha de fazer uma escolha: ou viver de suas rendas, sem fazer nada, ou seguir a carreira das funções públicas e das honras; se optasse pela segunda, seria comandante de exército, juiz, governador de província e, sobretudo, faria parte do Senado, que era ao mesmo tempo um Executivo Supremo, um Grande Conselho e uma espécie de Academia e Conservatório das artes políticas; ele enriqueceria enormemente, se não honestamente. Nem todos os cavaleiros faziam carreira, longe disso: não existiam cargos para todos; mas uma coisa era ficar de fora, como fazia a maioria, outra muito diferente era se recusar a seguir carreira e espalhar isso aos quatro ventos.

---

5 Sobre o tema literário da milícia do amor, cf. o repertório de Spies, *Militat omnis amans: ein Beitrag zur Bildersprache der antiken Erotik*; cf. Zagagi, *Tradition and Originality in Plautus: Studies in the Amatory Motifs*, p.109 et seq. Sobre o modo de vida real que pode ter correspondido a esse *tópos*, cf. Boucher, *Études sur Properce*, p.17-23.

6 "Senadores e cavaleiros formam dois corpos, mas uma só classe" (Syme, *History in Ovid*, p.114).

Os elegíacos alardeiam que nenhum serviço militar é mais duro que o serviço do amor, em que se deve estar atento, ser ativo, obedecer cegamente à amante, segurar sua sombrinha ou seu espelho, servi-la como um escravo[7] e travar combates noturnos: é nisso que se conquista a glória;[8] como o soldado, o amante vive o dia a dia e nunca está seguro do amanhã. Eles alardeiam com mais força ainda que não conhecem outro serviço além daquele do amor. Porque "Amor é deus de paz e nós, os amantes, veneramos a paz" (Propércio, III, 5). O civismo é para os outros:

> Trabalha, ó amigo, para subir na carreira mais alto ainda que o teu tio cônsul, restabelece os privilégios dos nossos vassalos, que nem ousavam mais sonhar com eles;[9] porque, na tua vida, não tiveste tempo de amar, pensaste apenas na pátria e na guerra. Deixa-me seguir a má fortuna que é o meu quinhão de sempre e morrer como um inútil; muitos morreram contentes de ter amado tanto tempo; possa eu unir-me a eles na sepultura! Não fui feito para a guerra e a glória, minha vocação é engajar-me no exército do amor. (I, 6)
>
> Não sou da raça que produz militares. (II, 7)

Apesar dessa altiva esterilidade, o poeta pode ter uma noite de glória:

---

7 Ovídio, *Ars amatoria*, II, 233, cf. 216; *Amores*, I, 9 inteiro.

8 Horácio, *Odes*, III, 26: "Minha vocação era servir às moças e meus atestados de serviço não são sem glória; como ex-voto, eis minhas armas de veterano, isto é, minha lira". Mais uma vez, fazer amor e cantar o amor são confundidos.

9 Poderíamos entender também: "Faze voltar ao dever nossos vassalos que se esqueceram dele"; mas essa imagem de chefe rigoroso seria menos lisonjeira que a de um chefe justo e clemente com os sujeitos do Império; as indicações de Dion Cássio, LIII, 14, 6, vão no mesmo sentido.

Por mais que os outros batessem à porta de Cíntia e se dissessem seus escravos, ela não teve pressa de abrir-lhes e deixou a cabeça repousada ao lado da minha; eis uma vitória como eu gosto; teria sido menos feliz pondo em fuga a barbárie. (II, 14)

Já ia me esquecendo de dizer que toda carreira política era obrigatoriamente mista: ora general, ora administrador; os elegíacos, para rejeitar a carreira toda, designam-na pela parte mais marcante, a militar.

Na ausência de uma carreira, a moral nobre admitia que outra opção era louvável: enriquecer (a aristocracia romana tinha atitudes econômicas que nos enganaríamos se pensássemos que são exclusivas da burguesia); "se um jovem nobre serve para alguma coisa, não servindo à cidade, aumentará o patrimônio da família".[10] E é por isso que Tibulo se vangloria de sua pobreza, tanto quanto de servir ao amor. Pobreza? Entenda-se: em francês, essa palavra se refere ao conjunto da sociedade, na qual há uma minoria de ricos e uma maioria de pobres; em latim, essa palavra se referia apenas a essa minoria privilegiada, para designar os membros comuns, em oposição àqueles poucos que eram riquíssimos; a maioria da população, que nós chamaríamos de pobres, formava uma espécie viva estrangeira. Tibulo, ou melhor, seu Ego, é pobre no sentido de que cultivará uvas e será um simples proprietário de terras da época de Paul-Louis Courier, isto é, vive de rendas; ele é pobre por outra razão também: ao menos em seus versos, ele não fez carreira, não praticou a "maneira senatorial de fazer fortuna",[11] que era saquear os administrados:

---

10 Cícero, *De oratore*, II, 55, 224.
11 Id., *Verrinas*, III, 96, 224: *"genus cogendae pecuniae senatorium"*. Em Propércio, III, 12, Postumus abandona sua jovem esposa por vaidade e cobiça, para fazer carreira numa província qualquer.

O ouro flavo aos montes, os arpentos de belos campos, eu os deixo aos outros, que o medo mantém em vigília quando o inimigo não está longe e despertam ao som das trombetas. Que a minha pobreza me deixe atravessar a vida preguiçosamente! A mim, basta--me que o fogo não morra em meu lar. (Tibulo, I, 1)

Pobreza é o mesmo que milícia do amor.

Não havia nada mais glorioso do que essa inversão de valores; os elegíacos são fanfarrões do vício, têm orgulho de não viver como o resto dos mortais. Devemos acrescentar: o amante é sacrossanto como os poetas.

Ninguém ousa tocar nos que amam; eles são invioláveis e poderiam atravessar territórios de salteadores... A Lua lhes serve de batedor, as estrelas lhes mostram os charcos, Amor em pessoa balança sua tocha diante deles para atiçar a chama e os cães raivosos viram para o outro lado a bocarra aberta. (Propércio, III, 16)

Outro poeta, Horácio, professava que o homem íntegro, o homem que não tem do que se censurar, atravessava são e salvo os desertos e as montanhas, mas, apesar da linguagem, talvez tivesse em mente mais o poeta apaixonado do que o homem justo.[12] Porque, citando-se como exemplo (com o sorriso de praxe), ele conta que certa vez encontrou um lobo durante um passeio, um lobo do tamanho de um leão, num momento em que ele sonhava com versos de amor, e que a fera não lhe fez nada; a anedota deve ser autêntica e Horácio deve ter pensado que essa protcção milagrosa se devia ao seu talento, porque o poema não termina do mesmo modo que começa: "Que eu esteja em pleno deserto, no equador ou no polo", escreve mais ou menos Horácio, "não deixarei de ser um apaixonado". Há épocas em

---

12 Horácio, *Odes*, I, 22; cf. Fraenkel, *Horace*, p.186.

que o talento tem um orgulho supersticioso e, como Bonaparte, acredita em sua boa estrela.

Um poeta se sente diferente dos outros homens e o mesmo Horácio dá a entender isso:

> Há aqueles cujo prazer é erguer poeira no estádio olímpico e não bater na baliza com suas rodas em brasa (para estes, a palma da vitória é sua apoteose); para outros, a multidão inconstante dos eleitores tem de elevá-los triunfalmente às mais altas dignidades; um outro quererá amontoar em seu celeiro particular o trigo de toda uma província... Já eu, sinto-me no sétimo céu, se tenho a coroa dos poetas.[13]

Aclamemos: com o seu "já eu", que se opõe a todos os outros, esses versos se vinculam a uma das estruturas textuais mais universais que existem, da Índia arcaica e da China a... Victor Hugo;[14] os filólogos a chamam de *priamel*.[15] Essa estrutura servia para um indivíduo se posicionar com sua diferença

---

13 Id., *Odes*, I, 1.

14 *Rig Veda*, IX, 112: "Em sentidos diversos vão nossos pensamentos: o segeiro deseja um dano para reparar, o médico, uma fratura, o sacerdote, alguém que esmague o soma..."; Chuang-tzu, XXIV, p.197: "O homem que sabe seduzir seus contemporâneos terá o favor da corte, o homem que dá satisfação ao povo será administrador, o soldado amará a guerra, os conhecedores das leis estenderão seu poder de governo... Em resumo, todas as pessoas têm suas ocupações particulares e não podem não agir". Du Bellay, *Regrets*, VI: "Os que se apaixonam, seu amor cantarão... Os que amam as artes, as ciências dirão... Eu, que sou infeliz, chorarei minha infelicidade". Victor Hugo, *Les rayons et les ombres*, XVI: "Marujos, marujos! Vós desfraldareis as velas!... Invejosos, vós mordereis o pé das estátuas... Eu contemplarei o Deus, pai do mundo...". Sólon, fragmento 1, 44, das *Elegias*: "Cada um se agita de sua parte...".

15 Schmid, *Die Priamel der Werte im Griechischen von Homer bis Paulus*; Fränkel, *Early Greek Poetry and Philosophy*, p.459, 471 e 487; *Wege und Formen frühgriech. Denkens*, p.90, cf. 68; Bréguet, Le thème "alius-ego" chez les poetas latins, *Revue des Études Latines*, XL, p.128. Não li Kröhling, *Die Priamel (Beispielreihurg) als Stilmittel in der griechischen-römischen Dichtung*. Devemos distinguir

na lista das outras diferenças individuais, para se distanciar de si mesmo;[16] conforme o caso, ele exaltava sua diferença, ou, ao contrário, dava-se uma lição de modéstia,[17] ou ainda, como aqui, permitia-se reivindicar sua peculiaridade, já que os outros tinham a deles, e reduzia a sua ao tamanho da dos outros, para não ferir o orgulho alheio e não ser apenas tolerado.

Propércio recorreu várias vezes ao *priamel* para mostrar sua peculiaridade de apaixonado que é o poeta do seu próprio amor: "O marinheiro narra seus ventos, o agricultor, seus bois, o soldado enumera seus ferimentos e o pastor, suas ovelhas; eu, mais as vicissitudes dos combates numa cama estreita" (II, 1); porque cada um diz o que é. Ora, Propércio é um coração sensível:

> Tu me perguntas, ó Demofonte, por que não consigo resistir a nenhuma mulher? Pergunta errada: no amor não há jamais por quê. Não há pessoas que se cortam os braços com facas sagradas e se mutilam ao som de ritmos da Frígia? A natureza atribui a cada um seu defeito e meu destino é ter sempre um amor na cabeça. (II, 22)

A fatalidade também exige que o poeta fale apenas do amor: um Propércio não foi feito para a epopeia, sua vocação é a elegia amorosa ou nacional (III, 9).

Nós já calculávamos: os elegíacos se preocupam mais com seus versos do que com suas amantes; Propércio polemiza

---

do priamel um questionário muito estimado pela velha poesia grega: "Qual é a maior coisa, a mais linda, a mais justa etc. do mundo?".

16 Williams, op. cit., p.763: "O priamel é um meio de fazer um balanço de si mesmo, considerando as opiniões muito diferentes do resto dos seres humanos".

17 Na Nona Olímpica de Píndaro, o priamel, afinal, é uma lição de modéstia; os seres humanos não são todos chamados para a mesma vocação, mas a perfeição é difícil em toda vocação. Na Primeira Pítica, lembrar as excelências de todos os homens (as vitórias médicas de Atenas e Esparta, a vitória etrusca de Cumas) é uma forma de não provocar ciúme quando se faz um elogio.

com outros poetas, defende a elegia contra o imperialismo dos grandes gêneros. Seus diferentes poemas são dirigidos a companheiros de farra e a outros poetas, quando não são dirigidos a Cíntia ou a uma desconhecida. Retrato de um meio? Não, o apaixonado poeta não é um tipo social: é um gênero literário personificado; "é para ti, ó Pôntico, que existe a epopeia", escreve Propércio a um amigo (I, 7):

> e que se canta Tebas e sua guerra fratricida; e que eu morra se o único rival que te resta a alcançar não é Homero! Já eu, enquanto isso, conforme o velho hábito, ocupo-me apenas dos meus amores [ou: de meus *Amores*], procuro palavras que comovam minha inflexível amante. Não tenho escolha: sirvo menos ao meu talento do que à minha paixão infeliz e lamento estar na idade mais cruel da vida; esse é o caminho que sigo, é o meu título para a celebridade e quero que minha poesia tire seu nome daí; que me reconheçam o mérito de ter sabido agradar a uma mulher letrada, de ter sofrido muitas vezes suas críticas injustas,[18] e basta![19] Que, mais tarde, os amantes desprezados não abandonem mais meu livro e que se instruam lendo minha infelicidade!

Propércio vive o amor e Pôntico escreve uma *Tebaida*; estar apaixonado se opõe a escrever uma epopeia... Notamos uma ponta de desprezo por esse gênero artificial e pomposo: cantar o amor é fazer amor, ao passo que cantar os Aquiles não é

---

18 Equívocos muito bem calculados: "agradar a uma leitora", "agradar a uma amante"; além disso, a amante é tanto a leitora como o próprio livro (Cíntia lê a *Cíntia* que fala de Cíntia); essa atividade literária (leitura e escrita ao mesmo tempo) é posta no mesmo plano do amor: escrever ou ler sobre o amor não se distingue de fazer amor. Amor infeliz: amar se confunde com sofrer e ser escravo. Fazer amor é ser escravo e é ser poeta: esse é o sistema completo das relações propercianas.

19 *Solum* deve ser um advérbio aqui, no sentido de *tantum*, como em II, 34, 26 (cf. cap.1, n.8).

tornar-se um Aquiles; o malandro da turma é um poeta, um arrasa-corações, e o pobre Pôntico é só um aluno dedicado.[20]

Amar é ser poeta elegíaco, não épico; isso não quer dizer necessariamente ser um literato puro e rejeitar o serviço público; nada os impede de exercer as duas atividades: Galo e Tibulo fizeram isso;[21] não há registro de que Propércio tenha seguido carreira; ele teria seguido o exemplo da maioria de seus pares: apenas uma pequena fração de cavaleiros conseguia entrar para os negócios. Entre os cavaleiros, carreiristas ou não, também se recrutava uma juventude dourada, que prolongava indevidamente o período de desregramento que a indulgente moral romana concedia aos adolescentes; estes, desvirginados aos 14 ou 15 anos,[22] corriam atrás de mariposas nas ruas quentes,

---

20 O fim da elegia, fundamental para ver bem o eterno jogo de Propércio sobre falar de amor e estar apaixonado, é o seguinte: Se tu mesmo, ó Pôntico, te apaixonasses (o que não te desejo, porque o amor é uma praga), terias logo te esquecido de Tebas (isto é, tua *Tebaida*, poema épico sobre Tebas: os poemas não se distinguem daquilo de que se fala); ias querer escrever versos de amor, mas seria tarde demais: a idade de aprender (ou de amar?) já teria passado para ti; tu me invejarias. Como amante? Propércio não diz; ele diz: como poeta do amor. Porque as pessoas me admirarão e a juventude dirá diante do meu túmulo: Tu foste o poeta das nossas próprias paixões. Portanto, não despreza meus versos, senão o Amor me vingará, fazendo-te sofrer de amor com juros: quem ama tarde ama mais.

21 Galo foi um dos grandes políticos do reinado de Augusto; sobre a carreira de Tibulo (“*Aquitanico bello militaribus donis donatus*”, diz sua *Vita*; isso significa que ele foi general, e general de talento), cf., por exemplo, Williams, op. cit., p.559, e Cairns, *Tibullus: A Hellenistic Poet at Roma*, p.145. Em seus versos, Tibulo professa a milícia do amor, mas não se constrangeu de insinuar que, desobedecendo às leis de Amor, cometeu o erro de fazer carreira. Não existe relação entre o tema da milícia amorosa e a realidade biográfica.

22 Era costume que os adolescentes de 14 ou 15 anos, assim que vestiam roupas de homem (a “toga viril”), fossem direito para os bairros mal-afamados (Suburra), como fizeram o próprio Propércio (III, 15, 3-4), Marcial (XI, 78, 11) e Pérsio (V, 30). Os médicos identificavam com muita naturalidade a puberdade com a época das primeiras relações sexuais (Rufo de Éfeso, em Oribásio, VI, 38), assim como com o período das primeiras regras das meninas. Mas não por muito tempo: a partir da época de Sêneca, começa

espancavam os burgueses que encontravam à noite para se divertir,[23] ou, sempre em bandos, arrombavam a porta de uma mulher de má vida para estuprá-la coletivamente;[24] por volta dos 20 anos, todos entravam nos eixos ou seguiam carreira, com exceção de um punhado de libertinos, que tinham várias amantes, e subalternas, ou uma única amante, mas escandalosa.[25]

---

uma espécie de cruzada pelas crianças para adiar a perda da virgindade dos meninos (cf. Sêneca, *Ad Marciam*, XXIV, 3); Marco Aurélio (I, 17) vangloria-se de ter provado sua virilidade o mais tarde possível; sobre esses elogios a *sera Venus*, ao amor tardio, cf. Nock, *Essays*, v.1, p.479. Os germânicos de Tácito, que eram sujeitos extraordinários, conheciam Vênus tardiamente (Tácito, *Germania*, XX, 4). Os médicos aconselhavam a ginástica para os garotos mais afoitos (Sorano, *Doenças das mulheres*, cap.XCII, p.209 Dietz), porque as relações sexuais prematuras atrapalhavam o desenvolvimento da alma e do corpo (Atenaios, em Oribásio, v.3, p.165 Bussemaker-Daremberg). Daí vem o costume do *infibulatio*, tão conhecido de Marcial ou Celso. História simples, mas que ilustra essa passagem do *homo politicus* para o *homo interior* (como diz Pierre Hadot) que caracteriza os anos 50 a 300 da nossa era, e da qual o cristianismo é apenas um dos aspectos (e não a causa).

23 Sobre essas violências folclóricas, cf. meu artigo em *Latomus*. Elas terminavam provavelmente com um estupro coletivo.

24 A bucólica helenística, a ode romana e a elegia mencionam frequentemente o costume dos jovens de atacar a porta de uma cortesã, de forçar a entrada à noite; com certeza não era para dizer boa-noite. Essas violências folclóricas, tradicionais e toleradas entre os jovens, serão comparadas com o costume de jovens companheiros de cometer estupro coletivo contra uma mulher de má vida ou uma moça que tivesse um amante: aquela que se desonrou pode ser desonrada impunemente. Esse costume existe ainda hoje no Líbano (por exemplo) e era conhecido na antiga França (Rossiaud, La prostitution dans les villes françaises au XVe siècle, *Communications*, n.35, p.75). Esses ataques contra casas pouco honestas existiam em Roma: Aulo Gélio, IV, 14; *Digesto*, XLVII, 2, 39 (40).

25 Sobre a amante escandalosa, cf. todo o *Pro Caelio*, de Cícero; sobre a ideia de que se deve ser tolerante com a juventude, cf. o mesmo *Pro Caelio*, XII, 28, e Tácito, *Anais*, XIII, 12-3, em que Sêneca facilita o adultério de Nero com Acte, porque é melhor que o imperador adolescente traia sua mulher, Otávia, com uma liberta do que com a mulher de um senador. Sobre a *delicata juventus* nos tempos de Cícero, cf. Griffin, Augustan Poetry and the Life of Luxury, *Journal of Roman Studies*, LXVI, p.89, que escreve que, para Cícero,

Os elegíacos fizeram parte desses *happy few*? É possível, mas não é disso que eles falam: eles se retratam com traços que misturam o amor e o ideal do poeta e, quando nomeiam o amor, podemos entender, por essa palavra, a poesia amorosa; o duplo sentido, absolutamente intencional, sucede-se a cada verso na elegia dedicada a Pôntico e em muitas outras; essa é uma das características mais constantes e mais notáveis de Propércio. E o que é um poeta? Não é um homem que um dia, entre outras coisas, pôs-se a fazer versos, mas alguém que nasceu poeta como outros nascem reis, usando esse traje de cena nas ruas e sujeitando-se a essa dignidade como uma fatalidade externa. Propércio e Tibulo não afirmam, positivamente e no imperativo: "Desdenhemos o poder e o dinheiro, prefiramos a poesia e o amor": eles constatam, negativamente e no indicativo, que os poetas não fazem carreira: eles são assim. Descoberta de um destino incomum, e não escolha de uma arte de viver.

A distância que separa a elegia do real parece tão grande quanto a que separa a bucólica e o real; havia tão poucos poetas nos meios literários romanos que fossem como Ego quanto havia pastores nos campos italianos que fossem poetas como os das bucólicas. A combinação entre poeta do amor e homem apaixonado é produto de uma alquimia ficcional; Ego poeta deve ser apaixonado pela mesma lógica que exige, nos versos que vamos ler a seguir, que o autor de *Pantagruel*, por ter falado tanto de beber, tenha sido um beberrão, se acreditarmos no epitáfio atribuído a Ronsard.

> *Du bon Rabelais, qui buvait*
> *Toujours, cependant qu'il vivait;*
> *Jamais le soleil ne l'a vu,*
> *Tant fût-il matin, qu'il n'eût bu*

---

esses jovens libertinos, dispostos a cometer violências políticas, "formavam quase um partido político", com ou sem razão.

Et jamais au soir la nuit noire,
Tant fût tard, ne l'a vu sans boire.[26]

A arbitrariedade com que a elegia e a bucólica recompõem pedaços de real como ficção também é cabal.

Quando Ronsard pensava em Rabelais como num de seus contemporâneos, ele sabia pertinentemente que o médico da Touraine não tinha nada de um bêbado; em compensação, quando tinha de falar de Rabelais como escritor, ele perdia o rumo e caía no *tópos* que dizia que o homem refletia o escritor. Mesmo que um senso qualquer do real ou da coerência o tivesse tirado dessa ilusão, Ronsard, pouco à vontade, não saberia se exprimir em outros termos sobre o autor de *Pantagruel* para saudá-lo em sua imortalidade. Acontecia o mesmo em Roma; quando pensavam num escritor ou, mais especificamente, num autor de poesias amorosas, os romanos faziam duas ideias contrárias dele e, apesar das aparências, uma era tão pouco realista quanto a outra. Conhecemos a primeira: o poeta, considerado do ponto de vista da eternidade, foi necessariamente um apaixonado, cantou o amor; mas o mesmo poeta, visto como homem e cidadão, não era considerado responsável pelos pecados de libertinagem dos quais se gaba em suas poesias ligeiras; presume-se que ele falou para rir e não amou.

Em virtude de uma decisão da consciência pública, que está decidida a não querer saber, supõe-se que o poeta mentiu; a questão de fato, que seria saber se o poeta se inspirou ou não em sua experiência vivida, não é colocada. A presunção de inocência não se impôs logo de saída; na época de Catulo, um acusado conseguiu ser absolvido lendo aos jurados versos em

---

26 O epitáfio de Rabelais faz parte das peças que mais tarde foram suprimidas do *Bocage royal*, de 1544. ["Do bom Rabelais, que bebeu/ Sempre enquanto viveu;/ Jamais o sol o viu,/ Fosse pela manhã, que não tivesse bebido/ E jamais a noite escura,/ Fosse tarde, que não o visse sem beber."]

que seu acusador, "por jogo poético, vangloriava-se de ter seduzido um adolescente nascido livre e uma moça de boa família";[27] certamente os jurados não acreditaram na realidade dessas monstruosidades, mas devem ter considerado que o autor de versos tão levianos não merecia ser levado a sério. O próprio Catulo tentava prevenir esse desprezo pela poesia ligeira, proclamando que "bastava que um poeta vivesse castamente: já seus versos podiam muito bem não ser castos"; ele pedia para eles a mesma presunção de inocência que se atribuía ao autor.[28]

Suspeita de conduta imoral ou simples delito de obscenidade literária? Ovídio finge confundir as duas queixas, defendendo-se de uma e outra, e tenta fazer esquecer o delito de expressão, justificando-se do delito bem mais grave de má conduta.[29] Mas o delito de expressão não era exatamente um delito. Sob o Império, além da elegia, um outro ritmo, chamado hendecassílabo, será tradicionalmente reservado à poesia ligeira;[30] os mais eminentes personagens, os senadores, e, entre eles, o mais sério de todos, Plínio, o Jovem, escreverão esse tipo de verso ardente e ligeiro para se distrair das preocupações com o bem público e com mais doutos trabalhos, e ninguém pensará mal deles; Plínio tinha orgulho de seus hendecassílabos e confessa com gosto que eles eram ousados, cheios de brincadeiras, amores, dores e prantos. A coletânea fez sucesso e os versos de Plínio foram transformados em música.[31] Plínio, que sabe que ninguém levará suas confissões poéticas a sério, apenas seguiu o exemplo

---

27 Valério Máximo, VIII, 1, Abs. 8.

28 Catulo, XVI, 4; cf. Marcial, XI, 15; Apuleio, *Apologia*, XI; Plínio, *Cartas*, IV, 14, 3; Ovídio, *Tristes*, II, 354.

29 Ovídio, *Tristes*, II, 421 et seq.; II, 339 et seq.; o princípio de Ovídio é que seu exílio se baseou num mal-entendido: sua vida foi reprovada com base no testemunho duvidoso de seus versos (*Tristes*, II, 7).

30 Quintiliano, I, 8, 6.

31 Plínio, *Cartas*, IV, 14, 5; VII, 4, 6; VII, 26, 2; sobre os versos ligeiros de Arrúncio, cf. Plínio, IV, 3, 3-4; IV, 18; V, 15; Estácio, *Silvae*, I, 2, 100 e 197.

de Cícero, que cantava os beijos que roubava da boca de seu escravo e secretário Tirão.[32] Protestar pudicamente que um autor tão clássico pudesse ter cometido semelhante horror é levar um pouco longe demais a ignorância sobre a realidade antiga;[33] mas jurar que Cícero fez isso apenas nesses versos é levar igualmente longe demais a ignorância das convenções literárias da época: o leitor não tinha o direito de saber, porque ser poeta era se disfarçar: não era se expressar. Esse era o princípio; como diz Genette, a imitação, a famosa mimese, não era vista como uma reprodução, mas como uma ficção; imitar era fingir.[34]

O princípio é suscetível de duas interpretações. Ou o hábito de poeta é apenas uma bela máscara que não é o homem verdadeiro, e Plínio será inocente de seus versos ligeiros; ou o hábito faz o poeta e não existe mais o indivíduo: o homem é apenas o poeta, como é padre e rei. A ideia moderna de sinceridade não tem nenhum sentido aqui, ou melhor, o contrário é que é verdadeiro: o indivíduo se destaca do dono do papel de poeta, não o supera e torna-se tão amplo como ele. O indivíduo e a obra não são duas instâncias distintas que foram unidas por uma relação de causalidade, como quando se presume que uma pessoa poetiza suas experiências ou, ao contrário, torna-se o que canta, em virtude de um *"mal du siècle"*. Há indistinção: o ator das Musas se exibe no meio da rua ainda em trajes de cena. Ou melhor, como a elegia é uma brincadeira, nossos poetas fingem levar a sério seu papel de sacerdotes das Musas, sabendo muito bem que não serão tomados ao pé da letra. Daí o ar pomposo: eles fazem sua entrada nos versos com o manto de poeta. "Os poetas sagrados são moldados por sua arte à imagem dela: nós não conhecemos a ambição e a cupidez, nós preferimos a obscuridade de um leito ao esplendor da vida pública; mas também não nos opomos a

---

32 Cícero, apud Plínio, *Cartas*, VII, 4, 6.
33 E alguns a levaram.
34 Genette, *Introduction à l'architexte*, p.42.

nos prender e amamos longa e sinceramente";[35] de fato, não existe nada mais íntimo e inseparável do que a adesão de uma coletânea de elegias à bela que é cantada nela.

Ser poeta não é uma profissão, mas é pertencer a uma espécie viva um tanto singular; Ego é poeta como um cisne é um cisne, desde sempre e para sempre. Seria inútil se perguntar desde quando ele é poeta e quais foram seus primeiros versos: Ego não é poeta porque escreve versos; ao contrário, ele escreve versos porque é poeta. Do mesmo modo que, por definição, um triângulo tem três ângulos; ser poeta é uma essência; portanto, é também uma abstração: "Não o põe no mesmo pé que os nobres, que os ricos", diz Propércio (II, 24). Um poeta não podia ser afortunado, bem-nascido, cavaleiro romano? Sim, concretamente, mas não em seu papel de poeta: o papel de nobre era diferente; o cavaleiro Propércio, neste baixo mundo, provavelmente deu dinheiro a mais de uma Cíntia; o poeta Propércio paga sua Cíntia imortalizando-a.

É por isso que a poesia não se distinguia do que ela cantava: o poeta, esse ator da mimese, esse *mimo* que "finge", identifica-se com seu papel, vive sua personagem. Ele é apaixonado do mesmo modo que é poeta: por essência e fora do tempo;[36] Ego não é um homem que um belo dia se apaixonou e por isso se tornou poeta; ele também não é um poeta que, apaixonando-se, usou essa paixão como tema de seu novo canto: ele é eternamente apaixonado, como uma ortodoxia. Ele não é poeta do amor porque escreveu versos eróticos; ao contrário, ele escreve versos eróticos porque é poeta apaixonado e escreve apenas versos eróticos, do mesmo modo que uma macieira dá maçãs.

---

35 Ovídio, *Ars amatoria*, III, 539.

36 Propércio (II, 22), que por causa disso parece falsamente infiel a Cíntia, diz que tem sempre um amor na cabeça; devemos entender que ele é eternamente apaixonado, do mesmo modo que um triângulo é, por definição, eternamente triângulo.

O amor e a poesia não se distinguem; não só porque um acompanha o outro, mas porque o poeta parece misturar essas duas ideias em sua cabeça, porque ele diz coisas a respeito do amor que só podem ser verdadeiras a respeito da poesia e vice--versa. Um adivinho prediz o destino de Propércio e o anuncia no imperativo, como uma fatalidade da qual ele não conseguiria escapar e uma vocação que ele deve seguir:

> Cria elegias, obra enganadora – será esse teu atestado de serviço militar –, para que a multidão dos outros poetas siga teu exemplo; conhecerás[37] as blandícias guerreiras de Vênus, servirás sob ela e serás um alvo ideal para os Amores, filhos dela. (IV, 1)

Nessa época em que as estradas serviam de cemitério e os viajantes, quando saíam das cidades, passavam entre duas fileiras de túmulos, o orgulhoso poeta não quer seguir a via comum:

> Meu Deus, tomara que minha Cíntia [ou: minha *Cíntia*] não ponha minhas cinzas num lugar frequentado, em que uma multidão passa sem parar! Quando um amante está debaixo da terra, isso é uma desonra para ele; melhor ser enterrado ao pé de uma árvore, longe da estrada, ou mesmo sob a proteção anônima de um monte de terra; não quero ter um nome para grandes caminhos. (III, 16)

O poeta refinado não quer uma glória vulgar; da parte do amante que ele diz ser, esse desejo não teria muito sentido: é um desejo de poeta orgulhoso, que não acredita na imortalidade pelo grande caminho dos versificadores.

---

37 "Conhecerás a milícia do amor", *militiam Veneris patiere*; ao pé da letra: "Teu destino será servir sob Vênus". *Patior* significa: "me acontece isso ou aquilo", como o grego *paschein* (em Aristóteles, o acidente que a substância sofre é o que lhe "acontece"); *kakôs paschô* significa: "me acontece uma infelicidade", e *miranda patior*: "me acontece uma coisa extraordinária".

Cíntia é um livro; amar é escrever e ser amado é ser lido; no fim, Cíntia é o livro, aquela de quem fala o livro e a leitora; o poeta se imortaliza imortalizando-a e *Cíntia* sobreviverá a ele.[38] Dois temas repisados pelos elegíacos podem se sobrepor: a milícia do amor, pela qual o poeta rejeita qualquer outra carreira que não seja amar, e a recusa de escrever epopeia ou *recusatio*, pela qual ele deseja escrever apenas versos de amor; todo amante milita a sua maneira e sofre por sua amada, diz Ovídio (I, 9), mas todo poeta também: ele está ocupado demais com seus versos para militar a serviço do Estado (I, 15). Isso significa que a elegia não tem outro referente além dela mesma; o poeta é apaixonado porque o amor do qual ele fala existe apenas em seus versos.[39]

"Nem o mármore nem o ouro dos mausoléus principescos viverão mais do que as minhas rimas altivas": foi assim que Shakespeare prometeu a imortalidade a seu jovem amado e quis acreditar na imortalidade de sua graça frágil; Ronsard prometia a imortalidade a mulheres de carne e osso porque a carne é sensível à fama e porque a imortalidade faz pensar na morte que não tarda a vir, e pensar nela nos faz querer aproveitar a vida. Propércio, em lindos versos, promete a imortalidade a sua Cíntia e vangloria-se de ter erguido um monumento indestrutível à beleza dela e, afinal de contas, ao seu próprio talento:

> Feliz aquela que meu livro pôde celebrar! Esses versos serão monumentos a tua beleza. Porque nem as pirâmides que elevam seus custos às estrelas, nem o templo de Júpiter Olímpico que

---

38 Na nota 18, já destacamos esse confusionismo a propósito de Propércio, I, 7; cf. também II, 11; II, 13; II, 26 B. Esse é o tema de Cíntia, mulher letrada.

39 A confusão era facilitada pela maneira como os antigos intitulavam os livros; frequentemente, o título era apenas a designação do conteúdo, como se uma garrafa de vinho exibisse a palavra "vinho" no rótulo. Nessa época, um "tratado de física" era intitulado *A natureza, De natura rerum*; um tratado de acústica era intitulado *Sobre os sons*, porque "estudar a acústica" era "estudar os sons". Quando o poeta narrava seus amores, a coletânea era intitulada *Amores*.

chega tão alto quanto o céu, nem o luxo opulento do túmulo de Mausolo são dispensados da obrigação última de morrer; o fogo e a chuva apagam sua glória, o impacto dos anos derrubará sua massa pesada demais. Mas um grande nome conquistado pelo talento não cairá fora do tempo:[40] a glória reservada ao talento não morre. (III, 2)

Incluindo Cíntia entre as heroínas literárias, com a Lésbia de Catulo ou a Lícoris de Galo, Propércio se "põe gloriosamente ao lado desses poetas" (II, 34).

Amores de escrivaninha, que acabam quando o poeta se alça a uma espécie mais elevada; para Propércio, que sonhava mais com Empédocles ou Lucrécio do que com Homero, esse gênero superior não é a epopeia, mas a filosofia, a "física":[41] "Quando o peso dos anos me tirar o prazer e a cinzenta velhice juncar meus cabelos negros, que meu propósito seja estudar os costumes da Natureza e como[42] o deus consegue governar a família do cosmos" (III, 5). Quase no fim do Livro III, a decisão de trocar Cíntia e a poesia ligeira por ambições intelectuais mais elevadas parece estar tomada: "Devo fazer a grande viagem a Atenas, a douta, para que a longa estrada me alivie do peso do amor"; lá, ele ouvirá as aulas dos sucessores de Platão, estudará Demóstenes e Menandro, admirará estátuas e pinturas (III, 21). Cíntia, que existia apenas pelo amor e pelos versos de Propércio, cairá de novo no vazio: "Engana-te, mulher, contando demais com a tua beleza e tendo-te tornado orgulhosa há tanto tempo, por ter-te visto com os meus olhos;[43] era da minha paixão,

---

40 Sentido duvidoso; podemos entender também: "não cairá sob o efeito do tempo".

41 Do mesmo modo, o autor da *Ciris*, em seu prólogo, confessa futuras ambições filosóficas.

42 "Como o deus" e não "qual deus"; sobre esse valor de *quis*, cf. *Revue de Philologie*, LIV, p.274, n.32 e 34.

43 Esse me parece ser o sentido desse verso.

Cíntia, que te vinham teus méritos; não gostas de pensar que tua celebridade vem dos meus versos"; porque Cíntia tinha um brilho falso no rosto (III, 24).

O referente do amor é a poesia. Entenda-se: os elegíacos não são bobos e divertem-se com esse confusionismo; um dos antecessores dos elegíacos, um poeta helenístico, levou a brincadeira ainda mais longe: fingia que Homero fora apaixonado por Penélope, já que cantara tão bem essa heroína e sua fidelidade.[44] Mas esses *jeux d'esprit* apenas exageravam agradavelmente a ideia que todo mundo fazia de um autor e das relações entre o homem e sua obra.

A obra não se parece com seu autor: segundo os elegíacos, é o contrário. Portanto, quando as pessoas pensavam em um escritor, Homero, Propércio e, mais tarde, Rabelais, não se imaginava um indivíduo em carne e osso, com todas aquelas fraquezas humanas que Sainte-Beuve tanto prezava, e que, como todo artesão, tinha uma relação mais ou menos distante e complicada com suas produções; mas se imaginava um poeta em traje de gala, em cena e com os atributos do papel: a caneca do bêbado pantagruélico ou as lágrimas e os ardores do amor. Não se deduzia da obra, em nome de uma teoria da expressão, que o autor devia estar apaixonado: tinha-se diante dos olhos um apaixonado que cantava.

Por uma coincidência enganadora, os antigos e os modernos parecem convencidos de que os elegíacos cantaram seus sentimentos; unanimidade errada: as razões respectivas para acreditarem nisso são opostas; os modernos achariam absurda a ideia de que Homero tenha amado Penélope, só porque ele a canta, mas admitem que Propércio canta Cíntia porque a amou (acreditam eles). Por mais que a concepção antiga e a moderna concordem sobre esse ponto, elas provêm de duas direções opostas. Os antigos falam de mimese; como um rei, o indivíduo

---

44 Hermesianato, *Elegias*, em Ateneu, XIII, 597 EF.

não se distingue de seu papel público, e eles tomam o disfarce pelo próprio homem; os modernos partem da ideia romântica da sinceridade: longe de se disfarçar, o indivíduo exprime sua verdade através de sua obra.

Portanto, antigos e modernos leem duas verdades opostas numa nota famosa que a filologia antiga dava a respeito dos elegíacos; de acordo com essa antiga chave,[45] "Catulo usou o pseudônimo de Lésbia para o nome verdadeiro de Clódia, Propércio deu o pseudônimo de Cíntia a uma tal Hóstia e Tibulo pensava numa certa Plânia quando escrevia o nome de Délia em seus versos". Para eles, Cíntia foi essa Hóstia; para os modernos, uma certa Hóstia levou à criação poética de Cíntia. Eles pensavam numa equivalência imediata e isso bastava para eles; para os modernos, a passagem de Hóstia para Cíntia implica toda uma elaboração, como todos os mistérios da criação e da expressão; para eles, diante do pseudônimo de Cíntia, não basta assinalar a alternativa correta de um questionário e dizer qual era o "verdadeiro nome". O que importa para os modernos é ter a confirmação (acreditam eles) de que Propércio abriu seu coração para eles, graças ao conhecimento da existência de um modelo de Cíntia; os antigos não enxergavam tão longe; quando eles nos informam que Lésbia era uma tal Clódia, eles nos dão uma chave comparável às inúmeras chaves que o século XVII nos deixou sobre La Bruyère: quem era o verdadeiro Distraído, o verdadeiro colecionador de pássaros? Isso nos faz rir: diremos que um artista como La Bruyère mais sintetizou, estilizou ou imaginou do que copiou a natureza; nos ateliês dos pintores ou dos escultores, o "modelo" serve praticamente só para ajudar a lembrar. Em resumo, a "chave" é um ponto de partida, a nosso ver; para os antigos, ela era a última palavra do saber, a chave do mistério: o que importava para o gosto pela erudição dos antigos era saber qual era o verdadeiro nome de Cíntia; porque só

---

45 Apuleio, *Apologia*, X, 2.

se compreendia uma obra quando se sabia *de que ela falava*; como diz Riffaterre, "todo esforço da Filologia era para reconstituir as realidades extintas" ou perpetuar a memória, "por medo de que o poema morresse com seu referente".[46]

Enquanto, para nós, o poeta é um homem que se exprime, os antigos misturavam as duas instâncias, e é por isso que Catulo, Propércio e Tibulo dão a Ego o verdadeiro nome deles; "então vais morrer de amor, ó Propércio?", diz a si mesmo o amante de Cíntia, que leva para a cena seu nome real; já o poeta moderno é um homem que utiliza a comodidade de uma cena pública para contar a todos a sua verdade humana. Propércio ou Ronsard encenam o poeta apaixonado,[47] Hugo ou Shelley são apaixonados que se exprimem sinceramente. Cada sociedade vê a literatura pela concepção que ela faz do autor; os antigos acreditaram que Propércio ou Homero amaram Cíntia ou Penélope. Nós acreditamos que Aragon amou Elsa durante quarenta anos, sem se cansar, mas pela razão oposta: longe de confundir a máscara com o rosto, consideramos que uma poesia que seria apenas uma máscara, uma poesia insincera, seria tão pouco séria que não poderia existir; a hipótese de uma poesia insincera seria intolerável para a nossa sensibilidade. Sentíamos que havia alguma coisa falsa no caso de Aragon, e Ronsard também devia se sentir um pouco incomodado com a ideia de um Rabelais beberrão, mas essa ideia, por falta de um quadro no qual se pudesse pensá-la, permanecia enterrada em nosso inconsciente. Quando a morte de Elsa não foi seguida de um dilúvio de alexandrinos, que todos esperavam já se defendendo, algumas naturezas mais rudes zangaram-se com Aragon por terem sido

---

46 Riffaterre, *La production du texte*, p.176.

47 Comparem-se também as poucas autobiografias que nos restam dos poetas antigos: eles não contam sua vida privada nem sua carreira poética, mas como sustentaram o papel de poetas; cf. Misch, *Geschichte der Autobiographie*, p.299 et seq.

enganadas durante tanto tempo, ou melhor, por terem enganado a si mesmas.

Uma última e rápida palavra sobre uma questão que não interessaria ao leitor mundano: a das origens da elegia romana. Ou nos colocamos um problema superficial: quem inventou de dizer *eu* num ritmo elegíaco para falar de amor? Ou nos perguntamos de onde vem o que é essencial para essa elegia, isto é, toda a semiótica descrita nos dois capítulos anteriores: pastoral em traje de passeio, identificação do homem com a profissão de poeta, jogos de espelho e desmentido com o leitor, paixão comicamente patética por uma irregular etc. Nesse segundo caso, a resposta é cabal: essa semiótica tão particular e engenhosa foi uma criação helenística. E por uma razão muito simples: nós já a encontramos, armada dos pés à cabeça, antes de Propércio e Tibulo, em um antecessor vinte anos mais velho que eles, o poeta Horácio, que a põe em cena em ritmos líricos ou iâmbicos, nos *Epodos* e nas *Odes*; em outras palavras, essa semiótica era uma tecla consagrada, tradicional para o poeta romano. Ora, para o romano, a cultura grega era natural: ela era simplesmente a cultura. É a mesma tecla semiótica que Virgílio imitou em sua Décima Bucólica; ora, Propércio tinha 10 anos nessa época. Podemos ser mais específicos: essa semiótica já é esboçada nos poetas eróticos mais antigos da *Antologia grega*, um ou dois séculos antes dos nossos romanos: a brevidade de seus poeminhas, frequentemente elegíacos, impedia que eles desenvolvessem plenamente toda a estrutura, mas o essencial está lá: a ostentação da libertinagem e o humor. E também o uso muito particular da mitologia, que Propércio retomará, como vamos ver.

8
Natureza e uso da mitologia

Agora que compreendemos que Propércio não se extravasa e não retrata o coração humano, não temos mais que nos torturar para minimizar uma particularidade de grande parte de seus poemas: eles são quadrinhos em que os heróis e as heroínas da mitologia estão no mesmo plano dos vulgares seres humanos, contemporâneos do narratário, que são Cíntia, Ego e seus companheiros de farra; o poeta não parece sentir diferença entre os seres fabulosos e esses seres de carne e osso; por exemplo, Ego alega precedentes emprestados da mitologia ou reflete sobre casos míticos como refletiria a respeito do que acaba de acontecer a um de seus amigos ou conhecidos. Isso é tão bizarro como se, entre nós, um senhor que acaba de levar um fora pensasse amarguradamente que Lancelote do Lago ou o feiticeiro Merlin deram mais sorte que ele. Se esses quadrinhos não se situam exatamente no céu, eles também não acontecem totalmente na terra. E como os leitores antigos não acreditavam mais na mitologia do que nós hoje, essas elegias lhes pareciam como são: altas e doutas fantasias. Falta apenas a emoção: o passarinho se assustou e não voou; mas a verdade é que ele não era esperado.

A elegia se parece com um madrigal dos tempos das *Preciosas ridículas*, cheio de mitologia galante; essa mistura, medida pela sinceridade, teria parecido tão fria há dois milênios como teria sido há três séculos e como seria hoje. Fria e pedante, porque há realmente muita mitologia em Propércio, assim como em Ovídio, um gozador decidido a agradar; se Propércio deseja dobrar Cíntia, ele lembra como o herói Milânion acabou dobrando Atalanta; se a critica por se maquiar, lembra que Febe e Hilária seduziram Castor e Pólux sem nenhum ornamento; ou então que Calipso, Hipsípila e Evadne descuidaram da aparência em meio à dor; ele compara Cíntia a Andrômaca, Andrômeda, Antíope, Ariane, Hermíone e Briseida. Nossa preocupação não é convencer o leitor entediado de que, na realidade, ele não se entedia; também não é pretender que, em Propércio, a mitologia convivia harmoniosamente com a sinceridade, porque não é verdade; nossa preocupação é explicar que Propércio não queria fazer poesia romântica, mas coisa muito diferente. Alguém disse mais ou menos o seguinte: "De três versos de Propércio, dois falam da Fábula e o terceiro dos sentimentos do poeta; corte os dois primeiros, que são de um pedante, fique apenas com o último, que é de um coração realmente apaixonado, e você terá um poema sincero"; não há maneira melhor de confessar que o poema, do modo como se apresenta, não é sincero. Outros disseram: "É preciso compreender a mitologia: ela não soava de forma tão falsa aos ouvidos dos antigos como soa aos nossos"; erro: o som que ela produzia, por ser menos tedioso, era ainda mais artificial e pedante, se é que isso é possível. E esta é a chave do mistério: a mitologia era uma *ciência divertida*, um jogo de pedantismo entre iniciados, e esse jogo os divertia muito.

Há outro lugar-comum que devemos cortar pela raiz: os mitos devem a sua beleza o lugar que ocupam na literatura; eles não são contos lindíssimos, nos quais a velha Hélade brilha com todo o seu esplendor, tão lindos quanto os nomes de suas heroínas? Temos de convir que a mitologia grega está cheia de belas narrativas, que nada ficam a dever à lenda arturiana; mas elas não são bonitas no uso que os elegíacos e toda a poesia helenística de língua grega ou latina fazem delas. Elas raramente são contadas inteiras e a trama se reduz muitas vezes a uma quase narração, tão elíptica que chega a ser obscura; na maioria das vezes, o conhecimento do mito é condensado num ditado, numa espécie de provérbio que subentende uma narração justificativa que os leitores deduzem do ditado; do mesmo modo, adivinhamos que uma anedota esquecida deve ter dado origem ao ditado sobre o cachorro de Jean de Nivelle, que foge quando é chamado.* Em Propércio, caçam-se feras como Milânion, rejeitam-se amantes como Atalanta, e a mitologia se reduz a alusões doutas, como as citações latinas entre nós; o conteúdo da alusão ou da citação é menos importante que a homenagem que ela faz à Fábula e às Humanidades. De resto, muitos desses mitos eram repetitivos e insignificantes como *faits divers*: tal princesa foi violentada por tal deus às margens de tal rio e concebeu tal herói, porque as investidas de um deus nunca são infrutíferas; só muda o nome do deus, do rio, da mortal e do filho semidivino.

A Fábula não é linda porque está cheia de lindas narrativas, mas porque é fabulosa: não é preciso mais para fazer sonhar. Fabulosa, e não maravilhosa e sobrenatural, nem feérica e mágica; sua essência é suscitar uma temporalidade onírica, situada "antes" da nossa história e sem densidade (seria absurdo se perguntar se Atalanta vem antes ou depois de Antíope ou Evadne): esse tempo sem consistência se situa a uma distância incalculável da nossa época, porque a unidade de medida não

---

* Jean de Montmorency, senhor de Nivelle, era partidário de Carlos, o Temerário, e recusou-se a combatê-lo ao lado do rei Luís XI, como queria seu pai; furioso, este o deserdou e tratou de "cachorro". O Dicionário de Trévoux dá outra explicação para o origem do ditado: Jean de Montmorency deu um tapa no pai e foi chamado à justiça, mas não compareceu; pela ofensa ao pai e à lei, foi tratado de "cachorro". Desde o surgimento do ditado, porém, houve confusão entre o sentido próprio de "cachorro" e o figurado. (N. T.)

é a mesma: sentimos obscuramente que estamos distantes dela mais por uma mudança de ser e de verdade do que por uma duração de tempo; ficamos nostálgicos quando pensamos nesse cosmos, tão parecido com o nosso, mas secretamente tão diferente e tão mais inacessível que as estrelas. A estranheza é maior ainda se os lugares que serviram de palco para um mito realmente existem, e se o Pélion ou o Pindo são montanhas que nossos olhos podem ver: em que século de sonho os centauros percorreram nosso Pélion e que fantasma de montanha ele foi para ter feito parte dessa outra temporalidade?

O sujeito mais ínfimo, a notícia mais insignificante mal entram nesse tempo fabuloso, ganham um colorido onírico. Uma existência simples, a de um senhor do qual não sabemos nada, exceto o nome, vale todo um poema; "o magnânimo Eécion, Eécion que morava ao pé do arborizado Placo, em Tebas sob o Placo, comandando os guerreiros cilícios": faz quarenta anos que, "como as fábulas incertas", a ideia desse Eécion me cansa "como uma cítara" por sua misteriosa inutilidade; Eécion existiu, como uma ilhota perdida não se sabe onde, num oceano de tempo sem forma e sem medida.

Poesia fabulosa: um nome imaginário atravessou o abismo dos tempos como um meteoro e fez do monte Placo (à direta da estrada de Edremit para Balikesir) uma espécie de casa mal-assombrada; a verdadeira poesia da Fábula grega reside nisso. Ela é também uma poesia dos nomes próprios (considerada erroneamente uma poesia das sonoridades e imputada a uma harmonia qualquer que a língua grega teria tido eminentemente). Devemos dizer algumas palavras a respeito disso, porque a poesia dos nomes dos homens e dos lugares é um dos motores da poética greco-romana; quando um poeta narra uma lenda, quando ele a resume, quando simplesmente faz alusão a ela, existe ao menos uma precisão que ele nunca omite: o nome das personagens e do local da ação. Os poetas modernos menosprezam esse recurso; nas traduções, os belos nomes são

só recheio; ficamos entediados com o epíteto geográfico e preferiríamos que, na poesia antiga, os arcos não fossem todos citas e
os leões não fossem todos númidas.[1]

E, no entanto, Villon e Flora, a bela romana, Arquipíada e
Taís, e Jeanne, a boa lorana... Proust e os nomes das regiões,
Vitré, Lannion e Pontorson... E para além de um abismo de
tempo:

> *Argos et Ptéléon, ville des hécatombes,*
> *Et Messa la divine, agréable aux colombes,*
> *Et le front chevelu du Péliou changeant*

---

1 A poesia, diz Riffaterre, tem menos nuances que a prosa: o epíteto é ou
tautologia (sol brilhante), ou oximoro (sol negro), sem entrar em detalhes
(*La production du texte*, p.186). A poesia antiga desconhece o oximoro e
nunca dirá que o céu é azul como uma laranja; dirá apenas que uma laranja
é uma laranja. Em compensação, ela pratica uma terceira coisa, que não é
nem "laranja laranja" nem "laranja azul", mas "laranja da Andaluzia": ela
pratica com deleite o epíteto geográfico, como tigresa de Hircânia ou arco
de Cítia. Outra observação de Riffaterre nos permite explicar isso: "*Tigresa de
Hircânia* não é a denominação de uma espécie localizada geograficamente;
trata-se de uma hipérbole da crueldade feminina, em virtude de uma lei
geral do estilo que eu formularia da seguinte forma: toda particularização
de um significante em relação aos outros elementos de um paradigma de
sinônimos funciona, no eixo sintagmático, como hipérbole de seu significado metafórico" (ibid., p.183); do mesmo modo, *seixo*, entre os sinônimos
de *pedra*, é uma hipérbole da dureza nas "Festas da fome", de Rimbaud.
"Não que o seixo real seja necessariamente mais duro; todavia, quanto mais
o significante é particularizado num sintagma, mais ele frisa as qualidades
que definem a classe de objetos representados pelas palavras do paradigma.
Se a dureza é um dos traços que definem a pedra, *granito*, *calhau* ou *seixo* e
qualquer nome de rocha um pouco mais técnico frisará essa dureza" (ibid.,
p.228). Em resumo, a poesia antiga dirá *tigre cruel* ou *tigre de Hircânia*, que
são tautologias, com particularização no segundo caso. Ela se repete, ora, a
repetição, o pleonasmo, "faz efeito, transgredindo a lei que determina que
a frase avance por diferenciação semântica de uma palavra para outra. Esse
é um exemplo dessa hipérbole por repetição do sema definitório, da qual o
epíteto de natureza e a *figura etymologica* são casos particulares" (ibid., p.14).
A repetição é uma hipérbole e vale por uma intensidade: na poesia grega
arcaica, não se dizia: "ele gemeu muito ", mas: "ele gemeu três vezes".

Et le bleu Titarèse et le golfe d'argent
Qui montre dans les eaux où o cyne se mire
La blanche Oloossone à la blanche Camyre. *

Harmonia dos sons? Tendo nascido numa etnia em que "Vendôme" [vãdom] se pronuncia mais ou menos como "vin d'homme" [vẽdɔm], sou congenitamente vacinado contra a tentação de atribuir às sonoridades a poesia (à qual sou tão sensível quanto qualquer pessoa) de um *"Orléans, Beaugency,/ Notre-Dame de Cléry,/ Vendôme, Vendôme!"*. **
De mais a mais, a leitura de qualquer mapa é suficiente para nos fazer mergulhar num devaneio sem fim, se recitarmos os nomes das cidades desconhecidas como uma litania. Os nomes próprios têm um efeito não conceitual em nossa mente (e por um bom motivo), de modo que somos sensíveis a sua materialidade; uma palavra parece sonora, desde que não seja absorvida por aquilo que ela significa. Um substantivo, como "cogumelo" ou "bandolim", evoca o quadro cinzento de uma ideia genérica, aliás imprecisa; quando vemos um cogumelo, verificamos mentalmente se ele corresponde mais ou menos a esse quadro cinzento e merece entrar na espécie dos criptógamos; mas o nome Florença não tem essa aura cinzenta: ele mostra a própria cidade, com seus domos e campanários. De um lado, a cidade, de outro, as sílabas do nome; entre os dois, o ponto de

---

* "Argos e Pteleon, cidade das hecatombes,/ E Messa, a divina, agradável às pombas,/ E a fronte cabeluda do Pélion inconstante/ E o azul Titarésio e o golfo prateado/ Que mostra nas águas onde o cisne se mira/ A branca Oloosson à branca Camira" ("La nuit de mai", de Alfred de Musset). (N. T.)

** "Le carrilon de Vendôme" ("O carrilhão de Vendôme") é uma cantiga infantil do século XV, muito popular na França. Os três últimos versos lembram o que restou do reino da França ao futuro rei Carlos VII, depois que seu pai, Carlos VI, assinou o Tratado de Troyes com o Henrique V, rei da Inglaterra, em 1420. (N. T.)

obscuridade da ideia.[2] A não ser que eu pronuncie aqueles falsos nomes próprios que são feios como os nomes genéricos: Medor, Tartarin. Graças à Fábula, com seus nomes de heróis, heroínas, montanhas e antigas cidades, a poesia greco-romana era cheia de manchas eufônicas gritantes. Além disso, a arbitrariedade do signo, como dizem os linguistas, estava ali como uma alegoria da arbitrariedade da mentira e do Ser; se Eécion se chamou assim, e não de outro modo, por que ele não teria existido, ao invés de simplesmente não ter existido, e por que sua existência não seria facilmente inventada?

Mas isso não é tudo; o devaneio fabuloso juntava outro esplendor ao mistério do tempo e da existência: a qualidade de semideus. Os seres que povoam esse tempo de outrora foram mais belos e prestigiosos que nós. Por que eram melhores e mais poderosos? Não exatamente; essa superioridade vem menos deles mesmos do que do fato de pertencerem a esse mundo de sonho infantil, do mesmo modo que em Proust a superioridade de uma duquesa sobre as simples mortais é mais de raça do que de pessoa. As heroínas eram mais belas e mais altas do que as heroínas nos nossos tempos; Propércio recupera sua alma de criança para igualar Cíntia a essas heroínas, e Ovídio se diverte com esses contos, já que gosta das mulheres de altura mediana, mas aprecia também as *grandi maestose*, porque afinal ele gosta de todas: "És tão comprida que igualas as heroínas de outrora e ocupas toda a cama".[3]

Essa alma infantil, infelizmente, os elegíacos a recuperam muito raramente; para falar de mitologia, na imensa maioria dos casos eles conservam uma alma escolarizada; porque a Fábula era uma matéria que se aprendia na escola; e as escolas

---

2 Se entendo bem, os linguistas ensinam que os nomes próprios são designações e não "descrições" no sentido de Russell.

3 Ovídio, *Amores*, II, 4, 33: "*Tu, quia tam longa es, veteres heroidas aequas et potes in toto multa jacere toro*".

continuarão a ensiná-la em pleno século XIX. Durante mais de dois milênios, a mitologia cumpriu mais ou menos as mesmas funções em seu emprego literário e, dois séculos antes de Cristo, não se acreditava mais nessas lendas do que se acredita hoje; se tivessem perguntado a Propércio se ele acreditava na historicidade de Antíope ou Evadne, ele teria respondido: "São contos pueris" (ao pé da letra: *aniles fabulae*, contos como aqueles que as velhas amas contavam às crianças). A única diferença é que ele teria especificado: "Isso não quer dizer que não exista um núcleo histórico na lenda de Antíope grávida de Júpiter; devemos crer que essa Antíope foi uma princesa de um ou dois milênios atrás, que deixou que um desconhecido de passagem lhe fizesse um filho; todo o resto é superstição".

Desses inúmeros contos com os quais as pessoas se encantavam sem acreditar muito neles, os poetas e os filólogos helenísticos fizeram uma matéria que convinha conhecer, se se queria ser cultivado, e propiciava as delícias de um jogo erudito, como o xadrez e o críquete;[4] as palavras "douto poeta", tão frequentes entre os romanos, referem-se acima de tudo à erudição mitológica. Quando escreveu seus *Amores*, Ovídio estava decidido a se divertir; ora, ele usou muita mitologia neles; portanto, a mitologia era divertida. Essa mitologia vem em ondas, em rajadas, como os provérbios de Sancho Pança; portanto, havia o prazer da citação. A Fábula serve para uma argumentação engraçada ("Levantei a mão para a minha vida, bati nela! Para quê? Ajax e Orestes também se tornaram assassinos ensandecidos") e a argumentação vira enumeração: melhor citar quatro heróis do que três.[5]

---

4 Entre centenas de outros, um bom exemplo desse jogo de erudição, que compila opiniões, confronta variantes e alimenta-se de si mesmo, é a *Ciris* virgiliana ou pseudovirgiliana (54 et seq.); o *Culex* pseudovirgiliano (123-56), com sua enumeração de plantas, cada uma com uma origem mitológica, é outro exemplo desse gosto pela sistematização e pelos inventários.

5 Ovídio, *Amores*, I, 7, 7; I, 9, 33; *Pônticas*, III, 1, 49.

Prazer do virtuosismo erudito e não mais prazer de se ouvir contando *Pele de asno*. Mas também, às vezes, curiosidade sinceramente surpresa diante das estranhezas desse mundo de sonhos convencionais; quase não encontramos essa surpresa em Ovídio, que é bastante sensato e está muito à flor do prazer para deixá-la transparecer em suas *Metamorfoses*, ou em Tibulo, que tem outras brincadeiras; nós a encontramos em Propércio, que sabe abraçar a ficção. Se não, qual seria o sentido de sua elegia III, 19, em que ele mostra uma curiosidade de teratologista? Ele começa dirigindo-se a uma desconhecida e, por meio dela, a todo o mulherio: "Tantas vezes me jogas na cara como uma censura a nossa libido! Mas, acredita-me, sois mais sujeitas a ela do que nós"; porque a psicologia comparada do desejo no homem e na mulher era uma questão sobre a qual a época tinha suas ideias: admitia-se que a mulher, mais tímida na aparência, ia bem mais longe quando estava à deriva, depois que eram cortadas as amarras. Propércio diz isso na lata e chama como testemunhas os casos extremos da Fábula: testemunha Pasífae, que se disfarçou de vaca por amor a um touro, "testemunha Tiro, apaixonada por um rio, que quis oferecer seu corpo ao abraço do deus líquido", testemunha Mirra, apaixonada pelo pai, que, de vergonha, foi transformada em mirra... E Propércio citará também Medeia, Clitemnestra, Cila.

Devemos ver nisso uma curiosidade de moralista pelos móbeis secretos da alma feminina? A psicologia, ao fim de uns poucos versos, é substituída pela enumeração mitológica, da qual ela serve apenas de prólogo. A Fábula, aqui, não é ilustração ou modelo da nossa realidade nem serve como argumento contra as mortais; ela vale por si mesma. Como matéria para belas narrativas? Em Virgílio ou Ovídio,[6] a lenda de Pasífae serve de matéria para um quadro mórbido e fantástico de amor

---

6 Ovídio, *Ars amatoria*, I, 281 et seq., 293 et seq.; Virgílio. *Bucólicas*, VI, 46; daí Chénier: "Gemes sobre o Ida, agonizante, descabelada...".

e ciúme entre uma humana e animais: "Gemes sobre o Ida, agonizante, descabelada,/ Ó rainha, ó de Minos esposa desolada...".

Mas Propércio limita-se a resumir em dois versos cada uma das lendas; ele não procura o pitoresco ou o humor de Villon, que exemplifica a onipotência do amor tirando seus exemplos de outra mitologia:

> Folles amours font les gens bêtes:
> Salmon en idolâtria,
> Samson en perdit ses lunettes;
> [...]
> David le roi, sage prophète,
> Crainte de Deus en oublia,
> Voyant laver cuisses bien faites...*

Nem argumento, nem humor, nem prazer de contar; a Fábula é levada a sério, estudada por si mesma. O epílogo leva o fantástico ao ápice: Minos, juiz dos Infernos, puniu o desejo monstruoso de Cila; o mundo da fábula tem suas leis e suas proibições, a arbitrariedade da imaginação não reina absoluta... Propércio sonha em cima da estranheza desse mundo de lendas que, embora diferente da nossa realidade, parece-lhe real a sua maneira e, por isso, digno de admiração.

Porque é quase certeza que Propércio e todos os seus contemporâneos julgavam que, nesses contos ridículos, havia um fundo de autenticidade, do mesmo modo que nós acreditamos na historicidade da Guerra de Troia, mesmo sabendo que os deuses, as maravilhas e os milagres da Ilíada são um amontoado de contos; por exemplo, eles deviam pensar que a metamorfose

---

* Trad.: "Loucos amores fazem as pessoas tolas;/ Salomão idolatrou,/ Sansão perdeu os óculos;// [...] Davi, o rei, sábio profeta,/ Do temor a Deus se esqueceu,/ Vendo lavar-se coxas bem-feitas" ("Double ballade", de François Villon). (N. T.)

de Mirra em mirra era apenas uma superstição ingênua, mas que Mirra existiu mesmo assim e foi apaixonada por seu pai: era o que se acreditava ainda nos tempos de são Jerônimo... e no século de Bossuet (pois é). O fundo de *fait divers* monstruoso de todas as fábulas que Propércio resume era autêntico para ele; isso significa que ele manifesta nessa elegia a mesma curiosidade pelos prodígios e pelas monstruosidades da natureza que Leonardo da Vinci quando pintou absortamente sua *Leda e o cisne*. Mais precisamente, há nesses versos, além disso, o douto prazer de manusear as fichas, fazer aproximações, resumir e catalogar; há a convicção de que o conhecimento de um campo da realidade, fauna, flora ou prodígios, é esgotado quando se faz um inventário. Em vez de Leonardo, portanto, esse poema enumerativo nos faria pensar num quadro qualquer da Escola de Fontainebleau, maneirista e desajeitado, em que o artista teria alinhado na tela entremezes que esboçariam a história dos amores proibidos mais famosos, numa acumulação mais inquietante do que didática: existem mais maravilhas e ameaças na Natureza e na Fábula do que presume o reles ignorante. Quando Propércio ilustra sua psicologia a respeito do desejo feminino com exemplos tirados da Fábula e não da história e cita Mirra e Cila, em vez de Tarpeia ou Cleópatra, ele serve à poesia, porque a mitologia era a matéria própria dos poetas, mas ele também podia achar que servia à verdade, porque os mitos continham um núcleo de historicidade.

Em resumo, a análise estilística sugere que, nessa elegia, a atitude de Propércio diante da mitologia é diferente da atitude de quase todos os poetas greco-romanos e dele próprio no resto de sua obra. Porque, tanto entre os antigos como entre nós, todo letrado tinha duas atitudes diante dos mitos. Uma, que era a de todos os dias, contentava-se em não acreditar nesses contos de mulher do povo e não encantar-se com eles; a segunda, a da ciência, procurava o núcleo de realidade que deu origem a essas fábulas. Na maioria das vezes, os poetas não davam a mínima para a atitude científica; a Fábula era apenas uma erudição divertida para eles. Era uma ciência da memória, feita de anedotas, de nomes de pessoas e de lugares, de genealogias lendárias; havia uma outra ciência da cultura desse mesmo tipo, menos consagrada, porém, embora muito útil para entender os poetas: a astronomia, que se resumia à lista das constelações e a suas origens míticas. Em geral, presumia-se que o leitor conhecia a lenda da qual falava o poeta, porque um mito era por definição uma coisa que "se sabia"; na verdade, a maioria dos leitores desconhecia os detalhes da Fábula, com exceção de alguns mitos muito conhecidos; o poeta arranjava uma maneira de apresentar o essencial do conto; o que importava era que o leitor que ouvisse falar de Mirra pela primeira vez na vida reconhecesse que estava diante de uma heroína da mitologia: o efeito literário não exigia mais do que isso.

Desde a era clássica da Grécia, o público ateniense não conhecia os detalhes dos ciclos lendários[7] que os poetas punham em cena; era suficiente para ele saber que se tratava de mitos, isto é, histórias supostamente conhecidas porque eram consideradas *dignas de ser conhecidas*: todo poeta tem justificativa para falar, se é para falar de um mito. Além do mais, o conhecimento do mito é supostamente comum ao poeta e ao público; o poeta não esnoba os espectadores, não faz literatura erudita. Todo mundo devia conhecer os mitos, mesmo sem tê-los aprendido, e a mitologia ainda não era o que viria a ser na época helenística: uma cultura que supostamente todo leitor deveria ter, mas por outra razão: o autor se dirigia exclusivamente a leitores cultivados. É provável que esses leitores conhecessem os mitos tanto quanto os atenienses, mas a presunção não funciona mais da mesma maneira: não se presume mais que a Fábula é um conhecimento comum, mas é um douto saber; entre autores e leitores, existe agora a cumplicidade de uma cultura que separa a elite

---

7 Aristóteles diz isso com todas as letras: *Poética*, IX, 8; cf. Antífanes, fr. 191; Jaeger, *Paideia*, v.1, p.319 e 324; Ferguson, *A Companion to Greek Tragedy*, p.24.

Elegia erótica romana

do comum dos leitores. Dali em diante, quando um escritor se referir a uma lenda, será por aquilo que o mito em questão diz, mas será também para "parecer mitológico"; quando Propércio fala de Cíntia como de uma nova Atalanta, não é apenas para nos informar da beleza de sua amante, mas é também pela conotação douta desse nome de heroína. O papel literário da mitologia é, portanto, o de referência: ela remete a certo tesouro de conhecimentos convencional e ninguém podia se dizer cultivado se não o conhecesse; era mundanamente desonroso não conhecer os nomes de Ulisses, Aquiles ou Príamo. Sêneca não esconde seu desprezo filosófico por um nobre romano que não os conhecia, figura de tamanha vulgaridade, apesar de sua imensa fortuna, que poderia ser tomado por um liberto.[8]

A mitologia é um saber, portanto, que serve de referência para outros saberes: uma parte da cultura remete a outra, de modo que, para ter acesso a uma obra cultural, já é preciso ser cultivado. A cultura não é mais o que é sabido e o que se sabe sem querer, como se faz a prosa: ela supõe uma iniciação, uma vontade, um esforço. Devemos acrescentar que a barreira cultural não se confunde com as barreiras sociais? Ela surgiu dos acasos da história literária e não se explica pela sociedade, ainda que assuma uma função social de complemento. Assim, não existe "sociedade": esse é o nome que se dá a um aglomerado de todo tipo de náufragos trazidos pelas ondas da história; a sociedade romana não suscitou a cultura mitológica; a mitologia é que é um dos componentes daquilo que chamamos de sociedade romana; a sociedade é como um albergue espanhol: encontramos lá o que levamos para lá, e é inverter as coisas explicar os componentes pelo agregado que é composto desse modo.

---

8 Sêneca, *A Lucílio*, XXVII, 5; cf. Petrônio, XXXIX, 3-4; XLVIII, 7; LII, 1-2, sobre a falsa cultura do liberto Trimalquião em matéria de Fábula. Cf. Daniel, Libéral Education and Semiliteracy in Petronius, *Zeitschrift für Papyrologie und Epigraphik*, XL, p.153.

De resto, a escolha da Fábula é parecida com todas as outras escolhas culturais feitas através dos séculos: ela é arbitrária; quer se trate da Fábula, de Homero, do latim entre nós, do sumério entre os babilônios ou do chinês no Japão antigo, a escolha, salvo raro acaso, não tem nenhuma relação com a utilidade prática ou com os "valores" da sociedade em questão (mas, naturalmente, os interessados não deixam de racionalizá-la e demonstrar que não há nada mais indispensável do que o latim ou a matemática). Outro desses saberes culturais, a retórica, era um jogo de salão e não servia às necessidades ou aos outros valores da cidade antiga; ela valia por si mesma e tinha prestígio. E Homero! De onde se tirou que ele resumia a sociedade grega e as crianças descobriam nele os valores da nação? Homero não ensinava os valores gregos: ele próprio era um dos valores convencionados e todo mundo tinha de lê-lo, sob pena de ser tachado de inculto, só isso. Em resumo, temos de nos habituar a uma ideia ridícula, incrível, revolucionária: a única maneira de explicar uma coisa é não mostrar o que essa coisa "fornece à sociedade".

A escolha dos objetos estéticos não é menos arbitrária, porque não existe objeto estético natural; querer fazer o belo com a mitologia não é nem mais nem menos gratuito do que imaginar que o coração humano ou a realidade são o caminho real da obra de arte; por que a psicologia ou a sociedade seriam belas? Como diz Boucher, "a mitologia é um assunto normal de poesia para um romano".[9] Mas isso não é razão para *a priori* reduzir a Fábula a um papel semiótico de complemento, ou confiná-la exclusivamente ao papel de ornamento, referente, marcador ou figura de retórica a serviço de outro objeto estético pretensamente mais natural. Ela também não é sempre um simples meio de exprimir o que o poeta tinha a dizer e diria respeito a valores mais amplamente humanos; ela não está reduzida a ser uma redundância. Quando Propércio compara Cíntia a Atalanta, isso nem sempre é

---

9 Boucher, *Études sur Properce*, p.235.

uma maneira indireta de repetir que ela é linda, e essa referência mitológica nem sempre se justifica pelos sentimentos naturais de adoração dos quais ela estaria prenhe. Os homens são grandes mentirosos e, em vez de repetir a realidade e os valores, enfeitando-os um pouco, eles lhes acrescentam objetos novos. A verdade não é uma explicação melhor do que a sociedade. Em Roma, convencionou-se que, quando se empregava a Fábula, fazia-se literatura, do mesmo modo que se convencionou no século XVI que, quando se usavam colunas e ordens vitruvianas, fazia-se arquitetura e não alvenaria: as coisas eram assim. Podemos dizer o mesmo do nu convencional da pintura clássica; ele é objeto convencional da arte (que objeto não é convenção?) e não se limita a ser um comparador ou um desrealizador.

A mitologia tinha dois empregos literários bem diferentes. Na epopeia, na tragédia e numa parte da poesia lírica, os poetas contavam as lendas dos deuses e dos heróis; essas narrativas eram muito apreciadas e os mitos eram considerados o tema por excelência da poesia (por isso os gregos diziam que os poetas "mentem", por isso Platão e Epicuro desconfiavam da poesia). Os poetas também podiam fazer um emprego referencial, e não mais temático, da Fábula, comparar Cíntia a Vênus ou Atalanta ou chamar o vinho de presente de Baco; esse tipo de linguagem só podia ser literário: a referência mitológica não pertencia à língua de todos os dias, mas à linguagem de autor. A Fábula era um mundo considerado fictício e ao mesmo tempo elevado; falar de mitologia era dar prova de literatura e falar em grande estilo.

Encontramos duas elegias em Propércio cujo tema principal é uma lenda (I, 20 c III, 15), mas o uso temático que ele fez da mitologia é muito mais refinado, como veremos. Ele também recorreu abundantemente ao uso referencial, mas fez isso de forma tão original que ela parece ainda não ter sido claramente compreendida. A referência à Fábula, dizíamos anteriormente, era própria do estilo elevado e pertencia à linguagem de autor; havia dois meios, portanto, de fazer um uso paródico, irônico ou humorístico da mitologia: podia-se falar, com uma ênfase engraçada, nesse estilo elevado sobre um objeto que não era muito engraçado e isso é feito milhares de vezes; mas também se podia pôr essa linguagem de autor – que era a Fábula – na boca de outro que não era a do autor e é isso que Propércio faz constantemente: *o personagem Ego fala de si mesmo em estilo de autor, compara-se a Melampo ou Milânion, em vez de deixar esse cuidado para o poeta*, e essa confusão de papéis é para fazer rir.

Por mais que a mitologia tenha sido considerada um amontoado de contos pueris, seu emprego não constituía um desmentido em si e não tornava automaticamente irreais os objetos que eram referidos a ela; não há privilégio da verdade na arte. Os versos de Ovídio exilado são o melhor dos "analisadores" disso. O infeliz poeta não pensa mais em brincar e se divertir; suas elegias não são mais do que lamentos, súplicas, maldições, petições para conseguir seu perdão. Mas não deixam de ser poemas também, porque Ovídio supunha que a poesia, por sua inocência, era o melhor dos argumentos; quem diz poesia diz Fábula e Ovídio compara a imperatriz a Vênus por sua beleza e a Juno por sua castidade; ele próprio, coitado, deve sua celebridade a sua desgraça, como outrora Capaneu, Ulisses ou Filoctetes; ele tem poucos recursos além de sua mulher, que ficou em Roma para administrar o patrimônio do poeta e tentar dobrar os poderosos: que ela não se esqueça do exilado, e os versos de seu marido a tornarão imortal como as heroínas da Fábula cantadas pelos poetas! Se de sua distante Dobruja ele lhe envia um poema de feliz aniversário, ele terá o cuidado de incluir duas ou três pitadas de mitologia, para falar tanto como poeta quanto como marido.[10]

Uso referencial? Havia duas espécies dele: um era semiótico e o outro poderia ser chamado de pragmático, se entendermos

---

10 Ovídio, *Pônticas*, III, 1, 117 e 49; *Tristes*, I, 6, 33; *Pônticas*, III, 1, 57; *Tristes*, V, 1, 11 e 53 et seq.

por essa palavra, um pouco abusivamente, aquilo que diz respeito à relação do autor com o leitor, ao pacto que os une. Vimos em outro livro que o emprego do mito em Píndaro era sobretudo pragmático; o velho poeta não concebia maneira melhor de celebrar um atleta vencedor em Olímpia do que lhe contar uma lenda. Por que o mito em questão fazia uma alusão delicada ao vencedor ou a seus ancestrais? Por que ele tinha o valor de uma alegoria abstrusa? Por que Píndaro estava menos interessado em celebrar um atleta do que exprimir suas próprias ideias sob o véu do mito? Não, mas porque o conhecimento da Fábula era privilégio dos poetas; o mundo heroico era um salão onde eles eram admitidos. Por sua vitória, o atleta é elevado à altura desse mundo e Píndaro o honra, elevando-o a sua própria altura e falando-lhe desse mundo de privilegiados; o mito serve de pedestal para o poeta em suas relações com os simples mortais.

Quanto ao uso semiótico da mitologia, ele age sobre a própria mensagem. Na boca dos poetas, a Fábula era autoridade; servia de argumento ou de medida: Ego perdeu a cabeça num momento de desvario? Devemos perdoá-lo, porque até o próprio Ajax, o herói, perdeu o juízo por alguns instantes. Cíntia é majestosa? Sim, tanto ou mais que Andrômaca em pessoa. De onde os mitos tiravam sua autoridade poética? Do fato de que eram alegados; sua autoridade convencionada era confirmada pelo uso, assim como a dos provérbios, que também servem de medida e de argumento; nem por isso temos certeza da historicidade de Jean de Nivelle ou de Gros Jean.* Assim, quando era um homem que falava, e não mais um autor, ele fazia uso negativo dos mitos para designar o que não existia. Entre suas elegias de exílio, Ovídio escreveu uma em que ele não demonstra a menor vontade de rir; ele procura convencer sua mulher a tentar uma

---

* Gros Jean é um termo popular para designar pessoas tolas, bobas, caipiras. No original, o autor cita um verso de "A leiteira e a bilha de leite", de Jean de la Fontaine: "Gros Jean comme devant" ("Gros Jean como antes"). (N. T.)

grande jogada: que ela peça uma entrevista com a imperatriz em pessoa e tenha coragem de lhe suplicar permissão para ele voltar a Roma; "não é a Lua que te peço", escreveria ele, se escrevesse em termos comuns, "e a imperatriz não é um ogro". Em essência, ele escreve o seguinte: "Não peço que te tornes uma nova Alceste, uma nova Laodâmia, e a imperatriz não é uma Medeia nem uma Clitemnestra".[11]

A ênfase não está distante da hipérbole paródica. A própria paródia do grande estilo mitológico é "motivada" ou "desnudada": o imitador não entrega o ouro ao bandido ou então o entrega de mão beijada. Sêneca começa da seguinte maneira uma divertida sátira que ele faz do imperador Cláudio: "Já o deus do Sol havia abreviado seu caminho, já o Sono via aumentar seu horário e a Lua estendia seu reino"; se ele tivesse parado por aí, ela seria um pastiche do estilo nobre; mas ele acrescenta: "Em outras palavras, já era outubro" e esse humor de segundo grau terá muitos imitadores.[12] Quando se evita desnudar a paródia, é fácil o deslocamento da ênfase para o madrigal, para a cumplicidade do humor e da bajulação, que abre as portas para cumplicidades mais substanciais; no Grande Século, poetas e marqueses fazem a corte citando a Fábula. Os romanos quase não faziam a corte, como sabemos; a mitologia galante não era desconhecida, Propércio sabe dizer a Cíntia que ela é mais bem penteada que Briseida ou tem olhos mais bonitos que Minerva; a diferença, que não é pouca, é que essas palavras doces são para divertir o leitor e não para fazer a destinatária sorrir;[13] em Roma, o apaixonado poeta posa para seu público e exibe sua amante.

---

11 Ovídio, *Pônticas*, III, 1, 105-28.

12 Sêneca, *Apocoloquintose*, II, 1-2, apud O. Weinreich, *Ausgewählte Schriften*, III, p.5: *Ueber eine Doppelform der epischen Zeitbestimmung*; comparar com as primeiras linhas do *Roman comique*, de Scarron.

13 Um exemplo entre mil da mitologia erótica para uso dos leitores: "A linda Atênion foi meu cavalo de Troia: Troia foi incendiada e eu queimo como ela" (Dioscórides, *Antologia*, V, 137-8). O incêndio em questão não é o do desejo

O emprego da Fábula em Propércio foi estudado mais de uma vez, seja para lamentar sua erudição pedantesca na matéria, seja para redimi-lo da crítica; infelizmente, passou-se ao largo do essencial: o emprego da mitologia é sempre paródico. Nem pedante nem apaixonado: Propércio é um pastichador que deve ter sido divertido. Não afirmo que ele ainda nos divirta, mas ele continua a ser um pastichador.

Paródia referencial, em primeiro lugar. Em qualquer século que viva o leitor, o narratário deve ver Ego e Cíntia como seus contemporâneos: eles são romanos do tempo dele; a elegia se passa aqui e agora, e não no passado, numa época e numa civilização diferentes. Ora, Ego parece não saber disso, ele raciocina sobre Cíntia e ele próprio apoiando-se no exemplo ou nos precedentes das heroínas dos tempos antigos. No entanto, entre seus contemporâneos, não se tinha o costume de ver a Fábula como uma realidade, digo, como uma coisa atual; apenas os escritores faziam isso, por convenção literária. Como já sabemos, o autor, que manipula para a nossa diversão as cordinhas dessa marionete que é Ego, também o faz falar com sua voz; como autor, Propércio teria tido o direito de escrever: "O infeliz Ego, menos afortunado que Melânion, não conseguiu dobrar sua amada, que no entanto tinha tão lindas pernas quanto Atalanta"; mas que Ego, o cavaleiro de toga, dissesse isso, é paródico, e duplamente: porque Ego tem uma voz que não é dele e porque ele diz coisas enfáticas. É engraçado perceber que Ovídio fez quase o inverso em uma de suas coletâneas de elegias, as *Heroides*, e por um bom motivo: essas elegias se apresentam como cartas escritas por heroínas em pessoa, por Penélope, Briseida, Hipsípila ou Medeia; é normal que as damas da Fábula falem de Aquiles,

---

que queima o coração do poeta (como em IX, 429, e XI, 195): é o do prazer de uma noite, porque uma única noite foi suficiente para queimar Troia e fazer o poeta se sentir num verdadeiro incêndio; comparar com um epigrama de Asclepíades, *Antologia*, VII, 217.

Teseu ou Júpiter como seus contemporâneos e familiares; o engraçado é que falem no tom empregado pelas contemporâneas de Ovídio quando escreviam a amigos e amigas; teríamos suposto que tivessem um estilo mais heroico.

Por último, paródia temática; por isso Propércio tem mania de fazer alusões mitológicas; assim que fala da ação de um humano, ele enumera os deuses ou os heróis que realizaram a mesma ação e essa maneira de levar a Fábula a sério era humorística. Ela era humorística desde a era helenística, que inventou de compilar as lendas para transformá-las numa ciência comicamente mentirosa; a era helenística, prolongando de modo lúdico o velho pensamento mítico, também imaginou tratar a realidade cotidiana e o fabuloso em pé de igualdade. Muitos séculos antes, os poetas fizeram catálogos em versos de *faits divers* mitológicos, metamorfoses, heróis que viveram aventuras semelhantes; às vezes, o caso pessoal do poeta era a entrada para a matéria adequada; Antímaco de Cólofon, quando perdeu sua mulher, Lide, escreveu uma *Lide* em que enumerava todos os infortúnios lendários dos heróis para se consolar do seu luto.[14] Em resumo, os elementos são os mesmos que encontramos em Propércio e as proporções são inversas; o destino de Ego serve de pretexto para catalogar lendas. Os poetas tinham acesso ao mundo mítico, como sabemos, e tratavam os heróis de igual para igual. Quando os mitos se tornaram apenas contos doutos, o resultado foi um humor reversível; Propércio brinca quando, por sua boca, um nobre libertino compara suas desgraças às do herói Milânion: esse senhor é apenas uma figura poética, mas não seria menos engraçado comparar as desgraças de Milânion às desgraças dos senhores nossos contemporâneos: seria fingir que acreditamos na Fábula.

Se não reconhecêssemos o que as enumerações lendárias tinham de humorísticas, a economia de muitas das elegias

---

14 Sobre as elegias de Antímaco, cf. Day, *The Origins of Latin Love Elegy*, p.10.

propercianas seria incompreensível; por que tantas lendas e por que catalogá-las tão brevemente? A obra de Propércio é bastante variada e encontramos nela uma boa quantidade de peças que comportam poucas alusões mitológicas; mas todas as elegias em que Cíntia é citada situam-se a meio caminho entre o nosso mundo e a Fábula. Ego começa falando de amor a Cíntia ou fazendo confidências a amigos e isso ocupa o primeiro quarto da peça; no décimo ou décimo quinto verso, há uma mudança radical: "Do mesmo modo Milânion..." (I, 1); "Não, não foi assim que Febe incendiou Castor..." (I, 2); "Tal Ariadne, tal Andrômeda, assim Cíntia..." (I, 3); "Podes lembrar e exaltar a beleza de Antíope" (I, 4). E assim somos transportados para o meio dessas "damas das idades da beleza" de que fala o poeta,[15] versão literária das idades do ouro e da prata; voltamos para o meio dos nossos contemporâneos alguns versos depois e a oscilação continuará até o fim da peça. Onde está o comparador, onde está o comparado? É Ariadne que é comparada a Cíntia ou o contrário? Propércio hesita entre dois partidos, o da elegia mitológica, à moda grega, e o da elegia erótica na primeira pessoa? De maneira nenhuma: ele constrói uma cena elevada, em que Ego e Cíntia se encontram em pé de igualdade com os heróis e as heroínas, e em que nosso tímido libertino, repisando suas queixas e sua vingança ("Cíntia logo me deu um sucessor, mas também ele será rejeitado"), poderá suspirar com uma seriedade impagável: "Penélope era capaz de ficar vinte anos com o mesmo homem" (II, 9).

Essa poética se faz de equilíbrio e dosa sabiamente o realismo no fabuloso e o fabuloso no realismo; porque a metamorfose da mitologia em contato com a autobiografia simulada não é menos

---

15 Propércio, I, 4, 7: *"quascumque tulit formosi temporis aetas"*; cf. Catulo, LXIV, 22: *"o nimis optato saeclorum tempore nati heroes"*. Devemos citar também Lígdamo (Tibulo, III, 4, 25)? Mas não sabemos nem mesmo se "Lígdamo" não é um pastichador do Baixo Império (cf. Hooper).

impagável. Temos de parar de imaginar que as alusões mitológicas estão a serviço da "confidência" inicial e cometem o erro de ser longas demais para um segundo elemento de comparação. A elegia forma um todo, como um colar em que pedras de cores complementares se enfileiram alternadamente e trocam reflexos entre si; a confidência inicial do Ego é o fio do colar.

Vimos anteriormente Propércio raciocinando sobre as lendas como nós alegaríamos os mitos dos primitivos para encontrar neles a ilustração de uma constante qualquer do espírito humano (III, 19). Mas, aqui, o poeta não se interroga mais sobre uma ideia geral; trata-se apenas de Ego e os mitos voltam a ser simples contos. Contudo, por misturar aqui e ali trechos da Fábula aos seus versos de amor, Propércio os submete àquelas transformações sutis que deliciavam os letrados, porque eles adoravam as brincadeiras eruditas sobre um saber lúdico; poderíamos citar equivalentes contemporâneos, que encontraríamos em... Raymond Queneau. Propércio, portanto, resume cada lenda, sem contá-las, porque entre iniciados uma simples alusão é suficiente para se fazer entender e a Fábula só é evocada para que troque reflexos com o contexto amoroso. Não satisfeito em resumir, o poeta enumera várias lendas uma atrás da outra, como se a multiplicação de testemunhos míticos tivesse a virtude de dar peso à verdade; por uma graça a mais, essa catalogação é suficiente para nos fazer perceber que esses diferentes testemunhos lendários são apenas variantes de um único e mesmo esquema mítico e outros poderiam ser inventados sem nenhuma restrição. Nem por isso o poeta deixa de registrar cada versão com uma seriedade de bibliotecário ou de oficial de registro civil.

E cada mito que ele enfia no colar muda de cor; sua transparência de fábula vã empresta um colorido falso da realidade. Nós nos pegamos pensando com uma seriedade comovida que, se pensarmos bem, uma mulher como Penélope teve muito mérito... Como bom romano, Propércio é menos feminista que nós; ele sente uma comiseração desdenhosa pelas heroínas; "coitadinha!", repete ele a respeito dessas eternas crianças.[16] Ele mistura heroínas e verdadeiras mortais numa mesma condescendência; porque esse é o tom com que ele fala da Fábula. A maneira como ele trata Cíntia não é muito melhor; ele a compara a Diana para exaltá-la ou para caçoar dela? Como levar a sério esse tom enfático, que não é adequado numa poesia em traje de passeio? É típico da elegia o fato de nunca sabermos se Propércio está brincando quando toca a trombeta épica, e essa questão não ter nenhum sentido.

O triunfo da poesia helenística é mostrar que a arte não é verdadeira nem falsa; durante muito tempo, impomos à elegia o dilema da sinceridade ou do lugar-comum. A elegia é propriamente uma criação. Para terminar, oferecemos ao leitor, cansado de tanta mitologia, a leitura de uma peça em que ele não encontrará nenhum traço dela, e é *soberba*, como se diz de objetos frios como uma estátua de bronze ou uma medalha.

Beleza, minha única e mais bela preocupação, tu que nasceste para que eu sofra, pois bem, já que meu destino exclui que digas "volta sempre", ao menos meus versos tornarão famosa a tua beleza. Com tua permissão, Calvo, com o perdão da palavra, Catulo. O soldado vergado pelos anos abandona as armas e vai se deitar em seu canto, os bois velhos demais recusam-se a puxar ainda o arado, o barco podre fica lá, na praia deserta, e o velho escudo de guerra não faz mais nada no templo.[17] Eu, não: não há velhice que possa me dispensar de amar-te. Dura escravidão, não? Mais valia ter servido sob um tirano, urrar[18] na pira como outro Fálaris, ser devorado vivo pelos abutres, ser petrificado pela Górgona. Azar o meu:

---

16 Sobre o tom minorativo para falar das Heroínas, cf., por exemplo, Propércio, II, 18, 7 et seq.; II, 28, 17 et seq.; III, 15, 11 et seq. O mito não é mais do que um conto sentimental.

17 Onde foi oferecido como ex-voto pelo veterano.

18 Sobre *gemitus*, urro, cf. Sêneca, *Hércules no Eta*, 802.

não desistirei. A ferrugem corrói os punhais afiados, a gota d'água gasta a rocha, mas nada pode gastar o amor: ele estanca na porta da amada, não responde às injustas repreensões que lhe retinem nos ouvidos; ignoram sua presença? Ele se faz pedinchão. Magoam-lhe? Ele dirá que foi culpa sua. Vai-se embora? Seus passos o trarão de volta sem que ele perceba. A lição vale também para ti, que ostentas grandes ares de amante satisfeito: aprende, ingênuo, que uma mulher nunca fica muito tempo no mesmo lugar. Lembramo-nos de agradecer aos deuses no auge da tempestade, enquanto tantos navios se perdem desde o porto, ou de reclamar o prêmio em plena corrida, quando as rodas ainda não passaram sete vezes a baliza da pista? No amor, o bom vento é uma armadilha e, quanto mais tarde a queda, mais dura ela é. Então, até lá, ainda que ela te ame muito, guarda para ti o segredo da tua felicidade: quando temos o amor do nosso lado, não falemos demais, senão atraímos o azar, Deus sabe por quê.[19] Quando ela te convidar mil vezes, lembra-te de ir apenas uma: felicidade que atrai inveja não dura. Ah, se o século fosse das mulheres de antigamente, eu é que seria agora o que és tu; sou uma vítima da época. Mas não mudarei minha maneira de ser por causa desse século de ferro: cada um deve permanecer no caminho que é o seu. Quanto a vós, meus olhos,[20] que me dizeis para prestar homenagens a mil outras, que suplício é isso! Vedes uma mulher de tez clara, aveludada, vedes uma morena, e uma cor atrai-vos tanto quanto outra; vedes vir uma de ar grego, vedes vir outra da nossa terra, e um perfil incendeia-vos tanto quanto outro. Vestido de serva, vestido de dama, todos os caminhos levam direito ao coração, pois basta uma mulher para que os olhos percam o sono e para todo homem existe uma mulher que lhe quererá mil males. (II, 25)

Propércio soube impor magnificamente essa temática que o leitor abraça docilmente com todos os seus meandros, da

---

19 Esse ao menos é o sentido que acredito entender ou adivinhar.
20 É assim que entendo. Acredito que *lumina nostra* está no vocativo.

declaração inicial de paixão exclusiva ao donjuanismo final; o leitor não pensa nem um instante na improbabilidade psicológica desse percurso humorístico e, dessa improbabilidade, ele não conclui um lugar-comum.

9
A ilustre escravidão e a Dama Negra

Nós lemos direito: "Meu destino exclui que digas as palavras 'volta sempre'". Mas o que acontece entre Ego e sua amante, seja ela quem for? Eles são amantes ou não? Ele suspira em vão? Também acontece de ele se sentir realizado; entretanto, a perpétua infelicidade de Ego não parece depender das intermitências do coração e da cama de Cíntia: Ego sofre por definição, por assim dizer. E por que Cíntia parece gostar de fazê-lo sofrer? Não saberemos mais do que isso; ela o trata com crueldade, porque é cruel, ponto-final. Ego não explica: queixa-se, aguenta, não responde a acusações injustas; é assim que age e deve agir um escravo. O amor é uma escravidão e Cíntia merece plenamente o título de "amante"; a dureza dela e a infelicidade de Ego decorrem dessa definição da paixão como servidão.

Existe paixão e existe também prazer; entre eles, nada: não podemos dizer realmente que Ego e Cíntia têm uma "ligação". De tempos em tempos, Cíntia se entrega a ele; de tempos em tempos, Ego comemora uma noite de vitória, mas ele a considera um pico isolado, que basta a si mesmo e não entra na duração de uma relação entre dois seres. Muito tempo antes, a poesia grega já celebrava essas vitórias: "Possuí Dóris que o amor divide, Dóris de nádegas de rosa", "Pelos cabelos encaracolados da bela apaixonada, o perfume de sua pele, que engana o sono...".[1] Percebemos qual foi nosso erro: tomamos dois temas distintos pela história de uma ligação amorosa; o tema da escravidão passional e o do triunfo erótico são muito restritos para que consigam reconstituir sozinhos a vida de um casal; daí a impressão desconcertante que nos deixa a ligação de Cíntia e de seu amante quando tentamos demarcar a realidade. Relendo a coletânea de Propércio, verificamos sem nenhuma dificuldade que ele não cantou o amor por Cíntia, mas duas outras coisas: a adoração servil, que é um sentimento, independentemente dos acontecimentos de uma ligação amorosa, e a noite de amor, acontecimento que não entra na história de um sentimento; quando triunfa, Ego não conquista um ser para sempre. Se Cíntia concede suas noites a conta-gotas, é porque ela é cruel, mas é também porque Propércio canta suas vitórias uma a uma. A poesia da paixão e a poesia da posse permanecem separadas.

Mais separadas ainda porque os polos de uma e outra são opostos; a paixão é uma escravidão suntuosa, mas vergonhosa, e o poeta, como seus contemporâneos, faz uma ideia negativa dela; em compensação, o prazer preocupava menos a moral da época e Propércio, numa peça singular em vários aspectos (II, 15), ousou fazer sua apologia. Mas o prazer é um tema um pouco efêmero para ele e, nas duas elegias em que canta vitória (II, 14 e 15), ele não escreveu o nome de Cíntia. Em compensação, a paixão glorifica a amada, já que é uma ilustre desventura para o amante; é uma troca desigual e, se o homem está disposto a dar tudo e se subjugar, é porque a mulher que ele deseja é inestimável; a servidão amorosa comportará a exaltação de Cíntia. É com essa exaltação que começa a obra de Propércio e o nome de Cíntia é a primeira palavra dela; a elegia inicial é o programa

---

1 *Antologia palatina*, V, 55 e 197.

da coletânea inteira. Vamos analisar longamente essa primeira peça, que diz tudo, mas apresenta obstáculos consideráveis a seus intérpretes, mesmo que eles tenham se desfeito da ilusão biográfica.[2]

"Cíntia, a primeira, laçou-me, o desafortunado, com seus olhos doces, eu, que nenhum desejo tinha ainda tocado"; assim começa, ou parece começar, a coletânea de Propércio, porque esses dois versos devem ser traduzidos, na realidade, nestes termos: "Cíntia me fez prisioneiro, o desafortunado, com seus olhos doces, eu, que nenhum desejo tinha ainda atingido;[3] *tudo começou assim*"; a infelicidade de Propércio começou com Cíntia e confunde-se com a história de sua paixão: esse é o acontecimento inicial, fundador, ou, como dizem os filólogos, a etiologia de sua história. O que significa que Ego não vai contar sua vida; ele não afirma que Cíntia foi "a primeira"[4] mulher que ele amou

---

2 Os que não se desfizeram dessa ilusão se perguntam se, quando escreveu essa peça, Propércio já era amante de Cíntia; eles acreditam que não, e seria por isso que o poeta começou a odiar as moças honestas, como ele diz no verso 6; essas moças castas seriam Cíntia, que com suas virtuosas recusas fizeram a infelicidade do poeta; cf., em particular, Allen, em *Yale Classical Studies*, XI, p.255; Otis, em *Harvard Studies*, LXX, p.40, n.14; Sullivan, *Propertius: A Critical Introduction*, p.101-6.

3 *Contactus* também se refere àquele que foi atingido por uma arma (P. Fedeli) ou contaminado por uma doença ou loucura (sabe-se que os antigos imaginavam que certas "demências" eram epidêmicas, em particular as políticas e religiosas).

4 Esse é um sentido muito pouco conhecido de *primus*; quando Flávio Josefo (*Bellum judaicum*, V, 3, 99) escreve que o Dia dos Ázimos comemora o dia "em que os judeus puderam sair pela primeira vez do Egito", ele quer dizer que esse dia é inicial, marca uma data, e poderíamos traduzir como "puderam *enfim* sair do Egito"; do mesmo modo, poderíamos traduzir: "Cíntia enfim me fez prisioneiro": desde essa data, tudo acabou, tudo se decidiu, meu universo se tornou definitivamente o que é. Esse *primus* "etiológico" é aquele, discutido desde Sérvio, do primeiro verso da *Eneida*: "Cantarei a guerra e aquele que, fugitivo predestinado, veio *enfim* para a Itália"; ao pé da letra: "foi o primeiro a vir". O que não quer dizer que Eneias foi um Cristóvão Colombo que descobriu a Itália antes de qualquer outro explorador,

ou possuiu: esse não é seu tema e seria ingenuidade compará-lo com outra peça em que ele confessa que sua primeira amante se chamava Licina (III, 15): como se Propércio estivesse preocupado em criar uma biografia coerente de Ego, que resistisse a qualquer interrogatório!

O que o poeta quer dizer é que tudo que precedeu a era de Cíntia é alheio ao tema que ele dá a seus versos; em outras palavras, Ego quer dizer que, para o seu coração, nada que veio antes de Cíntia tem importância. Propércio toma a pena do historiador, do filósofo, ou mesmo do *Gênesis*, conta suas próprias origens, e elas se chamam Cíntia. Do mesmo modo que as origens de Roma se chamam Eneias. "Cantarei as guerras e aquele que, fugitivo predestinado, foi o primeiro a vir para a Itália, para Lavinium, às margens do rio": esse é, ou parece ser, o primeiro verso de *Eneida*, que ficaria melhor assim: "aquele que,[5] fugitivo predestinado, veio para a Itália: tudo começou assim". É com esses olhos que temos de ler esse início da coletânea de Propércio: com olhos que se divertem com tanta ênfase humo-

---

ou que abriu caminho para uma fila de emigrantes! É impossível que, aqui, *primus* signifique "primeiro". Nesse sentido etiológico, às vezes "primeiro" é pleonasmo de um verbo que também é inicial, por exemplo: os verbos "fundar, criar, estabelecer, instaurar"; assim, Lísias, *Olympikos*, XXXIII, 1: "Héracles foi o primeiro a fundar as competições olímpicas"; Aristóteles, *Política*, 1271 B 31: "Minos foi o primeiro a estabelecer sua legislação". Esse uso de *primeiro*, como um *enfim*, exprime uma espécie de alívio: enfim começa o que importa.

5 *"Arma virumque cano, qui primus..."* Deve ser traduzido: "Celebro [ou melhor: vou celebrar] a guerra e aquele que...", e não "o homem que..." nem "o herói que...". O anafórico *is, eum* estava banido da poesia elevada, porque era uma palavra prosaica; se fosse necessário, era substituído por *vir*. É por isso que há tantos "homens" ou "heróis" em certas traduções acadêmicas da *Eneida*; na verdade, *virum occidit* não quer dizer "ele matou o guerreiro", mas simplesmente "ele o matou"; na prosa, dir-se-ia: *eum interfecit*. Aqui, *cano virum qui* significa simplesmente *cano eum qui*, com a alteração banal de *is qui*. Normalmente, diz-se de um navio que ele *se distancia* da costa e chegará *ao porto*. A desgraça de Eneias, o banido, é chegar apenas a uma costa.

rística; o poeta toca a trombeta épica para contar as aflições de seu coração.

Ele também emboca a trombeta sagrada: Cíntia me fez prisioneiro,

> tudo começou assim, e então Amor baixou meus olhos resolutamente orgulhosos, pôs o pé sobre a minha cabeça[6] e me pisou vencedor; ele acabou me ensinando a ser contra as moças honestas e a viver um dia após o outro, como um inútil.[7] E há um ano essa raiva não me abandona nem por um instante, sem que eu possa deixar de ter o céu contra mim.

Essa ênfase comicamente devota é um testemunho da onipotência do deus Amor: é uma aretologia do Amor, como dizem os historiadores da religião. Os deuses gostam de punir o orgulho dos que acham que podem desafiar seu poder; eles querem poder exclamar:[8] "Fiz prisioneiro o orgulhoso, espezinho aquele que se achava o rei do autocontrole"; paga-se com a loucura de amar a loucura de ter se negado a amar. Amor é um deus justo, e os deuses poderiam ser injustos? Vã questão; os homens e os deuses têm relações análogas às relações internacionais, que são relações entre potências; cada potência tem sua soberania e seria bobagem julgá-la, como se a polícia existisse para fazer os julgamentos morais serem aplicados. Propércio posa de herói trágico: um deus o fez errar, endoidou-o. Criminoso contra a própria vontade, inocentemente culpado: os poetas elegíacos não estão dispostos a submeter o amor a um julgamento moral

---

6 Velho gesto de triunfo, que o imperador bizantino fará ainda no circo de Constantinopla.

7 Em *improbus et*, acredito que *et* é enclítico, como é tão frequentemente nos elegíacos (já no verso 12 dessa peça I, 1: *ibat et* no sentido de *et ibat*); construo, portanto, *et improbus*; provavelmente, trata-se de um provérbio: "o inútil vive sem projeto de futuro, dia a dia".

8 Como o próprio Amor diz num epigrama de Meleagro, *Antologia*, XII, 101.

(como será no teatro de Sêneca, que, esquecendo-se do velho sentido do trágico, faz do erro um defeito moral e cria o teatro dos modernos).[9]

É culpado, ou melhor demente, quem ama, mas o orgulho de negar essa escravidão não era menos insano; o amor é uma praga e ao mesmo tempo uma necessidade evidente, e essa ambivalência está em toda a ficção elegíaca do amor: essa poesia tira partido dos dois lados, das catástrofes e das glórias, além do mais, permite-se o prazer malicioso e muito esteta de deixar que percebam que ela trapaceia... Por que negar o amor? Por orgulho: há uma guerra[10] entre o Amor e os homens, em que o Amor quer escravizar os seres humanos; porque ou se é mestre ou se é escravo: não há meio-termo. Essa guerra do amor não era uma metáfora manjada, mas uma fantasia sobre uma ideia que a moral da época levava muito a sério: a de assegurar a autarcia do indivíduo, como veremos adiante. Mas a ambivalência do Amor também molda essa servidão, porque ela também se chama educação: o Amor ensina ao derrotado Propércio a arte elegíaca de amar. Porque os deuses educavam de bom grado os seres humanos; Ceres os ensinou a plantar o trigo e Baco, a videira: esse deus levou um cortejo triunfal até o fim do mundo e esse pacífico triunfo impôs a civilização a toda a terra; o deus embriagante soube "domar" os homens, isto é, "amansá-los", civilizá-los. Amor também teve uma vitória cultural, mas o que ele ensinou a Propércio é sobretudo uma contracultura; o poeta, deixando de ser um selvagem, torna-se um inútil, que milita amorosamente sob o comando da irregular Cíntia. E ele não tem nada mais urgente para fazer do que dizer isso a todo mundo, porque a notícia é boa e ruim. O deus fez o milagre, e a devoção

---

9 Sobre o erro trágico antes e depois de Sêneca, cf. o artigo de Kurt von Fritz, em *Studium Generale*, ou o capítulo 1 de seu *Antike und moderne Tragödie*.

10 Sobre a guerra de Amor, cf., por exemplo, Ovídio, *Amores*, I, 2, e as páginas 11-27 de Spies, *Militat omnis amans*.

Elegia erótica romana

exigia que fossem "confessados" em voz alta tanto as graças concedidas pelas divindades quanto os castigos que elas infligiam aos ímpios; a monitoria do amor exigia também que a vítima advertisse os outros homens do risco de escravidão e é isso que Propércio faz no resto do poema; ele nos convida a não seguir seu exemplo e posa de vítima de uma catástrofe invejável. Por uma ênfase muito conscientemente engraçada, Propércio finge escrever para cumprir uma nobre missão.

"Os belos olhos de Cíntia fizeram-me prisioneiro afinal, eu, que os Desejos nunca haviam atingido": ao contrário de Tibulo, que não canta apenas Délia e nunca prometeu fazer isso, Propércio, imitado por Ovídio, pretende erguer um monumento a Cíntia com seu livro; D. F. Bright disse, com muita perspicácia, que, longe de ser um pseudônimo imposto pela discrição, Cíntia existia por causa de seu nome, à maneira das deusas; longe de escondê-la, o poeta a cria, nomeando-a.[11] Poeta ambicioso, Propércio deseja construir uma imagem única e elevada e dar a seu livro a grandeza da estatuária: monoteísmo de Cíntia. Se todos os textos fossem iguais a esse, seria o caso de considerar que existe um mundo de coisas grandes e sérias, cuja imagem aparece assim que abrimos um livro; Propércio apresenta uma imagem elevada de Cíntia ou uma imagem elevada de sua obra, que é vestígio de um grande acontecimento? Infelizmente, o poeta é prejudicado por deficiências e imprecisões de execução que estragam a força de suas concepções. Petrarca ou Maurice Scève saberão manter a promessa de dedicar sua obra a Délia ou a Laura, a vauclusiana; Propércio não conseguiu sustentar sua ambição cintiana; sua coletânea é bem mais variada e, no Livro III, Cíntia é quase esquecida por seu criador. Receamos que essa infidelidade de Propércio a suas promessas deva ser atribuida não à curiosidade, ao gosto pela variedade, ao desejo de se renovar, mas a uma inventividade insuficiente; Propércio

---

11 Bright, *Haec mihi fingebam*, p.103.

é obrigado a procurar assuntos por toda parte, e basta ler dez de seus versos para perceber como seu fôlego é curto.

Aliás, não nos deixemos enganar por essa nobre estátua de Cíntia: esta última é menos uma mulher do que uma situação, a situação do apaixonado sofredor. Ela é o nome de sua infelicidade, o papel dela é insignificante; porque sofre, ele precisa de uma culpada. Ser infeliz leva comumente a se interessar apenas por si mesmo, e Ego parece pouco curioso em relação a sua companheira; essa poesia dedicada a uma mulher é, na realidade, extremamente egocêntrica. O poeta relata quase que exclusivamente as ações, paixões, dores e palavras de Ego, que fala somente de si mesmo; sabemos tudo que ele pensa a respeito das mulheres ou contra a maquiagem. De Cíntia, saberemos apenas duas coisas: de um lado, que ela tem todos os encantos, inclusive os mais incompatíveis, e parece feita para realizar todos os desejos; de outro, que ela faz o poeta sofrer. Trágica contradição, drama de muitas relações amorosas? Não, justaposição de dois temas sensacionais, saídos de dois partidos semióticos diferentes: monumentalizar a obra, transformando-a em pedestal para uma imagem feminina ideal, desenvolver uma temática repetitiva, em que nada acontece; ora, as pessoas felizes se calam e apenas as infelizes são inesgotáveis. As criações literárias não são manuais de psicologia; nessas obras, o aspecto sensacional dos temas ou das situações ganha de lavada da motivação psicologicamente plausível,[12] e a pretensa psicologia,

---

12 Wellek e Warren, *Théorie littéraire*, p.123. Nietzsche, *Humain, trop humain*, n.160: "Quando se diz que o artista cria caracteres, essa é uma bela ilusão; na verdade, nós não sabemos grande coisa a respeito dos homens reais e vivos; a essa situação muito imperfeita em relação ao homem é que responde o poeta, fazendo esboços de homens tão superficiais quanto é o nosso conhecimento do homem; um ou dois traços frequentemente repetidos, com muita luz em cima e muita sombra e semiobscuridade em volta, satisfazem completamente nossa exigência. O autor parte da ignorância natural do homem sobre seu ser interior". Pensamos nas intermináveis especulações sobre a psicologia de Hamlet; de um lado, deve haver em

longe de ser uma verdade do homem, é apenas as ideias que cada século faz das motivações humanas;[13] se não soubéssemos de nada disso, bastaria fazer esta pergunta muito simples para ver com mais clareza: "Mas, afinal, por que Ego sofre?".

O próprio Ego pretende dizer nesta primeira elegia do primeiro livro:

Hamlet as teorias psicológicas da época, quando se falava de melancolia como hoje falamos de Édipo; de outro, essa melancolia, com suas contradições e sua bizarria, bastavam para autorizar Shakespeare a atribuir a Hamlet as ações menos coerentes e menos explicáveis, mas também as mais sensacionais; consequentemente, a psicologia de Hamlet nos parece misteriosa e, por isso, profunda, penetrante. Isso funciona sempre, mas com duas condições; a primeira é que a incoerência de Hamlet não seja total, mas limite-se a dois ou três temas: a estreiteza do círculo temático será suficiente para nos fazer acreditar que a psicologia de Hamlet tem uma coerência íntima e, portanto, profunda; a segunda condição é mais difícil: saber criar situações, escrever cenas que sejam sensacionais... Propércio, que não é Shakespeare, satisfaz inteiramente a primeira condição, mas muito pouco a segunda. Devemos acreditar que a tradição mundana, e depois a escolar e universitária, de explicar a literatura pela psicologia deve-se ao fato de que o sentido literário é menos difundido em geral do que a capacidade de falar do caráter do semelhante; a única coisa que todos nós sabemos dizer de um quadro é: "É parecido". Dizemos isso com mais frequência ainda quando ignoramos a realidade com a qual supostamente o quadro se parece; pensamos em Bouvard e Pécuchet como amantes da arte: "Sem conhecer os modelos, achavam essas pinturas parecidas com eles".

13 O fim de *Madame Bovary*, dívida, ruína, queda na venalidade (ao menos em intenção), tudo isso é sensacional, na opinião de alguns, ou melodramático, na opinião de outros; mas em que é psicologicamente plausível? Qual é a relação entre a infidelidade e o fato de assinar letras de câmbio? Este: o lugar-comum sobre o adultério no século XIX é que ele é o cúmulo do crime feminino, portanto, uma mulher adúltera, que arruína a ordem familiar com seu adultério, cometerá também todos os outros crimes, em particular os que arruínam a ordem patrimonial. E *A educação sentimental*! É ou não é psicologicamente possível que um homem ame platonicamente uma mulher durante meio século? É claro que, diante dessa pergunta, todo mundo se cala ou fala para não dizer nada. Se, amanhã, um psicólogo descobrir um caso semelhante, verificado pela medicina, o romance de Flaubert ganhará uma verdade humana, depois que o caso for publicado na *Année Psychologique*, e, com ela, um valor literário do qual se duvidava até então?

Há um ano inteiro[14] minha loucura não me deixa, por mais que eu faça: os deuses estão contra mim. Milânion, à força de trabalhos,[15] acabou cansando a insensibilidade da cruel Atalanta [detalhes]; ele conseguiu amansar[16] a moça veloz na corrida. Tanto têm eficácia no amor a devoção e a dedicação. Exceto no meu caso: o Amor não reage mais, não procura mais como fazer e parece até ter se esquecido dos caminhos que sempre o conduziram ao alvo.

E o poeta continua a gemer, menos pelas negativas de uma mulher virtuosa do que pela escravidão na qual seu coração caiu e da qual ele tenta escapar inutilmente. Fugir para longe, não importa para onde!

Ficai vós a quem esse deus ouve com complacência e estai sempre em igualdade de sentimentos num amor que não tem nada a temer: é em mim que Vênus, nossa deusa, vossa e minha, testa as insônias aflitas, e Amor ocupa-se de mim integralmente.

É curioso ver como um texto pode ser lido ao contrário quando se passaram séculos e ele não é situado no contexto do resto da obra e dos outros livros de sua época. Ego não diz que Cíntia nunca o quis; esse não é o tema de suas lamúrias, além

---

Frédéric se tornará um personagem "vivo"? Quanta bobagem! Frédéric deve seu valor literário, que me parece grande, a outra coisa: ao retrato de um mundo inconsistente, que não leva a nada, que não tem realidade metafísica; esse é o mundo de Queneau em *Pierrot mon ami*, e as personagens de *A educação sentimental* têm tanta "verdade humana" quanto Pierrot e seus comparsas...

14 Duração convencional; do mesmo modo Tibulo, II, 5, 109, e Propércio, III, 16, 9.

15 No sentido em que se fala dos trabalhos de Hércules: Milânion seguia por toda parte a veloz Atalanta, em suas caças às feras.

16 Amansar ou também domar: é a mesma coisa; *the taming of the shrew* pode ser tanto "a selvagem amansada" como "o virago domado". A mulher é uma inimiga e seduzir é vencer a resistência.

do mais, era óbvio na Antiguidade que ninguém suspirava platonicamente; era escusado dizer que Cíntia foi dele mais de uma vez. Só que Cíntia e ele não estão em igualdade de sentimentos e é por isso que ele geme; sua paixão não conhece a certeza do dia seguinte, porque Cíntia se empresta, mas nunca se dá. Propércio geme por causa dessa desigualdade, cujo nome é relação de escravo para amante; a ideia de adorar sem nunca ter tocado e o medo do pecado da luxúria seriam incompreensíveis para ele. Sim, claro, ele já tinha dormido com Cíntia e ainda o fazia de vez em quando; e depois? Ele não foi além disso.

É assim desde as origens e será sempre: essa elegia programática não comemora o início de uma ligação amorosa e não é anterior à primeira noite de Ego e Cíntia, como outros biógrafos imaginaram: ela diz quais são, sempre, as relações entre esses dois amantes ocasionais e desiguais. O grande desafio no amor não era conseguir conquistar uma mulher, seduzi-la, vencer o medo que ela tinha do pecado; isso não era nenhum problema; o poeta elegíaco está sempre em posse da amada, exceto que nunca a possui realmente e sua infelicidade é justamente essa. Os modernos têm dificuldade em entender isso, e até decretam que certos versos que os incomodam não são de Propércio, mas de um falsificador; no ápice do prazer, veja só o leitor que pensamento se insinua na alma de Ego: "Ah, se quisesses nos acorrentar nos braços um do outro com uma corrente que nenhum futuro fosse capaz de desprender!" (11, 15): como não entenderam que Propércio não conta uma ligação amorosa, os biógrafos consideraram que esses versos eram uma interpolação, em nome da verossimilhança psicológica.[17] Em outra

---

17 Como faz Jachmann, Eine Elegie des Properz: ein Überlieferungsschichksal, *Rheinisches Museum*, LXXXIV, p.193, com a aprovação de Croce, *Poesia antica e moderna*, p.87; a autenticidade desses versos foi defendida, mas por razões de psicologia quase conjugal, por Reitzenstein, Wirklichkeitsbild und Gefühlsentwicklung bei Properz, *Philologus*, supl. XXIX, 2, p.71-93.

noite, Ego proclama: "Quanto prazer colhi! Que me venha uma segunda noite assim, e será uma apoteose para mim" (II, 14).

Como sabemos, o tema do prazer não está ligado ao da paixão, e esta última é um sofrimento; na milícia do amor, a glória é morrer (II, 1). Isso é uma "mensagem" sobre o homem ou os valores, uma "concepção do amor"? É, sobretudo, o encontro de uma poética da imobilidade com uma moral da autarcia, que a consciência comum da época partilhava com as diferentes seitas (ou "escolas") filosóficas, como veremos mais adiante. Tudo isso em conjunto servia para produzir um objeto de arte. Essa semiótica e essas ideias preconcebidas são comuns a todos os elegíacos, inclusive Ovídio;[18] em compensação, a execução mostra diferenças entre os poetas, que talvez sejam diferenças entre indivíduos: enquanto Propércio transforma a escravidão de Ego na glória da amante, Tibulo oscila entre uma imagem desdenhosa de Délia, uma visão sombria da amarga Nêmesis e o amor pelos adolescentes.

Já que estava entendido que o amor se apresenta aos prantos na elegia[19] e a castidade não era uma virtude masculina, resta encontrar uma razão para sofrer por uma mulher que não se negava; os poetas encontraram milhares, porque o importante não era saber por que Ego sofria: qualquer que fosse a razão de seu sofrimento, ele continuava a amar a bela e, consequentemente, era escravo dela. Está tudo aí. Os antigos sabiam, como todo mundo, que o desejo é vontade de poder e, como Cíntia se nega ao poeta, ela tem a grandeza de ser autônoma; mas a moral da época professava que amar era se pôr à mercê do outro, e

---

18 Voltemos rapidamente às três primeiras elegias do livro I dos *Amores*, de Ovídio: elas são uma espécie de programa, no qual se encontra a totalidade do sistema elegíaco; a coletânea propriamente dita começa em I, 4, em que Ego e sua amada (o nome de Corina é dito em I, 5) já são amantes (I, 4, 21, 39, 45, 64). Sabemos que na elegia a mulher é "sempre já" conquistada.

19 Virgílio, imitando a elegia em sua Décima Bucólica, sabe muito bem que os amores elegíacos são atormentados (*solliciti*; *Bucólicas*, X, 6, cf. 46).

Propércio vai ilustrar isso sem se preocupar muito com a clareza ou a coerência, já que a psicologia era a menor de suas preocupações, ou melhor, suas ideias sobre essa questão não eram as nossas.

Ego foi infeliz com Cíntia? Simplesmente porque as mulheres são volúveis e, mesmo que sejam trancadas a sete chaves, a menor fresta no muro é suficiente para elas escaparem (IV, 1); essa explicação, que não combina muito com o que Propércio sempre escreveu de Cíntia, tem o mérito ao menos de ser rápida e mais fácil do que as outras. A menos que as crueldades de Cíntia não sejam caprichos de rainha, cujos motivos é proibido investigar, e Ego raramente os investiga; Cíntia é cruel, ele tem sempre de dominar seu temperamento (I, 17), ela é tão inconstante que ele nem se lembra da data de seus primeiros nãos (I, 18): os fatos são esses. Dizem que as putas são sentimentais; uma "mulher de classe", em compensação, está muito em cena para ter a sinceridade ao seu lado; ela é dura porque não tem uma vida privada. Essa seria a história de Cíntia, "mulher dura" como nunca existiu outra?[20] Negar seus favores é a melhor maneira de subjugar o amante, que, como um jogador, teima e aposta mais alto, com a esperança de não ter perdido para sempre as apostas anteriores;[21] Propércio seria como esse jogador à moda de Ovídio? Ou como o amante à moda de Horácio, que hesita e não consegue se resolver: "Eis que hoje ela me manda voltar; como não ir? E, no entanto, seria melhor acabar com meu suplício; ora ela diz sim, ora diz não...".[22]

A menos que Cíntia, sem nenhum cálculo semiprofissional, tivesse um gênio difícil, rancoroso, colérico. Irritação (I, 10), repreensões injustificadas (I, 7), ressentimentos – "por um único erro, fui exilado um ano" (III, 16) – acabam em desentendimento:

---

20 *Dura puella*, Propércio, III, 1, 78.
21 Ovídio, *Ars amatoria*, I, 449; *Remedia*, 685.
22 Horácio, *Sátiras*, II, 3, 259.

"Ela não me recebe nunca[23] na casa dela, a não ser que eu peça cem vezes, e, se é ela que vem à minha, dorme do outro lado da cama, sem nem tirar o manto"[24] (III, 21). Ele tinha certeza de que as coisas acabariam assim, porque Vênus é uma deusa perversa que, por uma brincadeira cruel, atrela no mesmo carro da vida os seres menos feitos para andar no mesmo passo.[25] O fato é que Cíntia e Ego não andam no mesmo passo e Ego acha que a culpa não é dele: "Deixando-te", escreve ele, "eu chorarei, mas tuas péssimas maneiras são mais fortes: fomos feitos para formar uma bela parelha, mas tu a impedes de andar" (III, 25).

Parelha mal afinada ou casal desigual? Podemos imaginar carinho, afeição, harmonia do casal, mas a relação amorosa continua a ser entre a autoridade feminina e a necessidade que um homem tem dessa mulher, que não sente nenhuma necessidade dele:

> Que ricos presentes não dei, que belos versos não escrevi! Nunca, porém, esse monstro de dureza pronunciou as palavras: "Eu te amo". Devo ter tido pouco bom senso para ter te suportado tantos anos, tu e tua turma![26] Valias pouco a pena! Nunca me consideraste nem um único instante um homem livre? (II, 8)

Essas queixas todas eram apenas o lado mais insignificante dessa afronta última e suprema, ou, para sermos rigorosos, apenas as "motivações" psicológicas da ideologia da servidão amorosa; a única saída, do ponto de vista masculino, era que Cíntia

---

23 *Vix* equivale a uma negação (Rosthstein).

24 As casas romanas eram mal aquecidas e, no inverno, as pessoas viviam tão agasalhadas dentro de casa como fora delas.

25 Horácio, *Odes*, I, 33. Precisamente essa ode é dedicada a Tibulo...

26 "Tua turma" traduz *domum*, porque suponho que, aqui, essa palavra é empregada idiomaticamente, numa generalização feita por efeito da raiva, como se disséssemos: "você, seu cachorro, seu gato e toda a sua tralha". Devo repetir que o latim é uma língua conhecida muito parcialmente?

se tornasse escrava e certa vez Ego acreditou que isso tinha acontecido: "E ainda se admiram que uma mulher tão linda seja minha escrava!". Não sou poeta, são sou devotado a ela (II, 26 B)? Ilusão de um instante: as mulheres são seres tão imprevisíveis e incontroláveis quanto o oceano e suas tempestades: "Aos meus inimigos, desejo que amem as mulheres; desejo aos meus amigos que apreciem os adolescentes, que são um rio tranquilo pelo qual tua barca desce tranquilamente no curso das águas: que mal poderia vir-te de uma extensão aquática tão estreita?" (II, 4).

Devemos admitir que só faltava um poeta latino comparar e opor os dois amores e um elegíaco dizer o contrário do que se esperava dele, sobretudo se ele faz o papel do amante com raiva. Ele está com raiva do sexo feminino, porque sua escravidão não é resultado de uma maldade qualquer da mulher que ele ama, mas da relação de amor em geral. Porque amar é "aprender como a escravidão é pesada", como Ego adverte caridosamente um de seus amigos, que desejava entrar para o círculo de amantes de Cíntia (I, 5); "não se pode continuar um homem livre, se se quer amar" (II, 23). Assim, "nos primórdios do amor, os homens se empinam selvagemente, mas, depois que são domados, obedecem a qualquer comando, justo ou não" (II, 3 B). Fazer a corte a uma mulher, calçá-la,[27] segurar sua sombrinha e seu espelho,[28] é submeter à escravidão "a mão de um homem nascido livre".[29] Na Idade Média, os suspirosos diziam que eram os cavaleiros de suas damas; em Roma, eles diziam que eram seus gladiadores; não que tivessem de lutar por elas: é que os gladiadores, mesmo que tivessem nascido livres, ficavam comprometidos por um

---

27 Os ricos eram vestidos e calçados por um escravo (Plínio, *Cartas*, III, 16, 8); a esposa fazia esse favor ao marido, exilado e privado de criados (ibid.).

28 Nos monumentos figurativos, vemos muito frequentemente a falecida fazendo sua toalete; uma escrava lhe estende o espelho. A sombrinha aparece também nas estelas funerárias gregas e romanas.

29 Ovídio, *Ars amatoria*, II, 216: "*ingenua manu*".

contrato exorbitante, que autorizava o empresário a cometer contra eles as piores crueldades, bater, marcar com ferro em brasa, tratar como verdadeiros escravos.[30] Uma comparação consagrada era a da paixão com o mar e suas tempestades, que são imprevisíveis, injustas e destruidoras; a mulher é inconstante como Tonde, seus caprichos e cóleras fazem de qualquer ligação amorosa uma travessia agitada e, sobretudo, todo homem se entrega ao amor como ao mar: ele já não é mestre de seu destino, é um joguete nas mãos de um elemento estranho, sobre o qual ele não tem poder algum.[31]

Quando um homem tem uma paixão, ele não é mais autárcico e não havia nada mais contrário à moral antiga do que isso. A moral antiga não era puritana ou kantiana: era uma receita de felicidade (do mesmo modo que, no Extremo Oriente, receitas de autotransfiguração são chamadas de filosofias ou sabedorias) e o meio presumido de ser feliz era restringir as ambições e

---

30 Tibulo, I, 9, 21 (elegia a Márato), com a nota da edição de Heyne e Wunderlich, que cita paralelos e viu claramente a alusão à *auctoratio* dos gladiadores não escravos; cf. Ville, *La gladiature en Occident*, p.246 et seq. Num caso relatado por Tácito (*Anais*, XIII, 44), um nobre, louco de amor, "entrega sua sobrevivência nas mãos de sua amante". Para compreender esse oferecimento, que não é uma palavra à toa, procuraremos analogias em duas anedotas relatadas por Suetônio (*Calígula*, 27 e 35): quando Calígula fica doente, um homem se oferece para morrer para que o imperador se cure; isso significa que ele oferece aos deuses (que farão o que quiserem) que eles o façam morrer de uma doença qualquer no lugar do príncipe; um outro se oferece para ser gladiador (se o imperador aceitasse), caso o príncipe se curasse. Seja dito a título anedótico que Calígula, já paranoico, tomou o oferecimento ao pé da letra e quis rebaixar o devoto a gladiador depois que se curou; ele tomou mais ao pé da letra ainda o primeiro oferecimento e mandou matar o devoto, em vez de deixar os deuses se encarregarem de uma tarefa que competia exclusivamente a eles.

31 Sobre as tempestades da paixão, cf., por exemplo, Semônides de Amorgos, fr. VII, 27; Plauto, *Cistellaria*, 221; Cércidas, nas *Collectanea Alexandrina*, de Powell, p.206; Horácio, *Odes*, I, 5 e 33; Tibulo, I, 5, 76, com a nota da edição de J. André; Propércio, I, 15, 12; Ovídio, *Amores*, II, 11, 12; *Remedia*, 635 (*littora tangere*, "ter esquecido enfim uma paixão"; cf. 610).

os desejos, para ficar o menos sujeito possível às coisas e aos outros. A isso a moral comum acrescentava um imperativo de civismo e virilidade; tornar-se escravo de uma mulher era o cúmulo da vergonha e da desgraça.

Sem pretender reescrever a nossa maneira *O amor e o Ocidente*, devemos precisar que os cristãos esconderam de si mesmos as realidades da vontade de poder professando que o amor é um sentimento desinteressado, em que se é feliz com a felicidade do outro;[32] santo Agostinho chamou de amor e caridade seu gosto pelo domínio intelectual e seu autoritarismo de doutrinário genioso; ele perseguiu as pessoas para o bem delas. O mito cristão do amor fez desse sentimento o mais nobre dos veículos; o homem se engrandece servindo a uma mulher, amando-a em vão. Dante, que era o desinteresse em pessoa, interessava-se por tudo e transformava tudo em paixão, simbolizou no amor platônico por Beatriz a soma e o ápice de todas as suas paixões.

Para os cristãos, o amor não é um imperialismo; para os antigos, o imperialismo, passional ou não, não é o próprio homem, que deve suprimir os desejos inúteis para se limitar ao pouco que a natureza exige. A sua maneira, os epicuristas ensinavam que a infelicidade do homem é não saber ficar sentado no seu canto; não passa pela cabeça deles a ideia de que ele se entediaria rapidamente, parado nessa posição. O resultado é a impossibilidade antiga, não digo de sentir a paixão (isso é outra história, e não é simples), mas de magnificá-la, ou melhor (porque isso também não é simples), magnificá-la em termos explícitos e aclamá-la como uma expansão. Eles farão do amor a afeição natural pelos seus, como dirão os estoicos, doutrinários do amor conjugal; porque é normal no estoicismo ignorar os sentimentos de eleição e aclamar apenas os sentimentos induzidos pelas instituições, tomando o efeito pela causa. Sobram os poetas, que sentiram a negra magnificência do imperialismo

---

32 *Gaudere felicitate alterius* (Leibniz).

passional, a ambição do escravo voluntário, o alto preço da amante eleita; a poesia elegíaca, esse humor sério, esse estetismo disfarçado de sensibilidade (dissemos anteriormente que essa poesia é o inverso do sentimentalismo de um Sterne, sensibilidade travestida de humor) – portanto, apesar de seu humor, a poesia elegíaca será durante vinte séculos o modelo de toda poesia amorosa.

E isso será mais verdadeiro para a poesia de Tibulo, que será considerado o poeta elegíaco por excelência, do que para a de Propércio. O engraçado, nesse caso, é que o cavaleiro Albius Tibullus não amava as mulheres: ele preferia os rapazes,[33] e era até misógino. Se o romance de Tibulo e Délia existiu realmente, como acreditaram alguns, esse romance não foi idílico nem para ele nem para ela. Mas Tibulo é um poeta terrivelmente habilidoso, e isso basta.

Todo poeta greco-romano canta ambos os amores, como sabemos, mas cada um à sua maneira. A obra de Tibulo não é dominada por uma imagem feminina única e soberana; encontramos nela uma mulher que curiosamente se aparece com a Cíntia de Propércio, mas Tibulo a transforma numa fêmea sombria, que ele batizou, pouco galantemente, de Nêmesis, "o Azango", "o Flagelo". Nêmesis faz Ego sofrer, mas o elevado custo afetivo desse amor não engrandece nem um nem outro, ao contrário; aparentemente, sofrer por uma mulher não tem nada de glorioso. Quanto a Délia, que Ego ama ternamente, já que não a adora ou admira, ela não o faz infeliz, exceto quando ele comete o erro de abandoná-la para fazer carreira; Tibulo

---

33 A preferência de Tibulo pelos rapazes foi reconhecida por Lilja, *The Roman Elegists' Attitude to Women*, p.222. Naturalmente, essa preferência é um direito dele e não tem nada a ver com sua poesia; ela não tem nenhum interesse literário. Mas meu propósito é mostrar justamente que a vida real dos elegíacos não tem nada a ver com a poesia deles... Cf. também Schuster, *Tibull-Studien*, p.98-100, que tem notas muito sutis sobre a questão: como Virgílio, Tibulo deixa transparecer sua preferência pelos adolescentes.

Elegia erótica romana

não canta o amor por Délia: ele canta um sonho de felicidade e virtude.

Mais exatamente, as cinco elegias delianas são tão diferentes entre si – em todos os aspectos, biográficos, afetivos e estéticos – que o nome de Délia não designa nada de substancial; Tibulo abusou da convenção do ciclo poético dedicado ao nome de uma inspiradora, ou melhor, ele não a levou a sério, como faziam seus confrades. Vamos deixar de lado os detalhes[34] para considerar apenas um dos cinco poemas, o mesmo que inicia a coletânea (I, 1). Trata-se de um sonho de ócio virtuoso, terno e devoto, em que pobreza, milícia do amor e afeição quase conjugal são a mesma coisa; Délia é apenas uma parte dessa felicidade e vem em seu devido lugar, lá pelo meio do poema. Tibulo, como sabemos, tem uma poética da tonalidade e o tom desse poema, que oscila entre o desejo e a saudade, é melancólico, elegíaco.

A música elegíaca sugere falsamente que o amor por Délia está em tudo, embora Délia apenas esteja presente. Dessa Délia, Ego tem pouco a dizer, e o que diz é vago; ele não faz nem um retrato idealizado nem retrato nenhum. Délia ocupa um lugar necessário num mundo de desejos; mundo patriarcal, anterior à distinção entre o casamento e a união livre, como nos tempos de Adão e Eva ou de Filémon e Baucis. Os habitantes desse mundinho são devotos como a humanidade primeira, e sua religião

---

34 A elegia I, 2, em que Ego está infeliz, é um quadro de costumes (Délia esposa adúltera) em que a primeira ou segunda do singular são, na realidade, terceiras do plural; essa elegia é poesia ligeira ao gosto de *A arte de amar*, de Ovídio. Quanto à elegia I, 6, que comentamos no Capítulo 3, trata-se de uma brincadeira, para não dizer uma farsa, e outro retrato de costumes ligeiros. A peça I, 3, também foi comentada anteriormente. Quanto à I, 5, em que Ego sente ciúme, trata-se de uma sequência de lugares-comuns: a bruxa, o ideal de vida rústica, Délia rendeira no Trianon, a alcoviteira malvada, o amante amante preferível ao amante rico: uma antologia dos temas tibulianos. Délia, aqui, não é uma esposa adúltera, mas uma liberta que não tem direito à *stola*, porque não era nem casada nem casável, e o meio social é muito mais modesto do que o de I, 2, e I, 6.

tem a antiga simplicidade que o século de Tibulo atribuía à velha idade do ouro e da qual ele fazia uma espécie de utopia sóbria e ecológica.[35]

Vamos ver como nosso poeta é habilidoso. Temos aqui um sonho de felicidade em que a elegia parece ter trocado o traje de passeio pela indumentária pastoral; o sonho de Ego é a realização do desejo de Galo, que em Virgílio tem esperança de que sua infiel Lícoris venha juntar-se a ele nas solidões bucólicas: "Aqui, a velhice me consumiria ao teu lado", diz ele à ausente.[36] Nesse sonho, o pranto da elegia não é mais do que um tom de voz langoroso. Infelizmente, o retrato das satisfações da felicidade é sempre um pouco insosso, se o poeta não souber transformá-lo numa ventura, num idílio, num encantamento, como faz Tasso, ou num devaneio; Tibulo conseguiu transformá-lo numa coisa mais engenhosa. Porque há uma pergunta que raramente é feita: Ego vive essa felicidade ou apenas a deseja? Sonho ou realidade? É impossível dizer, pelo simples motivo que, quando uma palavra, um verbo pode esclarecer a dúvida, o poeta o emprega no subjuntivo; o procedimento é um tanto modesto em sua engenhosidade, mas é sensacional. "Pouco me importa a aprovação, ó minha Délia; desde que eu esteja contigo, quero que me tratem de frouxo e preguiçoso";[37] ele aceita o destino que já é o dele ou aspira a um destino que não tem? Nunca saberemos e, o que é mais engraçado, não sabemos que não sabemos: nós aceitamos essa coisa vaga, que nos parece uma maneira de ser específica e muito poética, e não uma lacuna de informação; sem nos dar conta, nós perdemos o senso do real.

---

35 Comparar sobretudo com Tibulo, I, 10, 19.

36 Virgílio, *Bucólicas*, X, 42.

37 Tibulo, I, 1, 57: "*non ego laudari curo, mea Delia: tecum dum modo sim, quaeso segnis inersque vocer*". Comparar com o início de I, 1, assim como com I, 2, 71: "*ipse, si* [ou *sim*] *tecum modo... possim... et, dum liceat... sit mihi somus*": nunca saberemos se ele tem essa indolência ou se lamenta não tê-la.

Elegia erótica romana

Não digo que Tibulo trama longamente o equívoco por meio de um jogo que rapidamente seria pueril, mas sim que, ao escrever, ele toma como modelo uma semi-irrealidade, uma ausência de traços definitivos, de modo que futuros e subjuntivos lhe vêm naturalmente. Em essência, o que ele escreve é: que outro lute e enriqueça; para mim, que a pobreza me deixe viver de ócio, contanto que eu tenha colheitas abundantes (I, 1). O eterno subjuntivo de Tibulo manterá a indefinição até o fim; os indicativos apenas nos mostram Ego numa atividade diferente: honro todos os deuses e demônios dos campos, ofereço sacrifícios a eles. Os deuses atenderam seu pedido e ele teve colheitas abundantes? Não sabemos, porque o subjuntivo cede lugar a um futuro que não vale muito mais do que ele: honrarei Ceres. E Ego conclui: que eu possa viver contente com pouco! Resignação, desejo ou nostalgia? Todos os três: Tibulo, se nos atrevemos a dizer, faz as coisas existirem no modo optativo. Como que para não esquecer que a elegia retrata menos a realidade do que uma convenção. Além do mais, um ser mais denso saberia falar no indicativo; para usar o optativo, é preciso mais reflexão; é preciso olhar para dentro de si, para o que se é ou não é. A diferença da reflexão para o devaneio é apensa de tensão, e o devaneio langoroso também se chama melancolia. A elegia de Tibulo é um sonho de pastoral.

Essa felicidade sonhada é feita de sentimentos e trabalhos que são eles próprios sem tom e sem perigo. Propércio queria militar apenas pelo amor para servir a uma mulher; Tibulo se recusa a fazer carreira para levar uma vida patriarcal, tranquila como a bela natureza. Ele escolheu a indefinição ideal, mas também o humor, porque ele próprio é o patriarca; ora, nenhum leitor poderia imaginar, sem rir, que um cavaleiro adotasse os trajes e a profissão do pastor; a elegia torna-se um pastiche de bucólica na primeira pessoa: que os outros tenham o direito de lutar, distinguir-se e enriquecer, escreve o poeta, "mas que eu possa atrelar os bois, ó minha Délia, contanto que

255

estejas lá, ou então guardar um rebanho nas alturas aonde os levam para pastar".[38] Ego transforma a si mesmo em zagal de bucólica, em vez de deixar aos poetas o cuidado de metamorfoseá-lo, já que eles têm todo o direito de fazê-lo; para salvar o véu de realismo que a elegia joga sobre a convenção pastoral, ele faz essa transformação no optativo: para ele, basta "poder" fazê-la, ou porque com isso reivindica o direito de continuar, ou porque deseja começar. Esse humor "motiva" uma convenção e a cobre com uma carne fictícia. O Ego de Propércio também não deixava para os poetas o cuidado de falar de mitologia em seu lugar; ele mesmo falava, para situar a elegia num meio-termo entre o realismo e a convenção; o Ego de Tibulo a coloca nesse meio-termo fazendo ele mesmo sua transformação em pastor. Aqui, o tema campestre tem o mesmo papel semiótico que a mitologia tem em Propércio.

Da convenção humorística, ele escorrega às vezes para a piada mundana. Eis meu desejo, escreve em algum lugar:[39] "Serei lavrador e minha Délia estará comigo; que ela seja rendeira, que governe a família!".[40] E Messala virá visitá-los; Messala, protetor de Tibulo, pertencia à mais alta nobreza e, naquela época, era talvez a terceira figura mais importante do Estado; ainda por cima, era um grande escritor, e vivia rodeado de poetas. "Meu venerado Messala virá à nossa casa; que Délia escolha belas frutas em nossas árvores para colhê-las, que ela saúde humildemente esse grande homem, tenha todos os cuidados com ele, esteja a suas ordens e sirva-o à mesa com suas próprias mãos." Quando Tibulo leu esses versos para Messala e seu salão de nobres letrados, todos devem ter se divertido, vendo o dono

---

38 Tibulo. I, 2, 71.

39 Id., I, 5, 31. Notemos os subjuntivos e os futuros: realidade ou desejo irreal?

40 Devemos saber que um marido romano podia escolher entre duas políticas: ser ele mesmo o mestre da casa ou entregar à esposa a administração do lar; essas duas políticas eram praticadas. Cf. Cariton, III, 7, e são Jerônimo, *Adversus jovinianum*, I, 47, 314 (Migne, XXIII, 227).

da casa transformado em herói de ficção, ainda que no modo optativo; devem ter rido vendo Tibulo, que não era um homem comum, cortejar seu protetor, fingindo ter se tornado o marido de uma rendeira de terras que presta a ele as mesmas homenagens que a humilde companheira de um escravo administrador prestava ao seu senhor quando ele vinha inspecionar suas terras. Essa poesia é a do esnobismo escravagista.

Propércio certamente não teria transformado Cíntia numa modesta rendeira. As relações com sua Cíntia são mais realistas, mais detalhadas, mas também mais dolorosas; nisso, elas são muito parecidas com as relações que Tibulo tem com um belo rapaz, Márato. Porque, em seus momentos de donjuanismo, Tibulo vê encanto em todos os rapazes (I, 4), assim como Propércio os via em todas as mulheres (II, 22 e 25); ele vê o peito jovem, a beleza esportiva, o encanto diferente, as maniazinhas de adolescente. Como seduzi-los? Participar de seus jogos, fingir interessar-se por aquilo que os interessa. Ele nunca teve tantas ideias em relação a Délia. Ele acrescenta um desprezo mal dissimulado pelos inúmeros Dupont e Durand que são pais de família. Em latim, "Dupont" é "Titius"[41] e os conselhos do poeta não são para ele: "Titius tem esposa, que não o deixa pensar nessas coisas; ele só faz obedecer conjugalmente. Meu magistério é apenas para vós, que sois maltratados por um garoto que sabe o que faz; sigam em peso minhas lições" (I, 4). A ilustre escravidão do amor faz de Márato o mestre de Ego, que, como um escravo, como um gladiador,[42] aceita todos os suplícios com antecedência (I, 9). Márato ama uma garota e Ego tem uma complacência indiferente e irritada por essas pequenas fraquezas; ele segura vela (I, 9) e espera que o rapaz não se atormente demais

---

41 Como sabe qualquer um que tenha dado apenas uma olhada no *Digesto*.

42 Tibulo, I, 9, 21; sobre o suplício de queimar um escravo no rosto com enxofre ou resina, cf. Plauto, *Captivi*, 597; cf. uma inscrição atroz de Pozzuoli (*Année Épigraphique*, 1971, 88, II, 11-4): "*pix, cera, candelae*".

pela criaturinha (I, 8). Em compensação, Ego sente ciúme quando um ricaço seduz Márato com seus presentes (I, 9) – embora a peça seja tão fria quanto se pode esperar de um elegíaco e apenas desenvolva na primeira pessoa uma situação típica de amor.

A ideia de que um poeta faça um autorretrato, que nos parece tão natural, seria menos compreensível para os antigos; a literatura dos antigos não é confissão, mas artesanato, e os amores por Márato não são mais sinceros do que os amores por Cíntia; tudo que Tibulo usou de si mesmo foi o fato de ter empregado o masculino, em vez do feminino, e essa escolha não era uma raridade que causasse surpresa na época; o artesão poeta lança mão de qualquer recurso que tenha à disposição. Um retrato mostra como era o modelo: basta dar uma espiada nele; um objeto de arte, não: um poeta moderno exprime seus sentimentos, basta lê-lo; um poeta antigo trai seus sentimentos a contragosto; conseguimos adivinhá-los por uma inferência causal mais ou menos arriscada, e não por uma simples leitura de uma confissão sincera. Eu estava inclinado a supor que Tibulo fez versos sobre o amor aos adolescentes pelo princípio, aproveitando confidências de amigos, e por uma curiosidade por preferências que não eram as dele; no entanto, se concluo que ele realmente preferiu os adolescentes, é porque, em seu caso particular, as probabilidades causais são excepcionalmente convergentes: para criar uma poesia do repulsivo com seus amores por Nêmesis, ele se inspirou no mesmo material que Shakespeare com seus dois Amores e seus sonetos sobre a Dama Negra:

> Tenho dois amores, que são meu recurso e minha raiva,
> Sempre me influenciando como dois Espíritos.
> O anjo bom é um homem de rosto belo e puro,
> O mau, uma mulher de pele doentia.[43]

---

43 Shakespeare, soneto CXLIV. A Dama Negra (*"ill coloured woman"*) reaparece no soneto CXXXIX; em contrapartida, a lealdade do coração masculino

Existem tantas razões para deduzir que o cavaleiro Tibulo preferia os adolescentes como para pensar que o cavaleiro Propércio amava as mulheres. Infelizmente, não porque Tibulo se traísse com tons mais pungentes ou uma apresentação mais empenhada: ficamos reduzidos à abdução causal, cuja credibilidade depende da experiência psicológica de cada um de nós. A Nêmesis de Tibulo é uma mulher de personalidade forte, uma outra Cíntia, com a qual Ego conhece a costumeira infelicidade dos amores elegíacos: ele é trocado por um rival rico e vive um verdadeiro suplício. Mas ele não vê nisso uma infelicidade ilustre, que prova uma alta ambição por um excelso objeto; ao contrário, ele despeja em cima de Nêmesis uma temática consagrada, em que o sarcasmo se misturava, desde séculos antes, ao repulsivo e, curiosamente, ao macabro.

Estetização do repulsivo: "Uma carniça", de Baudelaire, *O boi esfolado*, de Rembrandt, espectros e velhas, bruxas e cafetinas de Goya, e toda a veia misógina do nosso *Parnasse satyrique* e da corrente que decorre dos *Epodos* de Horácio e que poderíamos chamar de antipetrarquista.[44] Trata-se de uma poética paradoxal e, de fato, as elegias de Tibulo sobre Nêmesis, o Azango, culti-

---

é exaltada no soneto XX; "masoquismo"? Cf. os sonetos XCII-XCVI; a mulher fria, que se nega, aparece no soneto CXXIX. Depois de ler a elegia latina, folhear esses sonetos de Shakespeare é um verdadeiro banho de sinceridade; eles são talvez os versos de amor mais sinceros, mais verdadeiros, jamais escritos.

44 Antipetrarquismo: os dois epodos e a sátira de Horácio sobre os feitiços de Canídia, a feiura da mulher do soneto CXXX de Shakespeare, a "Vênus anadiômene" de Rimbaud, os sonetos de Saint-Amant e de Théophile de Viau sobre as velhas e as feias, os epigramas de Marcial ou os *Epodos* de Horácio sobre as velhas lascivas e venais, *La vieille heaulmière*, de Villon. Sem esquecer a frigidez, a "fria majestade da mulher estéril" de que fala Baudelaire, quase adjetivo por adjetivo; daí os "gelos" de que falam muito frequentemente os *Sonnets pour Hélène*, de Ronsard, ou o soneto I, 171, do *Canzoniere* do próprio Petrarca... ou *A princesa de Clèves*, desmistificação altiva de uma mulher fria e preocupada sobretudo com a sua tranquilidade; os ingênuos viram nela uma exaltação corneliana da fidelidade conjugal...

vam todos os paradoxos:[45] a riqueza vale mais que a felicidade numa cabana e o campo é o lugar da verdadeira escravidão amorosa. Nêmesis deixou a cidade e Ego sonha em ir encontrá-la bucolicamente (II, 3). Mas, desgraçadamente, as mulheres exigem presentes; "pois bem, já que Vênus quer ser rica, que o dinheiro venha a mim, para que o meu Azango resfolegue no luxo e toda a cidade a veja passar coberta com os meus presentes". Às vezes, Cíntia ou Délia preferiam um senhor mais ilustre que Ego, um governador de província; mas o homem que reina sobre Nêmesis é um antigo escravo, um nativo da Barbárie que foi exposto várias vezes no estrado dos escravos à venda, porque seus sucessivos senhores não tardavam a querer se livrar dele. Nêmesis foi para o campo com ele e Ego cobre o mundo rural de maldições e deseja que ele seja estéril. Ele vai ter com eles no campo, não mais para viver como um patriarca, mas para amargar uma escravidão pouco ilustre: "Levem-me: a uma ordem da minha amante, rasgarei o solo com o meu arado; não vou me negar a ser acorrentado e surrado". Nêmesis não está interessada em ser paga em versos: ela precisa de dinheiro, mais dinheiro; Ego a amaldiçoa, mas, com uma lucidez impotente, arruína-se por ela (II, 4).

Até aqui, Tibulo apenas inverteu os temas da felicidade campestre e da milícia amorosa;[46] apresenta temas mais sombrios, que, em outras peças, serviam apenas para destacar as luzes do amor. Acontece que essas luzes estão completamente ausentes das peças sobre Nêmesis, elas são negros paradoxos. E mais: a

---

45 Como diz muito bem Cairns (*Tibullus: A Hellenistic Poet at Roma*, p.154 et seq.), no "universo imaginário" de Tibulo, Nêmesis é ocasião para "paradoxos".

46 Presume-se tão firmemente que a vida do poeta é o que ele canta que Tibulo escreveu: "As armas do Cupido fizeram a minha infelicidade: estou no chão há um ano, ferido por Nêmesis; comprazo-me na dor e o próprio sofrimento me é prazer; só faço cantar Nêmesis, de fato, e, sem ela, não poderia encontrar as palavras nem a rima do mínimo verso" (II, 5, 109).

noite delas é goyesca (II, 6); é cheia de alcoviteiras, que gostam de trazer más notícias, e permeada de blasfêmias e maldições contra os próprios deuses. E, sobretudo, Tibulo, que em geral é tão econômico em precisões biográficas quanto seus colegas de elegia, dá um detalhe, um único detalhe sobre o passado de seu azango, e que detalhe! "Tem piedade de mim", exclama Ego:

> piedade, em nome das cinzas da tua irmãzinha, morta antes da idade; que a esse preço a menina encontre paz sob a terra. Se fizeres pouco da sua alma, ela te mandará pesadelos: enquanto dormes, tua irmã se erguerá lugubremente aos pés da tua cama, semelhante ao que ficou quando caiu do alto de uma janela e, toda coberta de sangue, alcançou a margem do inferno. (II, 6)

Devemos supor, portanto, que Nêmesis teve uma irmã mais nova, morta acidentalmente antes da mais velha. Para os antigos, não existia fantasma mais assustador; todo ser que era privado de sua cota legítima de vida culpava seus parentes, que dividiam entre si o que restava de sua parte de anos, e queria se vingar; os parentes preveniam o ressentimento do morto, acusando-o em seu epitáfio de tê-los abandonado cruelmente.[47] De acordo com as regras das pompas fúnebres, o enterro dos jovens seguia disposições particulares.[48]

---

47 Cf. os estudos de Cumont e Boyancé sobre o *funus acerbum* (esse era o termo técnico), citados na *Revue des Études Anciennes*, LIV, p.275. Sobre a repreensão dos vivos ao jovem defunto, cf. Veyne, *Revue des Études Anciennes*, XLVI, p.51; *Annales de la Faculté des Lettres d'Aix*, XLIII, p.192. A indignação dos que morrem precocemente e são privados injustamente de sua cota de anos é a explicação simplicíssima do último verso da *Eneida*, que é traduzido muitas vezes com um falso sentido da última palavra e cuja tradução exata é a seguinte: "E sua vida, com um grito de revolta, refugiou-se no fundo da Sombra"; Turno fica indignado por morrer antes da idade.

48 Como ensina a inscrição publicada na *Année Épigraphique*, 88, II, 19.

Pensamos mais uma vez nos poemas fantasmáticos do nosso *Parnasse satyrique*.[49] As afinidades eletivas entre temas às vezes têm uma lógica secreta por trás de sua aparente gratuidade; que bela ligação entre a repulsa por uma mulher e o terror do além! Isso corresponde a uma realidade, a traumas ou momentos de delírio observáveis, mesmo em nosso século, e não afirmo isso confiando na palavra de um psicanalista. Por outro lado, a megera e o macabro pertencem a uma mesma estética do repulsivo e, nos epodos de Horácio, a amante execrada é também uma feiticeira perigosa.[50] Nesse caldeirão de bruxas também entram temas pouco apetecíveis, como a venalidade e o crime, porque as bruxas também são cafetinas e envenenadoras; "não tens medo, à noite, deitado ao lado da tua feiticeira, sozinho com ela no teu quarto?", escreve perfidamente ao marido uma esposa abandonada e ciumenta.[51] Em Tibulo, falta apenas a estetização do medonho, os ultrajes que os anos cometem contra o corpo feminino, tão suave; fazer o belo com o feio estava acima da ousadia de Tibulo, que também não cultivou este outro tema repulsivo: a desordem de objetos heterogêneos, o amontoado confuso em que uma coisa maléfica se junta bizarramente ao desprazer da mixórdia.

---

49 Em particular, numa ode admirável de Théophile de Viau, "Un corbeau devant moi croasse" ["Um corvo diante de mim grasna"].

50 Sobre o medo muito real que se tinha do sobrenatural, uma testemunha não suspeita de verbalismo é Horácio, *Epístolas*, II, 2, 208; ele dá conselhos amigáveis sobre os defeitos mais comuns, dos quais todos podem se emendar: avareza, ambição, ira, medo de envelhecer, falta de indulgência pelos próximos, envelhecimento rabugento, medo dos pesadelos, das bruxas e das almas do outro mundo.

51 Ovídio, *Heroides*, VI, 95. É preciso saber que certos maridos deixavam um escravo dormir no quarto do casal; outros, por pudor, deixavam um escravo do lado de fora, guardando a porta do quarto. Era raro que um romano ficasse sozinho: um escravo estava sempre presente, porque ele podia precisar dele, nem que fosse para "atar a correia de sua sandália" (como diz o Evangelho), o que evidentemente ele não saberia fazer sozinho.

Se Tibulo tivesse se limitado ao macabro e à misoginia, não poderíamos deduzir nada daí; além dele, outros desenvolveram a temática antifeminina por gosto pela sátira ou pelo verbalismo, ou por ressentimento contra uma desalmada, como os *Sonnets de contr'amor*, do grande Jodelle, pouco suspeito de não ter amado as mulheres. Mas Tibulo tratou também do amor aos adolescentes com mais gosto que a média de seus contemporâneos, e ama Délia apenas vagamente e no modo optativo. As presunções acabam sendo fortes. Ou com Nêmesis o cavaleiro Albius Tibullus se curou da fobia que tinha das mulheres, ou ele amava as mulheres, mas, como se diz em Nápoles: "*Si, le ama, mà non è fanatico*"; uma ligação feminina despertou nele um pouco de atração misturada com muita repulsa; então ele transformou a rejeição que sentia pelas mulheres na infidelidade de uma mulher vil o bastante para trocá-lo por um novo-rico que saiu da lama, um ex-escravo que enriqueceu.

Mas acontece que a elegia não é um confessionário. Tibulo sonha com a paz pastoral, fala da infelicidade de amar, da atração por adolescentes e do repulsivo, mas nunca abandona os lugares-comuns, a poética de Calímaco, sua política de frieza; temos de nos conformar em não saber nada de sua biografia e daqueles e daquelas que ele amou. Talvez a verdadeira motivação das elegias sobre Nêmesis seja mais a curiosidade do que a fobia; Propércio se interrogava sobre a estranheza do desejo feminino e Tibulo investiga as torturas e as humilhações incompreensíveis dos que amam as mulheres; bem feito para eles.

"Uma única coisa me consola da morte da minha mãe", disse Hipólito mandando Fedra às favas, "é que agora posso odiar todas as mulheres, sem exceção."[52] Se posso confiar em meus escritos sobre a homossexualidade romana,[53] ela compreendia dois grupos: uma grande minoria de convictos exclusivistas,

---

52 Sêneca, *Fedra*, 578. Acredito que Sêneca sabia do que estava falando.
53 Em *Communications*, n.35, p.26.

como a que existe entre nós, e na qual estão Hipólito e nosso Tibulo; e uma ampla maioria de pessoas que apreciavam os dois amores, mas com os rapazes tinham apenas um prazer epidérmico, sem paixão; entre eles, Propércio, do qual ainda nos lembramos das palavras fortes sobre a estreiteza e a tranquilidade dos amores masculinos (II, 4). Propércio também cultivou a estetização do repulsivo; o fantasma de Cíntia vem se debruçar certa noite sobre a cama do poeta: o vestido que cobria seu corpo estava queimado e o fogo tinha lambido a esmeralda que ela usava no dedo (IV, 7). Os romanos queimavam seus mortos; a família assistia à cremação e as cinzas da pira eram espalhadas para que se pudesse recolher os ossos queimados e colocá-los numa urna. Propércio é mais dotado para o macabro do que para a misoginia; a única mulher da qual ele fala mal é uma cafetina pavorosa, que ele acusa de ter contrariado seus amores poéticos, e ele aproveita para satisfazer seu gosto pelos *tours de force*: passa do delicado ao horripilante em dez versos (IV, 5). Propércio não tem aquela varinha mágica que faz as palavras cintilarem e é privilégio dos grandes poetas; mas ele quase se aproxima disso nestes versos: "A primavera é ainda a estação do teu sangue, e teu ano ainda não tem rugas; não deixa perder o que o amanhã sacrificará de teu rosto. Sabe que vi os vivos roseirais de Sorrento perfumado murchar e cair no siroco de outra aurora".

Uma cafetina cita esses versos de antologia às gargalhadas, como uma amostra dos únicos presentes que os poetas tinham condições de oferecer às mulheres; e Ego, que ouvia tudo escondido, sentiu que o terror fazia seu sangue gelar nas veias.[54] Mas mal a velha blasfemou, uma apoplexia vingou os poetas: Ego a viu perder o ar de repente e levar uma mão impotente ao pescoço encarquilhado, enquanto uma mancha de sangue escorria dos vãos entre seus dentes; o casebre onde o fogo se apagara

---

54 Sigo a interpretação de Rothstein.

encheu-se de pavor; que a velha ânfora decapitada que será o túmulo da cafetina sirva de alvo para as pedras e as maldições.

Em Propércio, o repulsivo é apenas uma estetização paradoxal; já Tibulo despeja nele todas as suas fobias e fantasmas; Nêmesis talvez tenha sido apenas um produto de seu inconsciente. Podemos ver aqui quais são os verdadeiros vínculos entre a poesia elegíaca e a personalidade de seus autores; podemos vê-los melhor ainda se fizermos uma experiência decisiva, a do pastiche. Propomos ao leitor a seguinte brincadeira: ele deve escolher uma lembrança particularmente querida ou dolorosa e tentar transformá-la num texto literário; mas com uma condição absoluta: o valor desse texto não deve ser resultado da sinceridade e do esforço para tornar claro para o outro o que foi a experiência vivida; ao contrário, o leitor deve fazer um pastiche de um gênero mais tradicional: elegia, *lied*, soneto petrarquista; o texto deve "sustentar-se" formalmente e não ter como única beleza a transparência comovente.

A tentativa não precisa ir muito longe para que ocorram algumas coisas. *Primo*, as necessidades formais nos fazem alterar, sem nenhum escrúpulo, a historicidade da lembrança, até transformá-la completamente (o epílogo de uma ligação amorosa será o seu início, se preferirmos mostrar a companheira como uma conquista ou uma iniciadora). *Secundo*, simplificações e repetições reduzirão a história a alguns temas que serão repetidos[55] "estruturalmente", e esses entrelaçamentos terão um caráter decorativo. *Tertio*, esses temas serão muitas vezes alheios à historicidade: o pastichador verá que durante a brincadeira lhe ocorrerão ideias que ele nem sabia que tinha; ele vai se deliciar com elas e a caneta correrá fácil. No fim, o texto não terá mais

---

55 Eles serão tão bem repetidos que isso permitirá que o estruturalismo se exerça; alguns textos ou contos, com a sistemática um tanto simplista das artes primitivas, tira partido de uma temática feita de pares de oposição (alto e baixo, céu e terra etc.).

nada em comum com a lembrança inicial. *Quarto*, apesar disso, o pastichador, mesmo mentindo a respeito dessa lembrança, sente um nó brando ou doloroso na garganta, do qual apenas o prazer de produzir um lindo objeto o distrai um pouco; sem dúvida, ele abriu mão de celebrar sua lembrança, fazendo um retrato fiel dela, mas ele fez uma coisa muito melhor: construiu em sua homenagem um monumento altamente decorativo. Agora ele tem outra profissão: arquiteto.

Palavra de honra: essa brincadeira simples é suficiente para nos fazer compreender Dante e Petrarca; arrancando da trilha autobiográfica, as imposições semióticas tornam possível a invenção de uma temática. A Laura de Petrarca existiu realmente, mas o que o poeta diz a respeito dela não tem nada em comum com os sentimentos que ele nutriu por ela durante algum tempo, nem com nenhum sentimento humanamente plausível; essa Laura nunca será identificada, porque Petrarca fala dela apenas em termos muito vagos e, se ele fala assim, é porque o narratário não precisa saber mais: a ignorância é um fato semiótico positivo, como nos elegíacos. Mas, ao contrário dos poetas romanos, Petrarca conservou, ou embalsamou, piamente a lembrança da emoção amorosa inicial, pretexto modesto para uma alta ficção, e não escondeu esse episódio autobiográfico; ele tinha o direito de contar sua vida privada, coisa que os elegíacos não tinham.

10
O paradoxo divertido e o processo do prazer

Um poeta nunca é sincero, porque é poeta. Sua alma é mobiliada com um certo número de sentimentos, como a dos outros homens; mas, além disso, no meio dessa mobília, ele tem um espelho, que reflete o resto da mobília. De modo que pensamos apenas nesse resto e esquecemos que o espelho também é um móvel; a alma que tem esse móvel de Narciso ou de exibicionista não é a mesma que teria a mesma mobília, com exceção do espelho.

Para completar, esse espelho inventa o que supostamente representa. Quando o homem deixa de ser tosco, ele se complica, tem novos centros de interesse. A poesia religiosa não exprime o indivíduo, mas o que, nesse indivíduo, aprendeu a religião; a poesia petrarquista exprime a vida interior de um poeta que cultiva, com a pena na mão, a oração amorosa, à maneira dos exercícios espirituais: a escritura não é uma maneira mais fraca de amar, uma imagem frouxa da realidade. Nós temos universos, chamados universos imaginários, que exploramos com tanta paixão e proveito quanto a realidade, e esse enriquecimento das relações entre o homem e a obra é o destino de todos que se interessam por alguma coisa, ainda que seja a literatura romana. Mas o autor, mais homem de letras do que personalidade rica, pode ter outra riqueza, além da verborragia pela qual ele acredita que pensa? Que interessa!

> O talento do lirismo é o talento da inexperiência; o poeta sabe pouco do mundo, mas as palavras que brotam dele formam belas combinações que são definidas como o cristal; o poeta não é um homem maduro e, no entanto, seus versos têm o tom de uma profecia diante da qual ele próprio fica aturdido.[1]

Além disso, é muito difícil saber se um homem está pensando ou falando; conheço mentes filosóficas de primeira grandeza, e não exatamente antiquadas, que ainda não conseguiram decidir se Lacan e às vezes até Heidegger estavam pensando ou falando. O petrarquismo é como um partido político ou um programa: cada um inclui o que pode, verbalismo ou estados de oração; é típico de um partido ou de qualquer "espírito objetivo" reunir numa liga ou numa unanimidade ilusória interesses e caracteres muito diferentes, contra a vontade deles. Metade dos nossos poetas do século XVI petrarquisou e, ao mesmo tempo, apaixonou-se por uma mulher real.

A poesia amorosa é exercício espiritual, mas o amor não é nada além disso; ele é uma criação cultural. É muito difícil delimitar a arte, porque seus interesses não são castamente diferentes dos da vida; a conversação e os modos à mesa são arte. Como as outras artes, toscas ou refinadas, a paixão amorosa interessa apenas a uma minoria de amadores; entretanto, por suas consequências éticas, ela está mais na mira da opinião pública do que, por exemplo, o piano ou o estilo dos gestos ou da fisionomia. A arte amorosa tem sua história, seus períodos rudes, brutais, requintados, platônicos; em todas as sociedades,

---

1 Kundera, *La vie est ailleurs*, p.301.

vemos o desejo de pôr certos indivíduos em estados extremos, porém com mais ou menos frequência e em formas diferentes: violar, raptar, bater, ser um chichisbéu, fazer a corte ou oferecer dinheiro. A percepção e a conceituação desses fatos variam no mínimo tanto quanto os fatos em si e, em geral, têm pouca relação com que eles são; a capacidade dos grupos humanos de se iludir sobre si mesmos é quase infinita, e o número de conceituações possíveis é tão grande quanto. Na China, se um homem letrado perdesse a cabeça por uma mulher, considerava-se que ele havia sucumbido a um ataque de "sensualidade"; em Roma, apenas a ideia de que um escravo pudesse se apaixonar fazia rir:[2] os escravos não eram crianças grandes? Como levar a sério suas paixões?

As relações entre o amor e a literatura variam conforme a época, tanto quanto as relações de duas outras artes como, por exemplo, a literatura e a pintura, e não podemos decretar definitivamente que a literatura amorosa é um espelho enganador, que nunca tem nada em comum com as realidades amorosas da época. Um detalhe bastante conhecido é que a literatura difunde modelos de comportamento: no nosso século, a paquera é um descendente distante e direto do *amor de longe* dos trovadores.[3] Em Roma, um senador louco de amor, não sabendo mais o que oferecer a sua amante, dá a ela o direito de vida e morte sobre ele;[4] esse tipo de comportamento supõe um modelo cultural, se não literário. Os poetas elegíacos fizeram muito sucesso, foram muito lidos e logo se tornaram clássicos, o que certamente influenciou os leitores. Outros modelos eram propostos pelas canções, que falavam muito de amor; as canções de Horácio, para as quais ele mesmo compunha a música e que chamamos de *Odes*, eram muito populares e deram ao autor uma fama de

2 Cf. *Latomus*, XL, p.254.
3 Spitzer, *Études de style*, p.105.
4 Tácito, *Anais*, XIII, 44.

compositor tão lisonjeira quanto a sua fama de poeta.[5] Marcial, outro autor de sucesso que era lido até em Viena e Lyon, no fim do mundo, fala frequentemente do amor no modo normativo, como se presumisse que os leitores procurassem espontaneamente aprender lições com os poetas. Nunca é inteiramente em vão que se jogam ideias não prosaicas no ar. Porque a realidade vivida é ela própria uma espécie de arte.

A poesia elegíaca chegou ao ponto de caracterizar um modo de vida, como fizeram o romantismo ou o existencialismo, um meio literário ou ao menos um grupo, como fizeram os surrealistas? Custo a acreditar. Esses poetas preferem frequentar outros poetas, mas são solidários com um meio nobre, em que a cultura era considerada uma distinção e amplamente difundida; o prazer era uma questão de escolha individual, de vida privada, como no meio retratado por Saint-Simon (que raramente deixa de mencionar se tal senhor ou tal dama foram "galantes" na juventude ou se tiveram uma vida honesta). Nem boemia, nem mundo nupcial, nem meio literário experimentando uma nova maneira de viver que seja conforme com a doutrina;[6] não vemos acontecer, em torno do amor e da mulher, essa espécie de densificação das ideias, de fermentação inovadora, à maneira dos platônicos de Lyon na época de Maurice Scève ou das experiências de amor romântico no grupinho de George Sand e Musset. Em Roma, as artes de viver não eram elaboradas por grupos literários, políticos ou religiosos, mas pelas seitas filosóficas, como na China Antiga; a "filosofia" não tinha nada de uma disciplina acadêmica e limitava-se tanto ao estudo de umas poucas

---

5 Wille, *Musica Romana*, p.234-53.

6 Na época romântica, a vida de certos escritores (Byron) tornou-se "uma literatura oral apócrifa", tão importante quanto sua obra; cf. Tynjanov em Todorov, *Théorie de la littérature*, p.133, ou em Striedter, Stempel e Kosny, *Texte der russischen Formalisten*, v.1, p.455. O que cumpria esse papel na Antiguidade era a maneira de viver de personalidades que estavam em vista (Catão, Mecena) e, sobretudo, de filósofos.

ideias abstratas quanto a vida religiosa se limitava ao estudo da teologia: a filosofia era um método de sabedoria, de felicidade, e sua parte teórica fornecia e demonstrava receitas.

Fora dos próprios versos, os elegíacos aparecem em seu aspecto cotidiano, como na bela epístola que Horácio endereçou a seu amigo Tibulo (I, 4). O que encontramos nela? Um boêmio? Não, um homem ainda jovem, com tudo que podia desejar: riqueza, boa reputação, autocontrole, conversação brilhante; ele segue, "pensativo, as curvas das trilhas das colinas", porque está isolado no campo quando Horácio lhe escreve, e "ali se forma na sabedoria e no bem", fazendo exercícios espirituais laicos (por assim dizer) para habituar o pensamento a ver as coisas de uma certa maneira; porque esse homem "nunca foi um corpo sem alma", tem vida interior e sabe refletir sobre si mesmo; ele terá de se habituar também à ideia de que a morte não é nada. Horácio não faz votos piedosos: ele nos mostra o que era a filosofia (se o indivíduo pertencesse a determinada seita) ou "sabedoria"; na geração seguinte, essas práticas terão como resultado a difusão do hábito do suicídio na aristocracia romana. Assim era Tibulo pessoalmente cujos versos humorísticos descrevem prazeres fáceis, traem fobias, fingem uma voz negligente e cultivam movimentos artificiais; nada mostra tão bem que a elegia era um gênero divertido, uma brincadeira literária. Se pensarmos na precisão e na sutileza da escritura de Tibulo, veremos também o poeta como um artista probo e minucioso, um artesão cuja atividade se encerra numa oficina laboriosa e permanece separada do resto de sua existência.

A elegia era uma brincadeira, dizíamos. Pergunta-se como o regime imperial tolerou essa poesia do amor livre; a resposta será que apenas certas tiranias muito particulares não admitem que se brinque. Armand de Richelieu e Luís XIII, em plena guerra contra a Espanha, puniram com rigor Vion d'Alibray, que escreveu:

Je ne vais point aux coups exposer ma bedaine,
Moi qui ne suis connu ni d'Armand ni du Roi.
Je veux savoir combien un poltron tel que moi
Peut vivre, n'étant point soldat ni capitaine.

Je mourrais, s'il fallait qu'au milieu d'une plaine
Je fusse estropié de ce bras dont je bois. [...][7]

A elegia erótica romana, apologia do prazer e da milícia do amor, não era mais do que um divertido paradoxo: eu poderia ter me restringido a essa última frase e não ter infligido um livro inteiro ao leitor. Tibulo também não parece entusiasmado para ir para a guerra:

Se eu tivesse vivido na idade do ouro! Não conheceria as guerras sinistras, meu coração não saltaria quando soa o clarim. Eis que me arrastam para os combates e a arma que se fincará em meu corpo já se encontra talvez nas mãos de algum inimigo; protegei-me, gênios do lar dos meus ancestrais! (I, 10)

---

7 Não vamos privar o leitor do fim do soneto: "Ne me conte donc plus qu'on meurt autant chez soi,/ À table, entre les pots, qu'où ta valeur te mène.// Ne me conte donc plus qu'en l'ardeur des combats/ On se rend immortel par un noble trépas:/ Cela ne fera point que j'aille à l'escarmouche.// Je veux mourir entier et sans gloire et sans nom./ Et crois-moi, cher Clindor, si je meurs par la bouche,/ Que ce ne sera pas par celle du canon". [Trad.: "Não vou expor minha barriga aos golpes,/ Eu que não sou conhecido nem do rei nem de Armand./ Quero saber quanto um poltrão assim como eu/ Pode viver, não sendo soldado nem capitão.// Morreria, se fosse preciso que no meio de uma planície/ Eu fosse estropiado desse braço com que bebo./ Não me diga mais, pois, que se morre tanto em casa,/ À mesa, entre potes, como para onde te leva teu valor.// Não me diga mais, pois, que no ardor dos combates/ Tornamo-nos imortais por um nobre passamento:/ Isso não fará que eu vá à escaramuça./ Quero morrer inteiro, sem glória e sem nome./ E, acredita-me, caro Clindor, se eu morrer pela boca/ Não será a do canhão" – N. T.]

Em vez de servir à pátria, Propércio aprendeu com o Amor "a ser contra as moças honestas e a viver ao acaso, como faz o imprestável" (I, 1).

A elegia não contém o mínimo traço de ironia contra os falsos preconceitos, contra a guerra, contra o puritanismo; ao contrário, faz humor a partir de evidências comuns a todos, à custa de libertinos imaginários que não compartilham essas evidências. Só uma ortodoxia política ou religiosa poderia ter visto nisso um motivo de discussão. Mas há uma exceção: numa elegia que ficou famosa por seu caráter mais erótico (II, 15), Propércio, falando sério e em nome próprio, atreveu-se, se não a elogiar o prazer, ao menos a tentar desculpá-lo; como seu defensor, põe em jogo todas as ideias do bom senso da época, vamos analisá-lo mais demoradamente. Os elegíacos tinham uma graciosa indulgência[8] por todas as fraquezas: o humanismo helenístico exigia que fosse assim; já Propércio passa da indulgência para a apologia e os raciocínios intermináveis.

Portanto, os elegíacos exaltam comicamente, de um lado, o prazer e, de outro, o fato de se recusarem a fazer carreira. Porque, aos olhos de todos, ambos eram uma coisa só, já que tinham uma única e mesma causa: a "moleza", mãe do ócio, ou *otium*, e causa das fraquezas amorosas. A moleza! Ela era um dos pecados capitais da época, uma das evidências do senso comum; ela era tão fundamental para eles quanto Édipo é para nós. O mole é um mau militante do civismo e, por preguiça, não servirá à cidade; a mesma moleza o deixará sem defesas contra os ataques do micróbio do amor. Como disse Michel Foucault, escrevendo seu livro sobre o amor antigo: para eles, quanto mais mole se é, mais se faz amor. Lembremo-nos de

---

8 Essa graça, essa indulgência eram chamadas de *humanitas* e *venustas*; cf. um texto esclarecedor de Plínio, o Jovem, IV, 3, 4, elogiando essas qualidades nos *Mimos* de Herondas, com comentários de S. Luria, Herondas' Kampf für die veristische Kunst, p.413.

Catulo (LI), apaixonando-se à primeira vista e dizendo: "O *otium* te adoece,[9] Catulo, o mesmo *otium* que já causou a perdição de tantas cidades". Cantar o amor e sua milícia era gabar, paradoxalmente, o efeito do ócio e o próprio ócio,[10] netos e filhos da moleza. Mas, felizmente para Propércio, havia uma segunda verdade no senso comum: todos os males do indivíduo e da cidade (em particular as guerras civis, da qual Roma mal havia saído na época em que os elegíacos escreveram) são resultado de um traço perverso da natureza humana, que leva seus desejos além do mínimo exigido pela autarcia; os homens são cheios de cobiça e ambição, e sabedoria é aprender a não ser assim. Portanto, Propércio vai desculpar a languidez amorosa com base nessa segunda doutrina: quem faz amor tem ao menos o mérito de não fazer guerra civil. Sua elegia II, 15, faz um raio X de tudo que os homens tinham na cabeça naquela época e que, apesar das enganadoras coincidências de vocabulário, não se parece com o que pensamos. Já conhecemos a ambição de Propércio, que vê grande e tem uma ideia elevada do próprio talento; ele vai levar a sério os paradoxos divertidos dos elegíacos,[11] cair na utopia e transformar o cidadão mole num cidadão tranquilo. Como era de praxe, ele vai retratar um triunfo pontual, ou melhor, uma noite de amor típica com uma desconhecida intercambiável:

---

9 *"Tibi molestum est"*; cf. Cícero, *Ad familiares*, VII, 26, 1; Horácio, *Epístolas*, I, 1, 108; em outro sentido, Cícero, *Pro Caelio*, XIX, 43. Sobre a ideologia da moleza nessa peça LI de Catulo, cf. Fraenkel, *Horace*, p.212. A ideia é de origem helenística.

10 Daí o divertido paradoxo de Ovídio (*Amores*, I, 9): nada é menos ocioso, noite e dia, do que um amante.

11 Sobre a seriedade de Propércio em II, 15, cf. Boucher, *Études sur Properce*, p.13 et seq., e Burck, *Römische Wesenszüge der Liebeselegie*, *Hermes*, LXXX, p.163.

Que felicidade a minha, ó noite, minha boa estrela,[12] ó leito que meu prazer beatificou! Quantas coisas nos dissemos à luz da lâmpada e, extinta a luz, que corpo a corpo! Sim, vi-a atacar-me de seios nus, via-a também, com sua última peça de roupa, tentar me retardar. Foram seus lábios que fizeram meus olhos cansados abrirem-se de novo e disseram: "Estás dormindo, preguiçoso?". Que variedade nos abraços que tentaram nossos braços, que constância em nossos beijos que se demoravam em teus lábios! É desagradável estragar o prazer com gestos às cegas: o desejo tem os olhos como guias, caso o ignorasses; Páris, sim, Páris viu Helena sair nua da cama de Menelau e, pelo que conta, foi essa a sua perdição;[13] Endemião estava nu quando, dizem, tornou-se amante da irmã do Sol, e ele se deitou com uma deusa nua. Se bancares a teimosa e fores vestida para a cama, tua roupa rasgada conhecerá a força do meu braço; e não é só: se me fizeres perder ainda mais a paciência, poderás ir mostrar a tua mãe os braços que terei machucado. Teus seios ainda não caíram para que te proíbas essas fantasias: deixa isso para aquelas que têm vergonha de suas maternidades. Enquanto a vida nos permitir, enchamos nossos olhos de prazer: o que te espera é uma longa noite, com um dia que não raiará mais. Ah, se quisesses nos acorrentar nos braços um do outro com uma corrente que nenhum futuro fosse capaz de desprender! Vê as pombas, como o amor as prende, macho e fêmea, o casal perfeito. Os que se perguntam quando acaba a demência do amor não sabem o que dizem: a paixão verdadeira não tem fim. Se um dia a terra produzisse outra coisa que não seja aquilo que nela semeou o lavrador frustrado, se uma manhã o Sol fizesse trotar cavalos da cor da noite, se os rios

---

12 "Ô noite, minha boa estrela" traduz mal e mal "*o nox mihi candida*". Uma noite "cândida" é, evidentemente, a noite cintilante dos astros do prazer e do triunfo. Mas *candida* era também um epíteto religioso; o *candidus deux* era um deus bom, favorável: a noite era uma deusa que atendeu aos votos de Ego. Do mesmo modo, *beatus* (o leito beatificado) é um termo religioso. Cf. Catulo, 107, 6: "*o lucem candidiore nota*".

13 Sobre *pereo* ou *perdo* na linguagem amorosa, cf. *Ciris*, 430.

fizessem suas águas voltarem para a fonte e os peixes não fizessem mais que morrer no abismo marinho que elas não encheriam mais, nesse dia poderia me acontecer de passar meu tormento para outra que não fosse ela. Minha vida, minha morte, tudo pertence para sempre a ela.

Se esse boletim de vitória terminasse nesses versos, o leitor moderno poderia considerá-los, como fizeram Croce e Ezra Pound, o hino da sensualidade pagã, que desconhecia o pecado e o remorso, já que o cristianismo ainda não havia metido o verme no fruto proibido; para isso, bastaria ele ignorar que, na realidade, o paganismo foi um civismo extremamente puritano; teria de desconhecer que esse hino é tão típico e quase tão didático quanto um manual de sexologia, com posições e audácias clássicas programadas e progressivas. E pior: o anonimato da parceira, ou até sua ausência; não sabemos nada a respeito dela, ou mesmo de seus dotes físicos; o poeta fala apenas de si mesmo, ou melhor, de seus prazeres. Estranho prazer, cuja força não é consequência de um longo desejo ou de um entusiasmo pela beleza da amada: não há nada menos psicologicamente motivado do que essa sessão de amor que nos faz pensar numa sessão de ginástica. Se tivéssemos de dar alguma credibilidade a esse poema, teríamos de ver nele a ingenuidade de um adolescente que descobre o amor físico e se encanta menos com a amada do que com as etapas do amor que alcançou e as interdições que finalmente desafiou. Mas isso é falso, naturalmente; a verdade é que os elegíacos, como bem sabemos, não cantam nem uma mulher nem uma ligação amorosa, mas dois temas que permanecem separados em seus poemas e que são a paixão infeliz em geral e, como aqui, a volúpia em geral, sem preliminares e independentemente da parceira. Não podemos tomar essa temática partida por um quadro fiel do amor tal como os pagãos o praticavam.

A passagem dos milênios deu a esses versos um prestígio enganador e é por isso que a continuação da elegia é desconcertante para os modernos. Pound preferiu cortar duas longas passagens de sua tradução e Croce[14] manifesta bem as reações de um moderno diante do que acabou de ler; partindo da ideia de um lirismo eterno (mas a semiologia comporta universais? Encontramos alguma invariante nela?), o grande esteta fica chocado com certa falta de bom gosto que em alguns momentos fazem esse hino sensual se tornar frio: "Nessa elegia, a alegria delirante da volúpia amorosa contempla a si mesma [ou entra em cena a intenção do leitor?], exalta a si mesma, afirma soberanamente sua própria lei e coloca-a acima de qualquer outro modo de viver; a ideia da morte a exalta, ao invés de afligi-la". Mas, em outros momentos, "no meio desse desfile de imagens sensuais vivas e cheias de realidade", o que vêm fazer esses versos que "interrompem o curso de uma sensibilidade ardente", abrindo espaço para considerações afetadas e banais e projetos de futuro: "Ah, se pudéssemos formar um casal como duas pombas!". "O elã poético retorna nos versos seguintes, que reivindicam claramente a *vesania amoris*, a demência do amor, depois vem uma ardente e enfática profissão da eterna fidelidade, ditada pela gratidão sensual."

Mas a continuação da elegia, que vamos ler agora, deixa Croce mais chocado ainda: "Depois dessa declaração de gratidão sensual", como aceitar certos versos rasos, afetados, em que aparecem Roma, o Actium, as guerras civis e a afirmação da inocência dos prazeres? Croce conclui que esses versos devem ser falsificação de algum falsário. Nosso leitor julgará por si mesmo, lendo todo o fim da elegia:

> Ah, se ela aceitasse me deixar passar as noites com ela daquela maneira, eu viveria toda a minha vida em um ano! E, se ela tivesse

---

14 Croce, *Poesia antica e moderna*, p.87.

de me conceder muitas, seria a imortalidade:[15] para transformar qualquer um em deus, uma noite basta. Se todo mundo quisesse viver à nossa maneira, dormir abraçados depois de beber muito, não haveria mais guerras, não haveria mais combates navais e o mar de Actium não rolaria cadáveres romanos; Roma não teria sido tantas vezes vítima de seus próprios triunfos[16] e não estaria cansada de fazer com tanta frequência o penteado de luto. Há ao menos um mérito que a posteridade deverá nos reconhecer: nossas garrafas nunca atentaram contra os direitos de ninguém, homem ou deus. Mas tu, enquanto teu dia ainda brilha, não deixa se extinguir por prescrição o usufruto da vida;[17] se me depositasses milhões de beijos, ainda seria pouco. Pétalas se soltaram da corola seca e tu as vês ondular aqui e ali no vaso: nós somos hoje amantes ébrios de seu triunfo, mas talvez o amanhã encerre também o nosso destino. (II, 15)

O amor sendo apenas uma escravidão, a não ser que seja uma afeição conjugal, Propércio, como bom greco-romano, conceitua a paixão feliz apenas como um instante de triunfo e entusiasmo sensuais; o lugar daquilo que seria para nós a ideia

---

15 Sobre a imortalização pelo prazer, cf. Fraenkel, *Elementi plautini in Plauto*, p.209. Os reis helenísticos, aos quais os súditos prestavam culto como aos deuses imortais, exibiam sua vida de prazer, suas relações com as cortesãs: vida invejável e, portanto, admirável para os súditos.

16 Entendia-se que as guerras civis, que terminaram no Actium, foram causadas pelo triunfo e pela riqueza de Roma, porque luxo e ambição são a causa de todos os males.

17 *"Tu modo, dum lucet, fructum ne desere vitae"*: cf. Williams, *Tradition and Originality in Roman Poetry*, p.779. Não nos causarão surpresa essas imagens financeiras de usufruto e "depósito": trata-se de uma fantasia sobre um poema de Catulo (VI), fazendo as contas dos beijos que Lésbia lhe deve; e, sobretudo, todo romano é um usurário, um homem muito interesseiro; entre os ricos, todo mundo falava de negócios e fazia negócios: os bancos não eram ofício apenas dos banqueiros. As palavras *deserere usum fructum* que lemos em Propércio eram um termo técnico da linguagem jurídica (*Digesto*, XLIII, 16, 3, 14).

de uma ligação duradoura é ocupado pela simples gratidão sensual de que fala Croce, e essa gratidão concebe a duração dos sentimentos apenas como a eternidade de um instante exaltante ou como a repetição um a um do triunfo de uma noite; o passional é apenas uma sensualidade extrema:[18] a Antiguidade não concebe o romantismo da paixão, ou melhor, só sabe glorificá-la como uma infelicidade fascinante, não como um valor positivo. Isso seguramente não quer dizer que os romanos, na realidade, não sentissem paixões amorosas que iam muito além do capricho sensual; a poesia é que os ensinava a pensar o que sentiam apenas como uma esplendorosa infelicidade; porque são os livros que nos ensinam como falar daquilo que sentimos: hoje, os eternos dramas passionais com nosso pai ou nossa mãe, que provavelmente existem desde sempre, só ocupam de pleno direito nossa mente e nossas conversas depois que lemos Freud.

Entre a primeira metade da elegia, tão didática em sua ginástica erótica, e a segunda, que conceitua o amor antes de desculpar o prazer em nome do Actium, não há o contraste, o efeito de quente e frio de que fala Croce; ao contrário, se conseguirmos nos colocar de um ponto de vista em que essa elegia deixa de parecer incoerente, teremos compreendido o que foi a poesia elegíaca romana: um retrato tão impessoal quando Ego finge fazer confidências como quando ele cai em raciocínios

---

18 Bergson (*Les deux sources*, p.39) ou Freud (*Trois essais*) apenas cometeram o erro de confundir a realidade dos sentimentos (que continuavam vividos, é claro, mas não pensados ou cultivados) com sua conceituação (que, é verdade, permite sua cultura e seu direito de serem exibidos, mostrados, publicados); em todo caso, afirmaram que o impulso extremo da paixão era concebido apenas como um excesso de sensualidade: "Lembramo-nos da descrição de Lucrécio: segundo esse poeta, as ilusões dos apaixonados dizem respeito apenas às qualidades físicas do objeto amado e não, como a ilusão moderna, ao que podemos esperar da paixão" (Bergson). Segundo Freud, os modernos dão ênfase ao objeto amado e seus méritos, ao passo que os antigos dão ênfase à pulsão em si. Isso é menos simples, já que a história da paixão não é uma montagem de invariantes.

intermináveis. Também não nos surpreendemos ao ver Propércio falar aqui, pela primeira vez e em seu próprio nome, para justificar o direito à volúpia: por gosto pelo *tour de force*, ele escreveu versos de uma ousadia erótica excepcional; antes dele, nenhum poeta havia sido tão audacioso e, depois dele, só uma peça dos *Amores* de Ovídio (I, 5) imitará as precisões, mas não o tom persuasivo; Propércio sentiu, portanto, a necessidade de justificar suas audácias diante dos leitores; por sua ousadia, esse poema provavelmente marcou época. Um didatismo entusiasta, uma profissão de fé no prazer, isso é a peça II, 15; em vez de uma confissão lírica, ela tem uma carga afetiva única por sua convicção; nisso, sua reputação não é usurpada.

Podemos ver, portanto, que tipo de homem foi Propércio e, em seu caso, encontramos uma síndrome clássica: a do intelectual irresponsável, que prefere as mulheres por causa justamente da irresponsabilidade delas. Propércio foi um extremista disposto a todas as audácias do pensamento e da arte, o que incluía o mau gosto; também foi um intelectual que fazia teoria de tudo: sobre qualquer base em que estivesse, especulava em cima dela, sem se preocupar com a estreiteza do domínio e as consequências para a base vizinha. E não é improvável que achasse as mulheres mais interessantes que seu próprio sexo; a ilustre escravidão, a mulher dura e rara que é amada exclusivamente, toda essa temática pertence apenas a ele. Os homens são maçantes e sérios demais, querem dinheiro, autoridade, prestígio, que de todos os ideais são os menos filosóficos; as mulheres, que são privadas de tudo isso, são o contrário; o mínimo gesto feminino é gracioso, porque não tem nada de oficial. Propércio trai seu sexo em benefício das mulheres, porque prefere suas ideias e seus problemas pessoais ao princípio masculino de realidade social. Mas, no fim das contas, existe um poeta com o qual ele se parece pela quantidade e qualidade do talento: nosso Jodelle. Propércio foi o único dos elegíacos a fazer um jogo duplo constante entre o nome de sua amada e o título de seu livro, entre sua egéria e sua leitora – eu ia dizer sua leitura. Como Dante trocando seu guia por Beatriz quando chega ao Paraíso, como Goethe nos últimos versos do *Fausto II*, Propércio é alguém que considera que o polo da feminilidade representa, antes de tudo, os antípodas do espírito de seriedade masculino e a poesia tem um rosto feminino. Os próprios versos de Propércio, com sua ambição e sua falta de habilidade, são de um autor que pensa mais em se dar prazer do que em agradar os leitores, cujas reações ele não consegue prever muito bem. Um ser solitário, egocêntrico, complicado: ele se desentendeu com Horácio e Tibulo; ele devia ver este último como um rival; Horácio, de temperamento fácil, dava-se tão bem com a realidade que não precisava ser ambicioso ou pretensioso: seus interesses coincidiam naturalmente com sua extrema boa-fé. Para completar o retrato, devemos acrescentar que Propércio, como Tibulo, era um senhor; assim, segundo uma observação de Ronald Syme, esse aristocrata mais feliz do que seus rivais faz menos sacrifícios à idolatria obrigatória ao imperador reinante do que um Horácio ou um Virgílio, que são poetas de origem plebeia e incensam o mestre como homens do povo e súditos fiéis.

Se havia um poeta romano feito para cantar uma mulher e celebrar a paixão, esse poeta era Propércio; mas ele veio cedo demais a um mundo jovem demais. Ele soube sugerir o fascínio sombrio da doença do amor, mas só ousou defender com convicção a volúpia. Mais ainda, em outras elegias, ele declara guerra à servidão amorosa em nome dos mesmos princípios que lhe permitiram defender o prazer e reinavam sobre todos os espíritos havia séculos: a saúde mental do indivíduo e a salvação da cidade.

As seitas filosóficas, a literatura e o "bom senso" ensinavam os romanos apaixonados a falar deles mesmos como doentes. Em textos violentos, o epicurista Lucrécio mostra que a paixão é uma forma patológica do desejo, e que saúde mental é proporcionar-se os prazeres de Vênus aqui e ali; que estranho furor é esse que exige um único objeto, uma mulher específica! A natureza não exige tanto fetichismo. O excesso de desejo, que é chamado de amor passional, é um comportamento de fracasso, que se volta contra si mesmo; Lucrécio faz uma pergunta muito simples: os apaixonados querem o quê, exatamente? O que lhes falta? Eles têm tudo. Querem a mulher amada? Ela está nos braços deles: isso não basta, a posse não apaga o desejo que arde neles, eles não sabem mais como saciar a fome que os devora, gostariam de absorver essa mulher neles mesmos.[19] A paixão é um desejo doentio,[20] que a satisfação não consegue matar: os amantes continuam fora de si.

Portanto, não se podia nem sonhar em cultivar essa doença como se cultivam pérolas: não se podia nem sonhar em estetizá-la glorificando-a; não se podia escrever os *Sonetos* de Shakespeare. Esses sonetos admiráveis são quase o contrário da elegia romana; eles são indubitavelmente a crônica de uma paixão vivida com ardor,[21] mas, ao mesmo tempo, eles dizem muito mais, e em formas bem mais estetizadas do que uma paixão que não pegou a pluma para escrever. Falta de sinceridade? Nesse

---

19 Lucrécio, *De natura rerum*, IV, 1063 et seq.

20 O amor como doença mental (em grego, "estar louco" é uma forma poética de designar o amor, e não simplesmente o amor extremo): cf. Catulo, 76, 25, e 83, 4, com nota de Kroll; "*insanire amores*", diz Propércio, II, 34, 2; com frequência, isso era visto como o efeito de uma conjuração de magia negra (Apuleio, *Apologia*).

21 Sei bem que poucos textos foram tão discutidos como esses sonetos; também é verdade que muitos intérpretes, constrangidos, gostariam de ter minimizado a sinceridade do grande poeta em seus amores masculinos, reduzi-la a uma temática da época, a lugares-comuns sobre a amizade... Na verdade, diz Fuzier (*Les sonnets de Shakespeare*, p.31 e 34), nada na poesia do Renascimento se parece com esses sonetos. Poderíamos até mesmo acreditar que a ordem atual desses sonetos reflete a ordem em que foram escritos: os doze primeiros recomendam ao jovem senhor amado que se case, gere um filho, para que sua frágil beleza não morra por inteiro; aconselhar o casamento a um descente de nobre linhagem era um pretexto decente para lhe falar de sua beleza, uma maneira hábil de entrar no assunto...

caso, teríamos de tachar de falso devoto um homem piedoso, que fazia exercícios espirituais. Os greco-romanos nunca fizeram exercícios passionais: se tinham vagar e queriam realizar uma cultura de si por si, algo que podemos chamar de arte, eles voltavam os olhos para as belas-letras, a sabedoria, a filosofia e tudo que na época já era chamado de *paideia*. Nessa época em que a astrologia tinha uma dignidade filosófica semelhante a que a psicanálise tem entre nós, um poeta[22] diz qual destino espera os que nascem sob o signo de Gêmeos: eles nascem moles, vivem na boa vida do *otium*, não querem nem ouvir falar de carreira militar e se cansam apenas na volúpia. Esse é o *mollius studium*, o mole interesse dominante que o horóscopo lhes reserva. A não ser que essa inação se volte para as atividades culturais, inclusive, diz o nosso astrônomo, a mais elevada de todas, o estudo do céu (deduzimos daí que ele próprio era de Gêmeos). Ou prazer, ou cultura: nunca o serviço apaixonado das damas.

Propércio, tendo decidido nessa elegia II, 15 que ia defender o que era defensável, não fará a apologia da paixão; nem mais uma palavra sobre Cíntia, sobre a escravidão amorosa: apenas os prazeres de Vênus. A volúpia não causa devastações; a batalha do Actium não teria acontecido se as pessoas se interessassem apenas pelos prazeres, disse Propércio; em outra parte, ele diz que a batalha aconteceu porque Antônio e Cleópatra ficaram loucos de paixão e, nessa outra elegia, ele também não brinca. No momento em que o poeta escreveu esses versos, dez anos haviam se passado desde a sangrenta batalha do Actium, na qual aquele que deveria se tornar o imperador reinante, Otávio Augusto, venceu o comandante romano Antônio e a rainha grega Cleópatra. O poeta começa obedecendo a convenção do Ego e as inversões humorísticas dos valores. Não compreendes, diz Ego a um amigo, que uma mulher faça o que quer de mim e

---

22 Manilius, IV, 152. Cf. Boll, Bezold e Gundel, *Sternglaube und Sterndeutung*, p.144.

que eu tenha me tornado seu escravo? Então, pela boca de Ego, Propércio lembra que esse tipo de servidão é muito frequente, como provam cem fábulas mitológicas (já conhecemos esse recurso ao núcleo histórico dos mitos); "mas por que ir atrás dos heróis e dos deuses?". Não vimos uma mulher perdida (Propércio se recusa a escrever o nome de Cleópatra) querer reinar sobre Roma, nossa pátria? Viva Augusto, que nos salvou dessa escravidão (III, 11)! Em Propércio, há uma reflexão séria sobre a paixão, um assombro absolutamente filosófico: por uma tragédia política ainda recente, foi possível constatar que enormes forças incontroláveis o amor era capaz de desencadear. Ego, o escravo de Cíntia, nos faz compreender o destino de Antônio;[23] assimilando seu personagem fictício ao inimigo de Roma, Propércio confirma que o paradoxo elegíaco não poderia ser tomado ao pé da letra e Ego não é seu porta-voz: com o patriotismo não se brincava.

A causa primeira desses dramas coletivos ou individuais era a moleza; Antônio sempre teve a fama de ser um festeiro, um homem que se entregava a todos os prazeres, e na época não se fazia distinção entre a sensualidade e uma dolorosa sensibilidade passional, já que a causa de ambas era a falta de virilidade; entre nós, o rei Henrique IV, amante desatinado e atormentado, conquistador cujo coração batia mais rápido que o coração de suas pretensas vítimas, era considerado um velho fogoso. E isso provava aos seus súditos que o rei tinha na cama o mesmo vigor que exibia nos campos de batalha e no trono.

Os greco-romanos tinham uma ideia parecida de alguns de seus homens públicos, entre eles Antônio, mas isso era um

---

23 Griffin, Propertius and Antony, *Journal of Roman Studies*, LXVII, 1977, p.18: "Propércio comete de propósito a gafe de se comparar a Antônio". Além de II, 15, e III, 11, Antônio é mencionado também em II, 16, numa homenagem intercalar ao imperador, e segundo o mesmo espírito: o amor é uma escravidão vergonhosa, e o próprio Ego diz: "Eu deveria me envergonhar, mas a paixão não conhece vergonha: a prova, Antônio".

paradoxo para eles: o paradoxo do mole enérgico;[24] eles se deliciavam secretamente com essa ideia e ao mesmo tempo a viam como uma exceção que não poderia virar regra e era civicamente suspeita: a do homem de ação exemplar, cuja vida privada não poderia ser apresentada como exemplo e que ostentava soberanamente seus prazeres. Na Grécia, tiranos e reis exibiam seus amores e o povo os admirava. Na história romana havia o tema do senador que levava uma vida efeminada e se mostrava cheio de vigor quando ocupava uma função pública: Cipião Africano, Sila, César, Petrônio e Otão têm a mesma audácia nos prazeres e no poder, o que era um modo de ser mais de senhores do que de verdadeiros magistrados.[25] Na realidade, o mole enérgico deve ter sido um caso frequente ou até típico da nobreza romana, que tolerava a liberdade de costumes e estava acostumada ao comando. Mas, quando raciocinavam como políticos, esses mesmos nobres viam nisso certa contradição: como é possível ser duro com os outros, sendo mole consigo mesmo? Apesar disso, eles se deliciavam com essa contradição e, quando o senador Tácito fala de governadores enérgicos de vida privada desprezível,[26] sem querer revela um gozo secreto, provavelmente porque o paradoxo dava ares reais a certos membros de sua elite e o prestígio de estar acima das leis comuns: eles eram exceções brilhantes, que davam brilho a todos os outros. Como

---

24 Sobre o paradoxo do mole enérgico, cf. Griffin, op. cit., p.19; Veyne, em *Diogène*, n.106, p.21.

25 Cícero diz a respeito de Catilina: "Quem se sujou mais do que ele nos prazeres? Mas quem suportou melhor fatigas e trabalhos?" (*Pro Caelio*, VI, 13). Sobre Sila, cf. Salústio, *Jugurta*, XCV, 3. Sobre Otão, cf. Suetônio, *Otão*, 3 e 11-2; Marcial, VI, 32, presta homenagem a ele. Valério Máximo, VI, 9, 2-6. A fábula 113 de Fedra também é uma história de mole enérgico, e curiosa para a história dos costumes. Sobre a juventude de Cipião, cf. Aulo Gélio, VII, 8, 5. Contra o prazer, o texto canônico é Cícero, *Hortensius*, apud santo Agostinho, *Contra julianum*, IV, 13 (73).

26 Tácito, *Histórias*, I, 22; II, 11 (Otão); *Anais*, III, 30 (Mecena); XVI, 18 (Petrônio); XIII, 46 (Otão); *Histórias*, I, 10 (Lucinius Mucianus).

a virtude viril era apenas um meio de ter autoridade, os romanos fechavam os olhos para os que alcançavam o mesmo fim por meios condenáveis e lisonjeiros.

O paradoxo era um segredo entre iniciados, que o vulgo não devia conhecer, e Propércio não podia basear sua defesa do prazer nesse esnobismo. Ainda mais que a exceção do mole enérgico não levava ao questionamento do princípio de que o prazer era filho da moleza; ao contrário, ela confirmava a regra: Tácito diz que um mole só se mostra enérgico sucessivamente, quando chega ao comando, ou então por um desdobramento de personalidade entre vida pública e vida privada, em que a moleza é separada do resto por uma divisão estanque.

Se um homem tinha uma queda muito grande pelas mulheres, isso provava, segundo eles, que ele era efeminado. Estamos diante de uma das armadilhas mais comuns do estudo da Antiguidade: muitas vezes acreditamos reconhecer nossos lugares-comuns, nossas eternas evidências de bom senso em ideias antigas que são implicitamente muito diferentes deles; o amor nasce do ócio: como não "compreender" uma ideia tão evidente que nem mesmo é falsa? Por acaso ignoramos que os dramas sentimentais são o flagelo doméstico dos ricos ociosos? Não sabemos que o homem fica disponível para o amor quando seu tempo e sua energia não são ocupados pela ambição ou por outro interesse qualquer, e que a ambição mata o amor, exceto quando o pratica? A problema é que, quando os antigos dizem que o *otium* produz a servidão amorosa, o que eles têm em mente é uma coisa muito diferente. A ideia deles é que é por fraqueza que um homem se recusa a militar pelo bem público ou pelo patrimônio da família; em todo caso, se não era fraco, ele se torna fraco, por preguiça e falta de exercício. Ora, essa moleza fará com que ele pegue o amor como quem pega uma doença: um organismo muito fraco não poderá se defender dele. Trata-se de patologia moral: essa não é a nossa ideia de disponibilidade; o amor não é uma coisa que nos interessa quando

Elegia erótica romana

não nos interessamos por outra coisa qualquer, mas um inimigo que nos pega de surpresa quando não vivemos nessa tensão constante em que todo homem deveria viver, para a salvação dele e de todos.

Ovídio tinha o dever, portanto, de completar o *Manual do amor* com um antídoto, que ele chamou precisamente de *Remédio do amor*. Em oitenta versos que parafraseio respeitando o vocabulário,[27] ele mostra que o principal remédio de sua farmacopeia é evitar a ociosidade, porque é ela a causa do amor: a indolência, a sonolência fazem o caráter perder toda a sua musculatura, seus "nervos"; é então que Amor entra sub-repticiamente nessa praça-forte sem vigilância. O que fazer? Qualquer coisa que ocupe o tempo: qualquer ocupação ativa é um preservativo ou uma medicação; pode-se seguir a carreira civil e militar, porque Amor segue o rastro da preguiça; cuidar de suas terras; caçar. Se nada disso adiantar, fugir para bem longe, fazer uma longa viagem:[28] nessa guerra, a vitória está na fuga.

Já vimos o problema: como garantir a integridade do homem cidadão, sua autarcia? O amor não era ainda um pecado em si, mas era um prazer cujo uso e abuso deveriam ser regulados por certa higiene de vida. Em resumo, dizia-me Foucault, atravessamos em vinte e cinco séculos três eras do amor: o prazer, a carne e o sexo. Os prazeres de Vênus ou *aphrodisia* são como o vinho: degustá-los encerrava um risco potencial e seu uso tinha de ser limitado ao que exige a natureza. Horácio diz o pouco que ela exige, nos termos mais crus e menos voluptuosos, e Lucrécio especifica que as posições do amor devem ser deixadas para as mulheres do *métier*: a natureza exige somente a posição mais

---

27 Ovídio, *Remedia*, 135-213.

28 Sobre viajar, cf. Ovídio, *Remedia*, 214; daí Propércio I, 1 e III, 21. O tema era bem anterior a Ovídio: em Propércio, I, 1, 31, o *"vos remanete"*, que ainda não foi bem compreendido, faz alusão à viagem como remédio ao amor escravo.

canônica, que é... de quatro, como os animais.[29] Porque não se deve complicar a natureza e nós a complicamos assim que estabelecemos o prazer como alvo deliberado; especular pelo prazer, ensinar o amor, à maneira dos elegíacos, é um refinamento contrário à natureza; a ciência gastronômica não prepara para o uso mínimo dos prazeres da mesa.

Então qual é a regra de uso dos prazeres venéreos? Houve duas morais sucessivas, uma mais restritiva do que a outra: a dos deveres do serviço público, que é a velha moral de Catão, e a da condução interior pela consciência, que será a ética estoica. A primeira reinou sozinha no século dos elegíacos. O homem cidadão é como o soldado que, depois de prestar serviço e fazer filhos legítimos numa mulher legitimamente casada, tem o direito de aliviar a natureza onde quiser e, como os marinheiros desembarcados, dar um bordejo. Ele só não pode se meter com as matronas (o que seria contrário ao serviço cívico) nem ultrapassar ou complicar a natureza (o que seria indigno de um viril soldado). Ele que vá rapidinho a um bordel,[30] já que o prazer não tem nada de positivo e é apenas um alívio, uma evacuação. A estrada do homem é definida como um espaço vazio, em que surgem, aqui e ali, etapas e proibições delimitadas; se o homem cumprir as primeiras e evitar as segundas, o percurso será correto. Para isso, o cidadão não tem necessidade de uma vida interior muito rica; ele só precisa se orientar maquinalmente por esses sinais, entre os quais o espaço é neutro.

Um século depois dos elegíacos, o estoicismo fará triunfar uma concepção muito diferente do serviço público: o homem é um combatente que obedece a si mesmo e se governa a partir de seu interior, graças a uma consciência sensata. Consciência sempre alerta, porque, como um bom administrador ou um motorista atento, a todo instante ela deve controlar

---

29 Horácio, *Sátiras*, I, 2, 111, e II, 7, 47. Lucrécio, IV, 1263 et seq.
30 Horácio, *Sátiras*, I, 2, 31. Cf., neste volume, cap.5, n.66.

racionalmente cada acontecimento, cada curva da estrada; ela racionaliza tudo e não deixa nada ao acaso. Essa boa condutora não tira os olhos da estrada, porque o espaço moral nunca é neutro, e essa atenção contínua se chama *tasis*.[31] Sabemos muito bem que, quando começamos a gerenciar e racionalizar, perdemos os limites e nada escapa. Se o álcool é um prazer perigoso, o mais seguro é abster-se completamente. Esses administradores que são os estoicos proibirão o amor fora do casamento e, mesmo no casamento, proibirão que a esposa seja acariciada com muita volúpia,[32] porque as pessoas se casam apenas para ter filhos. Assim começou a inversão dos valores pagãos, da qual a conversão do mundo antigo para o cristianismo é apenas um aspecto, mais tardio do que os outros; Pierre Hadot chama essa inversão de passagem do homem cívico para o homem interior. O prazer não é mais uma evacuação natural: não existe outra natureza a não ser a razão e o dever.

Já entendemos sobre qual antropologia implícita, muito diferente da nossa, repousam essas diferentes morais. Propércio não podia se basear nem sobre uma nem sobre a outra para defender o prazer, nem mesmo sobre a velha moral, porque tomar expressamente sua defesa, colocá-la como objetivo, falar dela, era demais: não se têm aulas de amor em aulas de caserna.

---

31 A vida moral cristã, que é precipitadamente comparada com o estoicismo, será ainda outra coisa. A era da carne e do pecado tendo sucedido à era da administração dos prazeres, o homem não é mais um administrador que controla racionalmente cada detalhe de seus negócios, ou um piloto que negocia o melhor possível, metro a metro, a trajetória de seu veículo: ele é um viajante, um pioneiro numa região selvagem; esse explorador deve estar atento contra as feras que podem atacá-lo de repente, a qualquer instante, e que se chamam tentações do pecado. Uma dessas feras é *lu lonza leggiera e presta molto*, isto é, a luxúria, que quase devorou o viajante Dante no primeiro canto do *Inferno*.

32 Sêneca, fragmento do *De matrimonio*, apud são Jerônimo, *Adversus jovinianum*, I, 49. Montaigne também aconselha "não acariciar a esposa com muita curiosidade", mas não por moralismo: apenas para não ser corno.

Felizmente para o nosso poeta, existia uma segunda doutrina do bom senso em sua época, que os modernos chamam de moral de Horácio e tomam por uma teoria da justa medida; baseando-se nela, Propércio dirá que os prazeres venéreos têm o mérito de não ser aqueles excessos que causaram o Actium.

A teoria da justa medida não era uma receita prática, mas uma antropologia geral. Horácio não diz que temos de nos colocar no meio do caminho, misturar um tanto de yin e um tanto de yang, ter cabelo nem muito comprido nem muito curto: ele diz que a quase totalidade dos homens não vive como deveria viver, certo imperialismo os empurra sempre para a frente, sem limites, e o espetáculo da humanidade é o de um hospício, em que a ambição e a cobiça provocam desgraça atrás de desgraça nos indivíduos e nos povos. Os homens transformam tudo em excesso e, se deixam de ser cobiçosos, é para exagerar no sentido oposto e tornar-se sovina. O homem tem vocação para a infelicidade, produto de uma falsidade fundamental, cujo único remédio são os exercícios espirituais leigos da sabedoria. Essa antropologia de Horácio, e também dos epicuristas, dos estoicos e de todo mundo, era uma daquelas doutrinas que, através da história, não estavam contentes com os rumos do mundo, achavam que ele era malfeito, viviam em estado de desgosto e condenavam a realidade.

Antropologia da moleza ou antropologia do excesso; temos de ver bem qual era a estatura de uma e de outra para as pessoas da época: elas eram evidências do senso comum e explicavam tudo. Eram sabedorias orais, como há literaturas orais, e é a falta de tratados técnicos que não nos deixa reconhecer sua dignidade histórica; elas são encontradas nas doutrinas filosóficas das seitas, mas por fragmentos, ou em estado pressuposto, ou em forma mais técnica. Elas eram o "bom senso" daqueles tempos. Para usarmos uma analogia contemporânea, nós mesmos temos um bom senso, ou melhor, dois, e eles são inimigos, apesar de coexistirem em cada cérebro. O primeiro diz que

Elegia erótica romana

todos os males do homem e da sociedade vêm da sociedade burguesa; o segundo diz que eles vêm das ideias socialistas, do individualismo moderno e do esnobismo de esquerda. Um e outro explicam tanto o desemprego quanto as aflições do amor (devidos ou à burguesia, ou às ideias modernas). Raramente explicitados, esses dois bons sensos aparecem nos escritos canônicos (Marx ou Tocqueville) numa forma mais elaborada, mas nem por isso deixam de ser evidências. O passado é cheio de evidências desse tipo, continuamente trazidas e levadas pela história; tanto que temos de nos resolver de uma vez por todas a aprofundar a ideia de que tudo isso não é verdadeiro nem falso. O que é bem mais difícil do que dizer que tudo isso é falso.

A primeira dessas antropologias explicava facilmente os males políticos e as guerras civis:[33] a energia é a força principal dos exércitos cívicos e a moleza deixa a infecção da cobiça e da ambição tomar conta dos cidadãos, daí a decadência, que segue o luxo e a luxúria; a segunda também explicava: as rivalidades da ambição e da cobiça egoísta destroem o civismo, daí a decadência. O pensamento político dos antigos ignorava a dimensão coletiva, a resultante inesperada de agregados individuais; a cidade era comparada a um batalhão, a uma tripulação, a um grupo de montanhistas amarrados uns aos outros, em que a salvação de todos depende diretamente de uma disciplina concreta, face a face, e da postura moral de cada indivíduo: o moralismo dos antigos na política é consequência de sua sociologia individualista e de sua assimilação de uma sociedade complexa a um pequeno grupo concreto e homogêneo. Quando condenavam a libertinagem, não era porque julgassem *pétainescamente* que a família é a célula da sociedade, mas porque um amante dos prazeres seria um mau militante. Propércio retruca que ele não seria nem ambicioso nem cobiçoso, e que a libertinagem é

---

33 Entre os numerosos textos que estabelecem essa ligação entre a cobiça e as guerras civis, que para eles era evidente, citamos a ode III, 34, de Horácio.

politicamente inofensiva. O que já era razoavelmente paradoxal; Cícero levaria um susto, se o lesse. Porque, para Cícero, os jovens senadores libertinos de sua época, que foram inimigos políticos da velha raposa que ele era, eram um partido político sedicioso; Catilina e Clódio, seus adversários, eram dois estroinas; quem não respeita a moral também não respeitará o Senado. Propércio teria retrucado que indivíduo mole é apolítico.

Como a elegia romana não é nada menos do que contestadora, a moral de eliminação dos excessos é o solo firme em que essa poesia se constrói, quer o poeta tire dela consequências comicamente paradoxais, quer a leve a sério; ela é a chave do tema campestre que Tibulo tanto prezava. Sim, Propércio brinca quando sente saudade dos costumes de Esparta, onde se podia ver moças seminuas nos campos de esporte; a antiga rudeza tinha seu lado bom (III, 14); é daí que vem a infelicidade de Ego? Do fato de que as moças exigem pagamento; estamos certos quando dizemos que a cobiça é a mãe de todos os males: antes da nossa era de decadência, umas flores, umas frutas eram suficientes para comprar favores (III, 13). Dessa vez, a brincadeira é de uma ousadia surpreendente, que mostra que Propércio tinha um temperamento temerário: se Roma ignorasse as riquezas, se o palácio do nosso imperador fosse uma cabana, as moças não seriam venais (II, 16); vinte anos depois, nenhum poeta teria se arriscado em familiaridades tão ousadas. Em compensação, Propércio não brinca[34] numa elegia que não tem nada de erótica: trata-se de um canto fúnebre em que ele chora a morte de um amigo que por cobiça, mãe de todos os males, lançou-se ao mar para enriquecer e naufragou; Ego, esse preguiçoso, morrerá apenas de amor (III, 7).

Tibulo também brinca às vezes, mas em geral o tema rústico é sinônimo de eliminação dos excessos e da infelicidade. A elegia não é mais do que o mundo comicamente invertido; ela é o

---

34 Sobre a seriedade de Propércio, Boucher, op. cit., p.357.

retrato pouco edificante de um meio urbano decadente. O Ego de Tibulo não está no campo, mas sonha em ir para lá, porque o campo desvira o paradoxo e é seu avesso sério; no campo, as coisas são como deveriam ser: simplicidade virtuosa, felicidade quase conjugal. Numa palavra, Ego sonha com a paz campestre, vê as coisas segundo a verdade delas, julga-se, a si mesmo e a sua libertinagem, como o julga o narratário. Desejando o campo, ele confessa que não é preciso viver como ele. No campo, o amor deixa de ser uma escravidão e não é mais do que uma terna amizade; o próprio Propércio sabia disso (II, 19): "Casto é o campo; lá, não há jovem sedutor cujas palavras doces não permitam que uma mulher continue comportada". Amor sem infelicidade, desapego, fim de todos os excessos: a vida rústica é uma arte de viver não conformista que nós não praticamos.[35]

Essa eliminação dos excesso pode ser aplicada ao prazer (isso é objeto de uma sátira de Horácio), mas não à paixão, por definição, porque "não se pode regrar nem chamar à razão uma coisa que não tem nem limite nem previsão; a paixão é um sentimento cego e instável como o mar agitado".[36] Para terminar, vamos mostrar como o tempo passa. Dezoito séculos depois, um ministro do grão-duque de Weimar troca a Alemanha por Roma e lá, aos 40 anos, descobre o amor de dois corpos nos braços de uma irregular interesseira, se não venal; ele reescreveu, mas à sua maneira, a voluptuosa noite de amor segundo Propércio, e por um bom tempo essa *Elegia romana* de Goethe causou escândalo na Europa:

> Ela se mexe em seu sono e mergulha em toda a largura da cama; ela se afasta de mim, mas deixa a mão na minha mão. Basta apertar-lhe a mão para ver os olhos celestes abertos de novo... Oh,

---

35 Sobre o tema rústico e suas implicações de filosofia do senso comum, um texto muito claro é *Culex*, 79-97.

36 Horácio, *Sátiras*, II, 3, 268.

não! Deixai-me repousar unicamente na imagem de seu corpo! Continuai fechados! Vós me assustais, me inebriais, me roubais cedo demais o prazer mudo da pura contemplação. Que majestade nessas formas,[37] que nobreza nas curvas desse corpo! Bela como Ariadne adormecida![38]

Como pudeste fugir, ó Teseu? Nada além de um beijo nesses lábios: vai-te agora, Teseu! Vê seus olhos que despertam: ela te tem para sempre. (*Römische Elegien*, XIII)

Propércio tentava fazer acreditar na inocência política dos prazeres de Vênus, Goethe afirma de forma provocante a inocência e o desvario do pecado da carne. Longe de cultivar um paradoxo humorístico, ele procura o escândalo:

Honrai quem quiserdes! Quanto a mim, eis-me bem escondido. Belas damas e senhores da alta sociedade, pedi notícias de vossos tios e tias e, depois das palavras obrigatórias, passai à mesa de jogo para vos arruinar. Boa viagem a vós também, salões grandes e pequenos onde muitas vezes quase morri de bocejar; como quem não quer nada, espalhais habilmente os mexericos escandalizados que perseguem o viajante por toda a Europa... Não me descobrireis tão cedo no asilo que me concedeu o Amor, esse príncipe que me protege soberanamente; ele me cobre com suas asas: a bem-amada, cuja alma é verdadeiramente romana, não teme os gauleses... Preocupa-se muito pouco com o que dirão e dá atenção, com que solicitude, apenas aos desejos do homem a quem se entregou. Porque ela sente prazer com esse estrangeiro vigoroso e pouco empertigado que fala de uma terra de montanhas, neve, casas de madeira. Ela arde na mesma chama que acende em seu coração

---

37 Essas formas, *Bild*; devo essa tradução à amizade de Daniel Rocher.
38 Goethe se inspira em outra elegia de Propércio em que o poeta descreve Ariadne adormecida, segundo uma estátua; cf. Kreyssner, *Die bildende Kunst bei Properz, Würzburger Studien*, XIII, p.189; Boucher, op. cit., p.53. E ele viu a *Ariadne adormecida* do museu do Vaticano.

e fica contente que ele seja menos meticuloso, no que se refere ao dinheiro, do que os romanos: ela tem uma mesa farta, não lhe faltam toaletes e tem um carro para ir à Ópera. Mãe e filha estão ambas muito contentes com o hóspede nórdico e um bárbaro reina assim num coração e num corpo romanos. (*Römische Elegien*, II)

Um poeta antigo não teria tido o direito de publicar sua vida privada desse modo; mas a Bíblia e o quarto Evangelho fundaram uma nova legitimação, a do testemunho sincero.

Já Propércio e os outros elegíacos são testemunhos involuntários. É claro que, quando os lemos, sempre ficamos com a impressão de que, apesar de tudo, existe alguma coisa pessoal e verdadeira em seus versos. Essa impressão não é falsa, é apenas confusa. Para *falar* tanto de amor, não há dúvida de que Propércio deve ter se interessado pessoalmente pelo amor e pelas mulheres; mas *o que ele diz* não é o que ele viveu: era o que dizia a lei do gênero, o pacto com o leitor e com as ideias preconcebidas.

11
Pragmática: com que direito você publica sua vida privada?

Se somos homens públicos, temos o direito de escrever nossas memórias: elas interessarão a todo mundo, porque são história; os desconhecidos também têm direito a certa publicidade, quando se tornam heróis de um caso extraordinário; os incidentes mais banais também são interessantes, se acontecem a uma pessoa conhecida. E os outros? Podemos fazer literatura com eles, desde que aquilo que contamos seja considerado interessante na sociedade em questão.

A elegia romana era tratada como um paradoxo humorístico e interessava por esse motivo. Porque a paixão era considerada uma doença, uma fraqueza, uma escravidão. Ora, ninguém escreve para publicar seus erros, exceto se tiver a intenção de divertir ou edificar outros pecadores. O que diria a direção do *Journal des Savants* se um filólogo quisesse publicar, apresentando como errada, uma teoria equivocada que certa vez lhe passou pela cabeça? Apenas as verdades merecem ser publicadas. O formidável dogmatismo do pensamento antigo conhece o erro e a falta somente como coisas negativas; apenas o verdadeiro e o bom importam, o resto anula a si mesmo. Os erros só têm interesse para ilustrar a verdade que sabemos deles, isto é, que são errados; eles confirmam que o amor ou o pecado são males. Mas o fato de que essa infelicidade tenha acontecido a Dupont, e não a Durand, não tem nenhum interesse, exceto para o próprio Dupont; que diríamos de um viajante que, desembarcando de um Boeing em Nova York e considerando que descobriu a América, retrucasse aos que alegassem a existência de um tal Cristóvão Colombo: "A América talvez já tenha sido descoberta, mas não por mim". Não, o lirismo nem sempre é uma coisa fácil.

Porque o problema do individualismo na literatura se coloca mais em termos de pragmática do que de conteúdo; o romantismo não descobriu continentes desconhecidos da alma humana: ele conquistou o direito de falar de si mesmo sem nenhum outro motivo além de exprimir em seu próprio nome verdades que talvez já fossem conhecidas, jogando na balança o peso de seu testemunho pessoal, ainda que esse testemunho fosse repetitivo. O que supõe uma civilização em que toda alma é considerada interessante, se for sincera. A civilização grega ainda não conhecia a ansiedade da confissão, da dúvida, da exploração do eu:[1] as almas gregas não publicavam seus rascunhos. Para que o erro e a falta possam ser publicados como coisas importantes, é preciso que, deixando de ser vazio, eles se tornem, como o pecado, partes integrantes da humana condição; o *Journal des Savants* publicará seus erros, se um dia a ciência deixar de ser corpo de resultados e se tornar movimento de pesquisas, e a caça for mais interessante que a presa.

Quem foi o escritor que inventou primeiro que podíamos exibir nossa alma em público e fazer literatura com ela, em vez de nos limitar a encher os ouvidos dos nossos amigos? Foi Marco Aurélio em seu diário íntimo? Não, porque esse diário não era íntimo; Pierre Hadot mostrou de forma luminosa que,

---

1 Rostagni, L'influenza greca sulle origini dell'elegia erotica latina, *Entretiens sur l'Antiquité Classique*, II, p.72.

longe de serem confidências, as anotações do imperador eram exercícios espirituais,[2] dirigidos por um método tão rigoroso quanto o de Inácio de Loyola; os *Pensamentos* de Marco Aurélio são um caderno de exercícios estoicos. Foi santo Agostinho em suas *Confissões*? Também não; o mesmo Hadot mostrou[3] que os acontecimentos da vida de Agostinho valiam como símbolos, em que o homem fala a Deus com a própria palavra de Deus; "o homem moderno comete um contrassenso, se acredita descobrir o Eu nas *Confissões*"; a psicologia do pecador Agostinho é típica e constrói-se a partir da psicologia ideal de Adão. Portanto, não há nenhuma incoerência entre os capítulos autobiográficos das *Confissões* e os longos trechos de teologia: a autobiografia era apenas uma teologia na primeira pessoa. Lembramos que também não havia incoerência entre a metade amorosa e a metade doutrinal de certa elegia bastante erótica de Propércio...

Então, quando o Eu começou a ser um verdadeiro Eu? Nós nos remetemos a Groethuysen: com Petrarca, não o Petrarca dos versos de amor, é claro, mas o das *Cartas familiares*, que se espanta consigo mesmo como indivíduo e com a realidade humana, com seus erros e pecados, tal como ela se manifestou na própria pessoa dele.[4] Petrarca conta a um de seus familiares

---

2 Hadot, *Exercices spirituels et philosophie antique*, p.135-72.

3 Id., *Patristique latine*, p.215 et seq.

4 Groethuysen, *Anthropologie philosophique* (tradução de *Philosophische Anthropologie*, incluída em *Geschichte der Philosophie*, de Ueberweg), p.130-8. Vamos perceber facilmente o contraste. Aproximando-se do topo do Ventor (ou Venteux, como ele o chama), Petrarca abra ao acaso seu exemplar das *Confissões* e cai numa passagem em que santo Agostinho se admira que os homens se preocupem mais em explorar o pico das montanhas do que o fundo de seu coração; e Petrarca escreve: "Bastou essa frase para ocupar meu espírito pelo resto da escalada e era-me impossível supor que ela tivesse caído sob os meus olhos por acaso: tudo que eu tinha acabado de ler parecia dito em minha intenção, e não em intenção de algum outro homem" ("*quicquid ibi legeram, mihi et non alteri dictum rebar*"). A própria anedota é um decalque de outra passagem de santo Agostinho (*Confissões*, VIII, 12): trata-se da famosa cena do *tolle et lege*. Mas também vemos o contraste

(IV, 1) que subiu o monte Ventoux, ou Ventor, e ali constatou como era correta a ideia de santo Agostinho de que os homens se cansam em vãs fatigas, como escalar montanhas; ele não ilustra com seu caso a vaidade dos filhos de Adão (porque a escalada o interessou muito); também não tira uma moral dessa fábula, como fazia Sêneca nas cartas que escrevia a seu discípulo, nas quais a anedota serve para ilustrar um preceito. Petrarca mostra por seu testemunho como um indivíduo – que é ele próprio – redescobriu e interiorizou a lição de santo Agostinho. Nem tipo nem exemplo, mas homem entre os homens; o próprio santo Agostinho era uma lição; Petrarca conta que ele aprendeu essa lição. A sinceridade consiste em testemunhar que uma coisa é humanamente possível, já que um homem qualquer a realizou ou sofreu; qualquer palavra verdadeira é uma semente que pode fazer germinar ideias em outros homens. A Verdade não é mais ensinada em lições: cada homem pode descobrir a sua ouvindo a história de outro homem, tão ingênuo quanto ele. Uma pedagogia de todos para todos sucedeu o antigo dogmatismo. Todo mundo pode descobrir a América, já que eu pude descobri-la. É interessante para todos que determinada coisa tenha acontecido

---

entre Agostinho e Petrarca; Agostinho conta "objetivamente" que, ao abrir ao acaso o livro do Apóstolo, ele leu a ordem divina de acabar com o pecado; com seu caso, ele mostra que *Deus pode enviar* uma mensagem a um homem por esse caminho; já Petrarca mostra que *um homem tem o direito de supor* que Deus lhe envia uma mensagem por esse caminho. Agostinho conta um fato exemplar, Petrarca dá um exemplo de ousadia pessoal. Agostinho não tem um segundo de dúvida, ou melhor, de hesitação sobre o sentido e a destinação da mensagem; não diz uma palavra a respeito de seus sentimentos: eles são evidentes. Petrarca limita-se a dizer que não pôde se impedir de acreditar que a mensagem era destinada a ele, sem se pronunciar expressamente sobre a realidade objetiva dessa espécie de milagre. Para santo Agostinho, o milagre perderia todo valor se fosse apenas uma ilusão subjetiva; para Petrarca, essa ilusão subjetiva tem ainda assim uma realidade: a de que se acreditou nela. Agostinho limita sua parte subjetiva ao que ela contém de verdade; Petrarca, ao contrário, toma seus sentimentos subjetivos como exemplo de uma verdade possível.

a mim, um homem qualquer; portanto, ela poderá acontecer a qualquer outro.

Esse é um pacto que nenhum poeta greco-romano fez com seus leitores. Um poeta antigo não narra suas experiências, não conta "que sensação dá": ele tira delas ideias gerais; se teve êxtases poéticos, ele não os descreverá; ele se limitará a anunciar: "Eu sou um inspirado"; porque a inspiração sobrenatural dos poetas era uma realidade conhecida e aceita. O poeta Horácio fez de sua atividade poética uma espécie de religião ateia, como Mallarmé e muitos outros; ele disse várias vezes, com franqueza: "Uma espécie de força sobrenatural me percorre (chamemo-la Musa, Baco, Apolo ou lira) e é a ela que cabe todo o mérito de meus versos". Mas (como Gordon Williams mostrou de maneira muito perspicaz) Horácio nunca descreveu o desenrolar dos efeitos dessa força; as duas odes (II, 19 e III, 25) em que ele descreve o êxtase poético, por mais que sejam na primeira pessoa, não são autobiográficas: o poeta contraria qualquer desconfiança de megalomania com a hipérbole humorística ou antífrase ("acreditem-me: eu não minto"); sua descrição exagerada e fantasiosa ultrapassa, no sentido do imaginário, a realidade da espécie de êxtase que, sem sombra de dúvida, aconteceu de ele sentir. Essas fantasias elevadas são muito sérias, porque lembram enfaticamente o fato notório de que a inspiração era sobre-humana; mas elas nos deixam na ignorância do desenvolvimento exato desse fenômeno.

Porque a fantasia cumpre um papel, o de agradar e instruir o leitor, ao passo que os detalhes dos estados íntimos de Horácio só podiam interessar a ele mesmo e aos que o conheciam pessoalmente. Em suas sátiras e epístolas, Horácio fala com frequência de si mesmo, mas para se dar como exemplo de sabedoria ou, ao contrário, como um exemplo que não se deve seguir. E não adiantou nada seu predecessor, o satírico Lucilius, mostrar toda a sua vida como num espelho: esse espelho tinha os limites e a justificação de uma cumplicidade; como diz Ulrich

Knoche, os poemas de Lucilius só podem ser compreendidos como a expressão, para uso interno e quase esotérico, de um círculo aristocrático cultivado; as confidências que ele faz neles são do gênero mundano.

Em resumo, toda literatura obedece a um pacto específico, mesmo que seja o da sinceridade, e esse pacto comanda a semiótica; essa sinceridade literária não tem a mesma pragmática da sinceridade entre amigos: o autor se compromete a interessar desconhecidos e o eu que fala é um eu literário, mesmo que ele seja a sinceridade em pessoa: a literatura sendo uma instituição, aquele que fala faz isso como poeta e, mesmo que contasse sua vida, seria menos para contá-la do que para transformá-la em poema. Assim, ocorre uma clivagem na visão que temos do autor: ninguém duvidava, em meados do século XIX, que Éluard cantava suas verdadeiras amadas, com o nome verdadeiro delas, mas dizia-se também que isso era problema dele e só importava a poesia que ele tirava disso; tentar saber mais seria futilidade e indiscrição. Só importava a voz do poeta, comovente pela evidente sinceridade; no entanto, essa voz verdadeira era do profissional e não do homem privado, que não falava em versos a seus amigos. Portanto, mesmo que o poeta seja romântico, nunca estamos absolutamente seguros de que ele fala realmente dele; em *Contemplations*, Victor Hugo, pai de família e par da França, conta na primeira pessoa uma aventura fugaz, e mesmo expedita, com uma linda camponesa; verdade ou ficção? A decência exigia que o leitor tivesse a caridade de acreditar na ficção e proibia que ele especulasse sobre esse detalhe.

A isso acrescenta-se uma convenção mundana, herdada dos trovadores, que foi usada de Petrarca às Preciosas, ou mesmo no tempo dos românticos: um homem (ou uma mulher: Louise Labbé, Gaspara Stampa) tem o direito de exibir uma paixão infeliz por uma pessoa conhecida, que ele designa por seu nome verdadeiro. Nem essa pessoa nem o cônjuge dela precisam se preocupar com esse sentimento lisonjeiro, que todos tomarão

Elegia erótica romana

por platônico, ou parecerão uma língua viperina. Diga-se de passagem, a mesma convenção se impunha na Grécia Antiga em relação aos amores efébicos. Ronsard comprometeria menos ainda Cassandra ou Helena: ele afirmava ter suspirado em vão e, sobretudo, naquela época não se supunha que o poeta estivesse apaixonado, e sim que sua profissão era bancar o apaixonado. E se ele escrevesse versos ligeiros, hendecassílabos libertinos, como o sério senador Plínio, ele se comprometeria menos ainda: ninguém é presumido falar mal de si mesmo, sobretudo se ele faz isso em tom de brincadeira. O caso dos elegíacos é extremo, porque sua poesia se apresenta como um paradoxo que se desmente pelo humor.

O que é a sinceridade moderna, então? Uma pragmática do testemunho literário; valor cristão e eminentemente protestante: ela teria deixado os leitores antigos estupefatos. A literatura greco-romana, quase toda, é fria como uma aula *ex cathedra* ou uma conversa entre indivíduos que representam seus papéis sociais; o Eu, o indivíduo em sua nudez, nunca toma a palavra, salvo uma exceção. Com frequência, a conversa em questão é áspera, porque na Antiguidade é usual tomar a opinião pública, a consciência cívica, como testemunha;[5] Arquíloco, Lucilius ou Catulo expõem à execração pública seus inimigos políticos ou literários, uma mulher perdida cujos vícios serão condenados por todos ou um ilustre desconhecido cujos malfeitos não devem ser ignorados por ninguém. Eles também se orgulham de dizer o nome de seus amigos, honrar os bons, prantear a memória de uma pessoa próxima; eles tomam a coletividade por testemunha, lembram as grandes verdades que ninguém desconhece e todos esquecem. Mas eles falarão diante dessa coletividade sobre aquilo que diz respeito apenas a eles? Dirão as emoções que o eu proporciona a si mesmo, confessarão suas dúvidas? Eles podem contar sua vida privada de romano entre

---

5 Cf. Conduite individuelle et contrôle collectif, *Latomus*, 1983.

romanos (as sátiras de Lucilius eram um verdadeiro retrato da vida de seu autor), mas não a cantarão. O lirismo antigo não era um solilóquio; ele se dirigia ao outro sobre coisas que tinham importância tanto para o outro quanto para o poeta; se o poeta sente alguma coisa, é como tipo, não como indivíduo; se manifesta um julgamento, ele repete ou ensina o que todos nós devemos pensar ou sentir.[6] Quando Arquíloco escreve: "As riquezas dos reis da Lídia pouco me importam",[7] ele não tem a intenção de exprimir as próprias ideias, mas saudar os valores autênticos; as experiências do poeta são sem complicação e suas emoções são retratadas exaustivamente com palavras simples de ódio e amizade, estima ou desprezo, alegria ou dor. É permitido e até obrigatório sentir emoções fortes, mas em circunstâncias definidas: o famoso fragmento, imitado por Catulo, em que Safo descreve uma paixão à primeira vista é, muito provavelmente, um trecho de um hino nupcial.[8]

Para entender intuitivamente o que foi o lirismo greco--romano, basta pensar não em nossos poetas, mas em nossos cantores. Quando um cantor aparece no palco de uma casa de espetáculos e começa a arrulhar: "O mais belo de todos os tangos do mundo foi aquele que dancei em seus braços", nós sabemos que ele não está falando dele; melhor ainda, nós recusamos a ele o direito de fazer isso: se fizesse, pensaríamos indignados que o presunçoso se acha um Victor Hugo. As canções são escritas quase sempre na primeira pessoa, mas seu Ego não é nem o intérprete nem o compositor; o cantor não é um apaixonado: ele faz o papel dos apaixonados, ele os "imita". Mesmo que cante com seu nome:

---

6 Fränkel, *Early Greek Poetry and Philosophy*, index. A, 2, 2, 5.
7 Ibid., p.150.
8 Merkelbach, Safo und ihr Kreis, *Philologus*, p.1-29.

C'est un jardin extraordinaire
Il y a des canards qui parlent anglais
Je leur donne du pain, ils remuent leur derrière
*En m'disant: "Thank you very much, Monsieur Trenet"**

Como disse tão bem Michel Perez num livro sobre esse cantor, homem de talento e caráter nobre:

> quando Trenet evoca suas viagens ao Canadá, chegando a citar seu nome nas letras, ele dá um jeito de sabermos que o senhor Trenet que conversa com os patos é apenas uma figura cênica, cujos sentimentos não refletem necessariamente os dele. Nesse sentido, ele se parece muito com os letristas norte-americanos, que nunca falam em nome próprio.[9]

"Vais então morrer na flor da idade, ó Propércio", diz a si mesmo um elegíaco; "meu pobre Catulo, deixa de bobagem", diz outro poeta romano. E confesso que esse Catulo é um problema. A pergunta que nós nos fizemos repetidamente não é se ele se inspirou em sua própria vida (a resposta é muito provavelmente sim) e se a sua poesia, em vez de estilizá-la, reflete-a sinceramente (a resposta é evidentemente não), mas como seus contemporâneos o viam: como vemos Victor Hugo ou como vemos Charles Trenet? Eles se diziam: "Como ele amou essa Lésbia, cujo verdadeiro nome eu bem que gostaria de saber, e quanta sinceridade em seus versos", ou: "Ele imita perfeitamente os apaixonados, é muito parecido; mas sabe, dizem que na vida privada dele existe uma tal Clódia que lhe dá bons motivos para saber imitar tão bem um ciumento"? A resposta é

---

* Trad.: "É um jardim extraordinário/ Tem patos que falam inglês/ Eu dou pão, eles mexem o traseiro/ Dizendo: 'Thank you very much, senhor Trenet'" ("Un jardin extraordinaire", letra e música de Charles Trenet). (N. T.)

9 Perez, *Charles Trenet*, p.33 e 43.

difícil; bastava um pseudônimo, o de Lésbia (ou *Lesbius*, no caso do irmão dela),[10] para despersonalizar o poeta e sua amante? Amigos, inimigos, o irmão falecido, Catulo os designa por seu nome verdadeiro: nessa civilização, as participações de luto, a algazarra e os laços de amizade eram instituições reconhecidas. Em último lugar, a resposta está menos nos versos do poeta do que na maneira como os poetas eram vistos na época. Um detalhe me faz pensar que eles eram vistos como nós vemos os cantores: Catulo interpela a si mesmo com o nome de Catulo; o que é apenas uma ficção, porque, afinal, não nos acontece, na realidade, de nos dar a nós mesmos nosso nome e nos dizer: "Meu pobre Veyne, deixa de bobagem"? Catulo usou, como nome cênico, seu próprio nome Catulo.

O Ego antigo lembra verdades que o afetam: ele não presta testemunho sobre a maneira como as verdades afetam particularmente Ego. Para mostrar o que, consequentemente, a poesia greco-romana não podia dizer, é inútil ir muito longe para procurar exemplos; bastam quatro versos, que não poderiam ter sido escritos por um poeta antigo, e que Petrarca poderia ter escrito em suas cartas, ao menos:

> *Maintenant que Paris, ses pavés et ses marbres*
> *Et sa brume et ses toits sont bien loin de mes yeux,*
> *Maintenant que je suis sous les branches des arbres*
> *Et que je puis songer à la beauté des cieux...* *

---

10 Moreau, *Clodiana religio*, p.169. Em compensação, os versos de amor podiam fazer alusão à verdadeira pessoa do poeta ou da poetisa, se se tratava de uma afeição legítima por uma esposa ou um noivo. Devemos evocar aqui o caso de Sulpícia ou de Perila-Metela das *Tristes*, de Ovídio (II, 437); cf. Williams, *Tradition and Originality in Roman Poetry*, p.527.

* Trad.: "Agora que Paris, seus paralelepípedos e seus mármores/ E sua bruma e seus telhados estão bem longe dos meus olhos,/ Agora que estou debaixo dos galhos das árvores/ E posso sonhar com a beleza dos céus..." ("À Villequier", de Victor Hugo). (N. T.)

Que egocentrismo! É Paris que está longe do poeta, e não o contrário. Em vez de lamentar os vícios ou a decadência, Victor Hugo sente uma melancolia universal, que é apenas um estado de espírito, um resfriado da alma, e acredita que isso pode nos interessar. A *"beauté des cieux"* ["beleza dos céus"]? É tomar a natureza por uma pintura feita pela mão do homem; um poeta antigo falaria ou dos encantos da natureza, de suas *amoenitates*, sombra, calma e frescor, ou de sua bela ordenação, em que cada coisa está em sua escala: *"Nox erat, et caelo fulgebat Luna sereno, inter minora sidera".**

E, sobretudo, quando um poeta antigo deixa a cidade, é enquanto poeta, porque o indivíduo dentro dele se reduz e se identifica com o poeta, como vimos no Capítulo 7; assim, na epístola (II, 2, 78), em que Horácio diz mais ou menos as mesmas coisas que Victor Hugo, o plural substitui a primeira pessoa do singular: "O coro inteiro dos escritores ama os montes e os bosques e foge de Roma, para ser devotamente fiel ao deus dos poetas, que ama apenas a sombra e o sono" (*"Scriptorum chorus omnis amat nemus, et fugit Urbem, rite cliens Bacchi, somno gaudentis et umbra"*).

O que tem a precisão simples e a objetividade impecável de um emblema; porque uma coisa é mais bela e verdadeira quando o poeta a fixa em sua essência.

O *frisson* íntimo que as coisas comunicam à alma de um homem entre os homens não tinha nenhum interesse para seus irmãos na Antiguidade. Exceto num caso: o da religião. Já sabemos que era um mérito para todo fiel publicar as mercês de um deus e que todo ímpio arrependido tinha o dever de confessar seu erro e o castigo divino. Nesse caso, a comoção da alma tinha interesse para terceiros; ela experimentava a força da divindade, que põe o homem fora de si. E é por isso que às vezes, quinze ou

---

* Trad.: Era noite, e a lua brilhava no céu sereno entre astros menores. (N. T.)

vinte séculos depois, ouvimos uma voz antiga falar de indivíduo para indivíduo para dizer sua emoção:

> Desde a minha mais tenra juventude, senti-me atraído por um desejo infinito pelos raios do Deus Sol; desde a minha infância, tudo em mim elevava-se com alegria para essa luz etérea; de sorte que não desejava somente fitá-la, mas, quando saía à noite para contemplar o céu aberto e resplandecente de estrelas, esquecia-me de tudo a minha volta, perdia-me nos esplendores celestes. Se me dirigiam a palavra, não ouvia nada, não tinha mais consciência do que fazia.

Essas linhas do imperador Juliano, o Apóstata, citadas por P. Hadot, têm um som inabitual para os ouvidos de qualquer um que esteja habituado a ouvir textos antigos.[11]

E o que dizer do trecho surpreendente que vamos ler, obra de um devoto pagão, Aelius Aristide, que, por volta dos tempos de Marco Aurélio, foi um orador de sucesso, uma espécie de tenor da retórica, megalômano e hipocondríaco, pagão às antigas, apesar das aparências "místicas" (o paganismo foi fervoroso desde sempre), e com um talento evidente, como prova a primeira página de seus *Discursos sagrados*, em que ele diz tudo: suas dúvidas, sua adoração pelo deus Esculápio, que o curou de problemas intestinais que não acabavam mais, e a crônica de cada um de seus dias e noites cheios de sonhos e aparições:

> Não sei como fazer para dizer todos os prodígios com que o deus conservador me favoreceu até hoje. Se eu tivesse mais força, voz, ideias do que é humanamente possível, não conseguiria nem mesmo me aproximar deles. Quantos amigos me pediram ou me instigaram a falar, a escrever sobre eles! Nunca nenhum conseguiu me convencer. Mais valeria, dizia-me eu, depois de atravessar

---

11 Hadot, *De Tertullien à Boèce: le développement de la notion de personne*, p.132, citando Juliano, *Discursos*, IV, *Sobre Hélio rei*, 130 C.

meio submerso toda a extensão do mar, ver-me obrigado a prestar conta do número de ondas que encontrei, do estado do mar em cada uma dentre elas e do que me salvou. Cada um dos meus dias, e também das minhas noites, teria sua história, se alguém quisesse escrever os detalhes do que me aconteceu ou contar qual a providência do deus, que fazia suas prescrições ora estando francamente presente, ora enviando um sonho. Ao menos quando me era possível encontrar o sono; mas isso era raro, por causa da tempestade do meu corpo. Eis as considerações que me fizeram tomar o partido de entregar-me ao deus como a um médico, para que fizesse absolutamente o que quisesse. Vou indicar-vos agora qual era o estado do meu baixo-ventre; farei o balanço dia a dia.

Lendo esse trecho, temos a impressão de que, pela primeira vez, um greco-romano está falando realmente conosco e percebemos que, até então, convivemos com os antigos como estranhos que conhecemos o suficiente para trocar ideias ou notícias pessoais, mas não confidências.

Quer se trate, como aqui, da "confissão" de um pagão fervoroso, quer se trate da sinceridade de Petrarca ou da falsa sinceridade dos elegíacos, para quem a paixão só pode ser exaltada como um paradoxo, podemos ver tudo que a pragmática literária deve à história; ela não é construída com invariantes, mas cristaliza estados de civilização, de religião, de mentalidade. Não poderia existir pragmática ou semiótica teóricas; a lista das estéticas possíveis só pode ser empírica e, portanto, continua aberta. Uma experiência simples confirma a infinidade das estéticas, tão numerosas que é supremamente improvável que haja duas idênticas: a extensão de um texto literário de determinada época, que poderia ser atribuído a outra época, não tem mais do que umas poucas linhas; o erro se desfaz rapidamente.

Entre as pragmáticas que a história inventou, a da poesia do século XX, com sua lendária obscuridade, é uma das mais curiosas. Ainda nos lembramos da relação que a arte de Calímaco estabelecia com o leitor: este último tinha liberdade para "ver a brincadeira" ou ignorá-la, permanecendo a autonomia do sentido literal. A poesia contemporânea estabelece uma relação diferente; dizem que o sujeito escrevendo não é mais o eu empírico, porque "eu é um outro"; poderíamos dizer também que, desde Rimbaud, o sentido não se situa mais entre o poema e o leitor: ele está no próprio texto, que fala por si só e "compreende-se". O poeta nos preveniu desde *Iluminações*: "Apenas eu tenho a chave desse desfile selvagem"; desde *Uma estação no inferno*, não se fornece mais nenhum ponto de apoio biográfico ao leitor. A poesia é um monólogo que fala para si mesmo.[12] E, no entanto, o que não se compreende, na qual talvez não haja nada para compreender, o que não quer dizer nada, *tem* sentido: o fato está lá e a poesia do século XX não se cansa de explorar esse mistério, porque é um mistério; não entendo uma palavra dos *Cantos* LXXXI ou CX de Ezra Pound, nos quais não há provavelmente mais para compreender do que há para perguntar o que representa uma pintura abstrata, e, no entanto, esses poemas me emocionam profundamente; fazer uma crítica deles, seria quase cair no sentimentalismo... Não menos emocionantes por sua alegria são as grandes paisagens espiritualistas das pinturas abstratas de Paul Jenkins. O triângulo formado por autor, texto e narratário é quebrado, o sentido do poema é aparentemente separado dessas duas relações humanas; a poesia é uma linguagem que fala no tom da evidência, mas não comunica seu conteúdo a ninguém; ela fala de seres, lugares e coisas dos quais o leitor não sabe nada e nunca saberá.

Porque, se essa poesia falasse ao leitor, em vez de falar a si mesma, ela se desvirtuaria, mentiria, se tornaria retórica: o *nec plus ultra* da sinceridade é não mais dobrar sua linguagem à compreensão do outro; a pragmática já é uma mentira... Quando um exibidor de imagens deixa aparecer um pedaço de orelha

---

12 Friedrich, *Structures de la poésie moderne*, p.89, 103, 109, 145, 155, 159, 219, 244.

por trás da imagem, essa se torna suspeita; o exibidor mostra o que quer e pode ter adulterado a representação; a imagem sozinha, dizendo o que tem para dizer, sem intermediário: só isso é verdadeiro. Adulteramos o sentido, assim que tentamos fazê-lo ser compreendido; isso vai da escrita automática a René Char, que nunca acreditou nela, como ele próprio confessou, e está no oposto do automatismo; seus grandes poemas, exercícios espirituais de um místico ateu da poesia, são perfeitamente (embora dificilmente) decifráveis, a mínima palavra tem um sentido preciso, profundo e até, no sentido cotidiano da palavra, inteligente; apesar disso, as alusões pessoais e as metáforas pessoais tornarão a decifração impossível, de certa maneira, se o poeta não se digna a se glosar. Experiência do inefável, do absoluto, do frescor da aurora do mundo? Não, mas exploração desse mistério que é um texto já ter sentido e bastar a si mesmo, ainda que permaneça obscuro para todos, inclusive eventualmente para o poeta. Calímaco especulava sobre o sentido indecidível, nós especulamos sobre o sentido incompreensível. Porque "toda verdadeira linguagem é incompreensível", diz Antonin Artaud. Mais uma vez, a originalidade de uma estética não está naquilo que ela fala, mas no direito em nome do qual ela faz isso.

Entrevemos assim uma infinidade (porque há uma infinidade) de pragmáticas e semióticas possíveis que os acasos (sim) da história inventaram ou inventarão. Os historiadores – os da literatura e os historiadores puros, sociólogos incluídos – não explicam os acontecimentos, pensem eles o que quiserem: eles os explicitam, interpretam; a historicidade é invenção. Como diz Chastel, a sociedade é um resultado, não uma explicação; a história literária não é história pela relação que as letras teriam com a sociedade, porque esta última é apenas uma palavra da qual se faz uma hipóstase há no mínimo um século; ela é história porque estamos sempre inventando semióticas inéditas, pragmáticas inesperadas, para as quais contribuem os acasos sociais. Inventividade significa vontade de poder, e acaso também se diz eterno retorno.

É bem verdade que, como diz Bourdieu, do qual entendemos e compartilhamos o furor ante a arbitrariedade das coisas e o espírito de seriedade, o discurso não é meio de comunicação, mas instrumento de ação. O discurso literário age sobre e pelo narratário, e não sobre esses seres que são os leitores; ela faz um pacto com o narratário, do qual decorre o que se poderá dizer e não dizer. Narratário e leitor são evidentemente o mesmo homem em duas pessoas, mas, como são duas, a relação entre eles não é evidente: o leitor não é necessariamente enganado pelo narratário e pelo autor. Todo discurso se legitima à sua maneira; não legitima sempre.

Se a história das artes explicita estéticas imprevisíveis, em vez de descobrir nelas o Homem ou a Beleza, de onde vem que a estética mais inesperada é estética, apesar de tudo, e a arte continua sendo arte? Não haveria aí uma invariante, uma essência trans-histórica? Receamos que a pretensa essência se reduza a uma simples modalidade, pronta a se tornar qualquer coisa: a estetização. Ora, essa modalidade não é própria das artes, mas aplica-se a tudo; é duvidosa a fronteira entre uma teoria, uma dança, uma ascese, um ritual, um romance e um livro de história que impõem o espetáculo de uma "verdade" que seja de fato uma verdade, límpida, impecável, sem lugares-comuns. A estetização está além do belo, do bom e do verdadeiro, ou melhor, estes se reduzem àquela; consiste em inventar soberanamente uma interpretação (esta última, em casos convencionados ou úteis, toma-se por verdade). "Soberanamente" significa sem metralhadoras e sem grande afã. É o lema dos taoístas: vencer todas as coisas, sem ferir nenhuma. Ou de Nietzsche: dar às coisas essa unidade *que elas não têm*. A arte não é desinteressada, casta ou consoladora, e é dos nossos afetos que ela fala; mas ainda que seja humorística como a elegia ou, ao contrário, fale de Auschwitz, ela tem sempre, como obra-prima que impõe sua verdade, algo de triunfal.

Epílogo
Nosso estilo intenso ou por que a poesia antiga nos entedia

Quem julga é julgado; tentemos sair do nosso egocentrismo, então. Tentemos, nós, modernos, que julgamos uma antiga poesia boa ou ruim, tentemos nos ver como nós mesmos seríamos vistos por um observador que nos visse a milênios de distância. Presumimos que o leitor tenha ficado decepcionado com as elegias que traduzimos para ele; talvez tenha preferido a força desajeitada de Propércio à sutilidade de Tibulo, mas nem um nem outro correspondem realmente ao que ele chama de poesia; seus versos não são suficientemente intensos; conhecemos bebidas mais fortes. Não é para menos: desde o romantismo, a evolução da poesia, assim como da pintura, foi um sucessão de escaladas.

Não temos a mínima intenção de curar o leitor dessa ilusão, ou melhor, dessa verdade que é a nossa, a dos modernos; preferimos tirar dessa decepção as consequências para a nossa verdade, ou melhor, para a nossa ilusão. E veremos que nossa estética moderna de intensidade, passando por cima da semiótica ou lei do gênero (com a qual mais de um estilo seria compatível), tem relação com essa mesma pragmática do poeta moderno que acabamos de descrever e contrapor à pragmática elegíaca; portanto, a relação do autor, sincera ou não, com o leitor depende da escolha de uma estética.

Os elegíacos romanos nos entediariam porque são "insinceros"? Mas Lamartine, que é um elegíaco sincero, não nos arrebata mais do que eles; falta ênfase nele. Quando pensamos num poeta de verdade, é Baudelaire, Rimbaud, Montale, Hölderlin ou Rilke que nos vêm à cabeça. Scève nos parece mais próximo da essência da poesia do que Ronsard. Em nossa opinião, o verdadeiro poeta é reconhecido por certa intensidade, que é considerada a própria marca do lirismo; a poesia que apreciamos é uma bebida forte, e é assim há dois séculos. A estética moderna é uma estética da intensidade; os poetas que apreciamos são os que poderiam ter dito a si mesmos, como René Char depois de sua travessia pelo surrealismo: "Você jantou fermento". Nós temos nossos fantasistas, mas eles também são intensos, nem que seja porque, para eles, ser claro seria pecar por prosaísmo, e também porque não escrevem epopeias divertidas em vinte ou quarenta cantos; eles se limitam a uma "Canção do mal-amado" ou a uma "Prosa do transiberiano". A intensidade está além dos "estilos", no sentido comum da palavra: existem classicismos intensos (essa foi a artimanha de Valéry).

A estética da intensidade é uma coisa muito particular, do mesmo modo como existem muitas outras culinárias concebíveis, além daquela que abusa dos temperos. Vistos a dois milênios de distância (o ponto de vista da elegia romana vale tanto como qualquer outro, na verdade), os movimentos literários europeus dos últimos dois séculos podem parecer tão diferentes quanto o romantismo e o surrealismo, mas nem por isso deixam de ter uma unidade multissecular, assim como os séculos calimaquianos ou petrarquistas, e essa unidade é a intensidade. Inclusive na sensibilidade popular, que prefere Grünewald, o Walt Disney da arte religiosa, às suaves madonas de Murillo.

Essa revolução estética, cujos primeiros sintomas aparecem na poesia inglesa em 1730 e depois, no continente, com Rousseau, é a da sensibilidade, das tempestades, do romance *noir*, do romantismo; é a de Baudelaire, com "a força extraordinária, inaudita de seu verbo, cem vezes mais forte, apesar de tudo que dizem, do que o de Victor Hugo" (*dixit* Proust); e também – por que não? – o estilo *kitsch* do último Victor Hugo, em que Satã e Deus valem tanto quanto as imagens de Gustave Doré e, provavelmente, não valem mais do que isso; e o surrealismo, que aumentou a porcentagem de álcool da poesia para o grau que conhecemos. André Breton cultivou uma preciosidade intensa e, portanto, obscura.

Emoção intensa, associada a um intenso desenvolvimento de imagens: é isso a poesia desses últimos dois séculos; ela corresponde às cores e aos negros intensos de toda a pintura desde Delacroix. Temos a convicção íntima de que a intensidade na poesia é garantia de veracidade. A violência das imagens é seu traço mais precoce e é provavelmente a palidez delas na poesia greco-romana que mais decepcionou nosso leitor. Essa estética dos modernos faz sua aparição, ainda modesta, com nove palavras de Rousseau que imediatamente se tornaram famosas: "o ouro das giestas e o púrpura das urzes"; até então, os poetas não tinham se atrevido a brutalizar o epíteto de natureza correspondente: "as urzes purpúreas". Rousseau transforma o adjetivo num substantivo para dar espessura à abstração que é a cor. Os poetas antigos raramente ousavam violar a língua; Virgílio arriscou-se: "Eles iam obscuros na noite sozinha", mas essa hipálage, em que a contradança entre os objetivos intensifica o efeito, ficou sem posteridade e, provavelmente, foi vista como uma audácia maneirista. Já Rousseau, com a força de um ato, nega a nobre generalidade em nome da violência de sua percepção: a intensidade faz sua entrada e vai desencadear uma escalada inflacionista. Essa identificação da intensidade com a veracidade será a chave da pintura impressionista.

Na Inglaterra, a intensidade já havia irrompido com três versos de Thomson, em que imagens extremas se empurram e se repetem: "Oh, levai-me então às altas abóbadas sombrias,/ Aos bosques escuros, aos vales visionários,/ Às cavernas em pranto, às proféticas sombras...".

Acumulação livre, sem plano nem simetria. A poesia antiga, ao contrário, não ia além da repetição em eco, tão prezada por Virgílio ("uma alta morada ao pé do Ida, em Lirnesso, uma alta morada"). Os três versos de Thomson estão muito além do que a poesia antiga podia dizer; se não soubéssemos quem é o autor, bastaria o efeito de acumulação para que tivéssemos certeza de que não são obra de um poeta greco-romano; os longos acordes desses órgãos monumentais teriam assustado a débil orquestra antiga. Para nós, ao contrário, a verdadeira poesia já pode começar.

Sensibilidade, mal do século, confidências líricas, sinceridade, esses traços novos, que não são mais de forma, ainda assim correspondem a uma exigência formal. A poesia sempre falou da paixão, mas não conhecia tempestades tão violentas e, sobretudo, desejadas; ou ainda, os sentimentos são vistos e confidenciados de dentro, como se o leitor estivesse ali. Tempestades e sinceridade estão na ordem do dia pelo simples motivo de que estão a serviço da nova estética do intenso. Dependeu de escolhas individuais e da transmissão do exemplo o fato de que esse estilo literário tenha se tornado em alguns, jovens românticos, grupo surrealista, um estilo de vida intenso. Por que não? A ética, ou o que chamamos de ética, também pode ter um estilo; o que é a ascese, senão uma espécie de estética? Uma estética do despojamento, à moda japonesa.

Nossa estética tão particular estragou nosso paladar para quase toda a poesia antiga; foi necessário o poema ossudo e lacônico de Dante para nos estimular um pouco (supondo que dispomos de no mínimo três meses para lê-lo). A revolução da intensidade nos tornou insensíveis aos valores – gosto, languidez, deleite, delicadeza – e às obras – Tasso ou *Telêmaco* –, que custamos a acreditar que tenham feito as delícias de gerações ou de séculos. São raras as obras antigas que não decepcionariam o gosto moderno; no entanto, assinalamos aos amantes de poesia que, num idílio de Teócrito, as *Talísias*, e na Sexta Bucólica de Virgílio, eles encontram alguma coisa da intensidade imóvel e sufocante que apreciamos em Keats. E devemos rir também ao constatar que o acaso quis que os dois séculos da intensidade tenham sido também os dois séculos mais burgueses da história... E viva a sociologia literária. Uma das grandes épocas da poesia e da pintura universais foi, portanto, a era da burguesia.

A intensidade como garantia de autenticidade: dizer "a púrpura das urzes", em vez de falar de urzes purpúreas, não é acrescentar nada à verdade, já que é dizer a mesma coisa, mas é intensificar e, com isso, provar sua sinceridade; é falar como homem que viu realmente e não como poeta que maneja um epíteto de natureza. A poesia moderna nos parece não artificial porque fala alto. É aí que encontramos a pragmática. A intensidade do grito prova que o autor recebeu realmente o choque das coisas, mas isso exige também que ele quase não pense mais em fazer os leitores compreenderem seu grito, apesar de correr o risco de despertar suspeitas; a relação do autor com os leitores fica ameaçada, e é assim desde o princípio. Citemos o que Taine – sim! – escreveu há mais de um século a respeito de um pré-romântico inglês, William Cowper:

> Ele não parece imaginar que é ouvido, fala apenas para si mesmo. Não insiste em suas ideias, como os clássicos, para enfatizá-las ou salientá-las; anota a sensação e nada mais. Não são mais palavras que ouvimos, mas emoções que sentimos. Nisso consiste a grande revolução do estilo moderno; o espírito, indo além das regras conhecidas da retórica e da eloquência, penetra na psicologia profunda e emprega as palavras somente para cifrar as emoções.

Vamos deixar a profundidade onde está; seu nome verdadeiro seria o isolamento do poeta em relação aos leitores. Profundo, aqui, é o que o poeta abdicou de compartilhar com os outros; a profundidade se confunde, portanto, com o desprezo às "regras conhecidas da retórica"; esta última não é necessariamente o prosaísmo, o exagero ou o artifício, mas é sempre um esforço para adaptar a própria linguagem ao leitor, para se fazer compreender. A emoção profunda é a emoção nua, o texto sem notas explicativas.

A renúncia à clareza começa com Rimbaud, e precisamente com Rimbaud, porque é nele que a carga elétrica do poema é maior; apenas Artaud e Char se igualarão a ele. Esse braseiro consome os últimos restos de prosaísmo e redundância que facilitavam a compreensão, mas dissolvia a porcentagem de intensidade. Por querer muito ser compreendido, o autor afirma menos intensamente e, com isso, torna-se insincero. Aconteceu algo grosseiramente semelhante na pintura; foi a busca da intensidade que levou à densificação insuperável de um Cézanne, à simplificação da forma e, finalmente, à abstração, para que nenhum elemento da paisagem ou figura distraia o espectador da pura contemplação estética e não dilua a intensidade da pintura pura. No romance, o mesmo desprezo às velharias retóricas resultou primeiro no realismo burguês.

Isso é lógico, não? Está em conformidade com a essência da arte? Não existe essência da arte, mas uma infinidade de estilos; todas as estéticas valem-se, excluem-se e julgam-se mal. É claro que podemos compreender as estéticas diferentes, como compreendemos historicamente as verdades de antigamente; outra coisa é senti-las, exceto em casos individuais privilegiados. Não adianta nada compreender por que os ditos espirituosos de Cícero foram espirituosos, nós não caímos não gargalhada por causa disso. O "museu imaginário" é muito menos "universal" do que ele imagina e cada um de nós pode imaginar outro museu cuja chave seria, por exemplo, que Corrège voltasse a ser um grande pintor e, correlativamente, que os excessos gritantes e a canhestrice de El Greco caíssem novamente no esquecimento, apesar de suas intenções poderosas. O bom gosto e o deleite do feérico voltariam a ser o gosto do momento; os "corsários de luvas amarelas" de Balzac, terríveis por seu realismo, pareceriam vulgares; os encantos mais ligeiros da convenção voltando à moda, preferiríamos, no lugar desses banqueiros, figuras de sonho, salteadores ou cavaleiros segundo Tasso ou Ariosto, ou então pastores de pastoral. Um Stendhal, autêntico continuador de Tasso, não precisaria mais situar o mundo feérico da *Cartuxa* na Itália real de 1830.

Hoje, os raros amantes de poesia que, como Pound, interessam-se por um Propércio fazem isso por razões do nosso século e não da antiga poética; eles são atraídos por um paganismo sensual, cujas audácias tão louvadas são, como vimos, amplamente lendárias; em todo caso, eles veem um encanto "exótico" em Propércio, como turistas encantados que os persas sejam tão persas e se pareçam tão pouco conosco. A pretensa abertura do gosto moderno para as belezas do passado e de outros lugares, desde os primórdios do romantismo, é ilusão; nós achamos que apreciamos tudo, mas triamos em toda a parte. Rejeitamos a velha estreiteza do bom gosto para nos enfiar em outra; damos a nós mesmos o direito de buscar em qualquer lugar aquilo que pode satisfazer nossa paixão moderna pelos licores fortes.

Essa é a tripla verdade da arte e da literatura moderna: ver mais largo, fazer mais forte, ir mais longe na beleza e na realidade. Estimamos que o gosto moderno se ampliou cada vez mais. As escolas se sucedem segundo uma lei da escalada que era absolutamente estranha à vida literária antiga, na qual se supunha que os gêneros literários existiam de maneira tão natural como as espécies vivas ou as *artes* ou técnicas, que têm um nível de perfeição absoluto; de modo que a genialidade de um poeta era aplicar perfeitamente as leis do gênero, o que era muito difícil, acreditava-se, e com isso mostrar a perfeição da arte ou igualar-se aos mestres da arte. Evidentemente, isso não significa que os poetas não eram originais ou eram sem tentar ser; o que chamaríamos de originalidade estava lá, mas não era nomeado: a Antiguidade conceituava a genialidade como um virtuosismo técnico. Evidentemente, seria inútil concluir disso que o tradicionalismo sufocou pouco a pouco a literatura dos antigos ou que a nossa corrida à originalidade a todo custo vai esterilizar a nossa.

O gosto pela intensidade faz com que, para os modernos, a escalada pareça um aprofundamento. Esse gosto levou os poetas, os pintores e, desde Joyce, os romancistas a espremer a visão banal das coisas para concentrar seu sumo; a retórica nova os fez deformar o real, ou melhor, dar uma nova forma a ele. Ora, essa exigência estética suscita uma visão nova: uma verdade nova nasce da beleza nova; dizemos que os artistas veem e mostram o mundo sob uma luz nova, e acreditamos que é por isso que eles pintam ou escrevem de outro modo. Ilusão bastante natural: como a busca da intensidade faz dar forma à realidade de uma maneira nova, os artistas acreditam que escrevem como escrevem para ser fiéis a sua visão nova das coisas, da qual eles desconhecem a verdadeira raiz, isto é, a escolha estética do intenso. É muito fácil tomar um estilo por uma verdade cotidiana ou metafísica; ou, melhor dizendo, é impossível e inútil distinguir: estética e "verdade" são ambas interpretação, *informação* de uma matéria infinita. Assim, poetas e pintores modernos estão convencidos de que, quanto mais forte eles batem, mais eles se aproximam da essência da arte e, ao mesmo tempo, vão mais fundo nas profundezas do real; a poesia metafísica do nosso século acredita que revela a essência última das coisas. Nossos poetas falam frequentemente como profetas e Heidegger imita em prosa sua obscura verdade.

Porque essa poesia diz o que vê ou acredita ver, sem se dobrar a uma retórica insincera. A estética da intensidade, como sabemos, é acompanhada de uma pragmática da sinceridade.

Ora, uma e outra rejeitam a retórica e as leis dos gêneros, que desvirtuam a sinceridade e diluem a intensidade. De uma e de outra saiu a conceituação moderna do talento como *originalidade*; um escritor moderno não executa mais à perfeição as regras da arte elegíaca ou lírica: ele diz a si mesmo com sinceridade, e diz com força, e isso só pode romper os obstáculos e os artifícios da retórica. Só podemos ser fortemente nós mesmos contra as leis tradicionais dos gêneros, que amarram a força e fazem a veracidade mentir.

Essas considerações não tornarão a poesia antiga mais sensível, nem a nossa mais *démodée*; elas servem apenas para nos fazer compreender o que permanece estranho para nós, a fim de nos tornar, muito platonicamente aliás, estranhos a nós mesmos. A estética moderna pode ser resumida numa frase de Baudelaire: "O belo é sempre bizarro", porque o que seria um *belo banal*? A elegia romana nos leva de volta a uma época em que essa frase não seria considerada nem verdadeira nem falsa: ela seria incompreensível. O futuro dirá se o movimento *hippy* na Califórnia, o estilo *cool* e não esotérico, que já tem seus poetas, marcou o fim da intensidade e a invenção de uma nova estética. A história gosta dos paradoxos: depois da intensidade burguesa, um estilo *cool* para a era nuclear... Como era de se esperar, o *cool* é ao mesmo tempo uma visão do real, uma moral e uma estética; veja a epistemologia anarquista de Feyerabend: ela é *cool*. Maio de 1968 em Paris, movimento político escatológico? Revolução *cool* nos costumes, sim senhor. Padres, pensadores, poetas, se vocês quiserem agradar, relaxem.

A era barroca acabou de terminar, e a era intensa também acabará. Enquanto os sociólogos continuam a pesquisar a distribuição dos gostos em função das classes sociais, o próprio chão se desfaz e se faz debaixo dos nossos passos e o céu muda. Ora, tudo isso vai nos dar a chave das nossas dificuldades com a elegia antiga. "O amor e o Ocidente..." Uma coisa nos separa dos elegíacos, assim como dos petrarquistas: a estética moderna da intensidade impôs, à figura do amor na literatura e também na vida privada de muitos literatos, uma ética nova da paixão que seria surpreendente para Propércio ou Petrarca: o amor é apreciado por si mesmo e não mais por seu objeto ou em relação ao sujeito que o sente.

A grande ideia dos modernos é de ordem revolucionária: os terrenos extremos são os mais verdadeiros; a escalada que foi a Revolução Francesa de 1789 a 1794 talvez tenha servido de esquema para esse radicalismo. O que será, por exemplo, o "mal do século"? Nostalgia de uma experiência autêntica, porque extrema, que finalmente tira o homem e o artista da banalidade dos dias; "levantai-vos, tempestades desejadas", "leva-me, tempestuoso aquilão", *wild west wind, lift me as a wave*.* Shelley e Byron viam intensidade apenas na poesia, no amor e na política militante; com essa trinca, eles criaram um modelo de vida de escritor que ainda é atual.

Porque um poeta moderno deve representar no palco apenas o que ele vive nas ruas. Essa é uma novidade surpreendente. Quando Propércio escreveu: "Meu talento vem apenas da mulher que amo" (II, 1), ele entendia comicamente que seus amores deviam ser considerados *Amores* de papel, e que em seus versos ele se atribuía uma biografia fictícia de apaixonado poeta; supunha-se que o poeta era o que cantava e, quando os gramáticos antigos revelavam que Cíntia era uma tal Hóstia, eles falavam como pernósticos ingênuos e pomposos: tomavam o papel cênico ao pé da letra e erigiam a biografia fictícia em biografia real, porque a única roupa que um poeta pode vestir dignamente é seu traje de cena. Com o romantismo, ao contrário, o poeta começa a representar em trajes de passeio e deve cantar o que ele é. Esta é a inspiração segundo Lamartine:

---

* Trad.: "Selvagem vento oeste, levanta-me como uma onda." (N. T.)

> *Pour tout peindre, il faut tout sentir* [...]
> *Et l'on accuse notre vie!*
> *Mais ce flambeau qu'on nous envie*
> *S'allume au feu des passions.**

Mais ainda: o poeta torna-se vedete, exemplo (em Roma, esse papel era dos homens políticos, um Catão ou qualquer outro senador, e dos filósofos); o que se sabia dos amores e do heroísmo de Byron, da paixão de um Musset, tornava-se uma espécie de literatura oral, paralela a suas obras escritas. Nenhum escritor romano teve esse tipo de vida exemplar.

A paixão é, para os modernos, uma das experiências mais elevadas que um homem pode ter, porque é uma das mais intensas e a intensidade é o valor mais elevado da vida e da arte. Uma "experiência": a paixão é vivida por si mesma e vale por si mesma; ela não se explica nem se justifica pelo objeto amado para o qual se inclina. A mulher amada se torna parceira dessa experiência que só depende dela partilhar e que justificará sua má conduta. Não adiantou nada santo Agostinho dizer que na adolescência ele "era apaixonado pelo amor": ele entendia com isso que queria ter podido amar e descobrir um objeto digno de seu amor, mas não tinha conseguido descobri-lo; esse objeto será Deus. Já Fabrice del Dongo passou a juventude tentando se apaixonar para viver emoções, com a esperança de finalmente conhecer esse "sombrio furor" que tanto louvavam. Ora, a intensidade só é conhecida de dentro: a experiência que cada um tem dela é uma nova descoberta da América.

Para Dante ou Petrarca, ao contrário, o amor valia, muito classicamente, pelo objeto para o qual ele se inclinava, e ele valia o que valia esse objeto; a paixão valia tão pouco como

---

* Trad.: "Para tudo retratar, é preciso tudo sentir [...]/ E acusam nossa vida!/ Mas essa chama que nos invejam/ Acende-se no fogo das paixões" ("L'enthusiasme", de Alphonse de Lamartine). (N. T.)

experiência para eles que permanecia platônica, como para não dispersar o fascínio exercido pelo objeto. O que importava era a mulher amada, cujo valor era tão elevado que facilmente essa criatura se tornava o símbolo do objeto supremo de todo amor, Deus, que "move o sol e as outras estrelas", assim como todas as almas, unicamente por sua existência e pela atração que esta exercia. Assim, a mulher amada era uma dama, respeitável e respeitada; sua pessoa justificava uma paixão que ela inspirava sem compartilhá-la e não a teria justificado. Os poetas, mesmo quando eram nobres, podiam suspirar em vão sem parecer ridículos. Não menos que a atitude moderna, embora de outra maneira, essa é uma erótica que vai fundo em suas afirmações e não brinca em serviço.

Na Grécia e em Roma, não é assim: a paixão não tem valor ético. É legítimo que Catulo escreva versos sinceros sobre a morte de seu irmão, porque a família é sagrada; erraríamos se deduzíssemos disso que seus versos de amor são não menos autobiográficos ou, ao menos, apresentam-se como tais: para os leitores de Catulo, ele apenas imita o ciumento e representa o papel dele em seu próprio nome. A paixão amorosa não era concebida nem como uma experiência nem em relação ao objeto amado, mas em relação ao sujeito que a sente. E esse sujeito deve se proteger dela, se tem algum "cuidado de si", se se preocupa com sua paz de espírito, com sua autarcia; a sabedoria visava à felicidade pela autarcia e à autarcia por uma mitigação. É por isso que a arte antiga tem tão pouco abandono. Num belo estudo sobre Corrège, Alois Riegl observa que a arte greco-romana representava o indivíduo em estado de tensão ou, no máximo, de neutralidade e desconhecia o sorriso, as graciosidades, as delícias e todos os belos momentos do Renascimento; a elegia e quase toda a poesia amorosa antiga também os desconhecia.

Se o indivíduo se deixar vencer em sua luta contra a tirania da paixão, ele será apenas um escravo que chamará de "Amante" a irregular que se impôs a ele. Portanto, se lhe acontecer essa desgraça, ele não vai se gabar e publicar sua vergonha nas praças públicas: a elegia seria ridícula e absurda, se fosse a confidência verdadeira que, desde o petrarquismo, acredita-se que foi. Mas ela é insincera, é escrita para divertir, é um paradoxo divertido que fala de uma desgraça como se fosse uma ilustração e de uma irregular como se fosse um ser adorável. Ficção humorística do mundo de cabeça para baixo. Leem a elegia os que gostam de ouvir falar de amor e prazer; ela exalta o amor (senão por que ela falaria dele?) e seu humor permite que ela satisfaça a imaginação e cultive o paradoxo; isso explica o longo contrassenso cometido contra a sua verdadeira natureza. Tudo se esclarece quando compreendemos que o único meio que o paganismo teve para exaltar a paixão e a volúpia foi fingir que a exaltava por brincadeira e os leitores antigos tinham uma satisfação, real ou imaginária, apenas tímida e como que envergonhada. O imaginário e o real também eram mutilados; e, como diz René Char, o real não sendo menos imaginário e arbitrário que sua imagem:

> La plaie qui rampe au miroir
> *Est maîtresse des deux bouges.**

---

* Trad.: *"A chaga que rasteja no espelho/* É amante dos dois bojos" ("Les trois soeurs", de René Char). (N. T.)

Índice dos poemas comentados

CALÍMACO   *Segundo hino*: p.40-43

CATULO   II: p.107-109
VIII: p.65-67, 305-306
LI: p.101, 273-274
LXX: p.108-109, n.37

RENÉ CHAR   p.310-312

OVÍDIO   *Amores*, I, 2: p.100
Pônticas, III, 3, 49 et seq.: p.128-136
Tristes, II, 245 et seq.: p.128-136

PLAUTO   *Cistellaria*, 22-41: p.137-140

PROPÉRCIO   I, 1: p.97, n.11, 236-245, 287, n.28
I, 3: p.75, n.22, 94, 102
I, 7: p.194
I, 14: p.18-19
I, 18: p.23-26
I, 19: p.26-27

II, 7: p.164
II, 8: p.59
II, 9, verso 51: p.60-61
II, 15: p.272-280
II, 18: p.77-79
II, 25: p.230-233
II, 28: p.13-16
III, 34 A: p.16-17

III, 11: p.284
III, 15: p.20-23
III, 16, verso 9: p.93-94
III, 19: p.217-219
III, 20: p.103-105
III, 25: p.11-12, 82-83

IV, 5: p.114-115, 264
IV, 7: p.89-90, 114-115
IV, 8: p.88-90

TIBULO   I, 1: p.64, 190-191, 253-257
I, 2: p.81, 86-87
I, 3: p.50-52, 70-76
I, 10: p.273

II, 6: p.260-261

VIRGÍLIO   *Quarta Bucólica:* p.44-50
Décima Bucólica: p.185-187
Eneida, I, I: p.237-238

Referências bibliográficas

ABEL, W. *Die Anredeformen bei den römischen Elegikern*. Diss., Berlin, 1930.

AGOSTINHO, santo. *Confissões*.

_____. *Contra julianum*.

ALFÖLDY, G. Die Freilassung von Sklaven und die Struktur der Sklaverei in der römischen Kaiserzeit. *Rivista Storica Dell'Antichità*, 2, 1972. Ed. aum. in: SCHNEIDER, H. (Hrsg.). *Sozial- und Wirtschaftsgeschichte der römischen Kaiserzeit*. Darmstadt: Wissenschaftliche Buchgesellschaft, 1981.

ALLEN, A. W. Sunt qui Propertium malint. In: SULLIVAN, J. P. *Critical Essays on Roman Literature:* Elegy and Lyrics. London: Routledge, 1962. v.1.

_____. Sincerity and the Roman Elegist. *Classical Philology*, XLV, 1950.

_____. *Yale Classical Studies*, XI, 1950.

ANDERSON, R. D.; PARSONS, P. J.; NISBET, R. G. M. Elegics by Gallus from Qasr Ibrîm. *Journal of Roman Studies*, LXIX, 1979.

ANDRÉ, J. *L'alimentation et la cuisine à Roma*. Paris: Les Belles Lettres, 1981.

_____. *Étude sur les termes de couleur dans la langue latine*. Gap: Imprimerie Louis-Jean, 1949.

ANDRÉ, J.-M. Les élégiaques romains et le statut de la femme. In: THILL, A. (Éd.). *L'élégie romaine: enracinement, thèmes, diffusion*.

Mulhouse, 1979. Actes du Colloque International, Faculté des Lettres de Mulhouse, X, 1979.

ANNÉE ÉPIGRAPHIQUE, 1978, 145; 1974, 618; 1971, 88, II, 11-4; 1971, 88, II, 19; 1969-1970, 160; 1956, 77; 1930, 53; 1913, 88.

ANTÍFANES. Fr. 191.

ANTOLOGIA PALATINA, V.

APIANO. *Guerras civies.*

APULEIO. *Apologia.*

_____. *Metamorfoses*, X.

ARISTÓFANES. *Pluto.*

ARISTÓTELES. *Poética.*

_____. *Política.*

ASCLEPÍADES. *Antologia*, VII.

ATENEU, XIII.

AUERBACH, E. *Mimésis.* Paris: Gallimard, 1969.

AULO GÉLIO, XVII, IX, IV, VII.

BAIL, R. J. *The structure of Tibullus' Elegies.* New York: Columbia University, 1971.

BANDINELLI, B. *Rome:* le centre du pouvoir. Paris: Gallimard, 1969. Coll. "L'Univers des Formes".

BERGSON, H. *Les deux sources de la morale et de la religion.* Paris: F. Alcan, 1932.

BLÜMNER, H. *Die römischen Privataltertümer.* München: Beck, 1911.

BOLL, F.; BEZOLD, C.; GUNDEL, W. *Sternglaube und Sterndeutung*: die Geschichte und das Wesen der Astrologie. 5. Aufl. Darmstadt: Wissenschaftliche Buchgesellschaft, 1966.

BOUCHER, J.-P. *Caius Cornelius Gallus.* Paris: Les Belles Lettres, 1966.

_____. *Études sur Properce: problémes d'inspiration et d'art.* Paris: De Boccard, 1965.

BOURDIEU, P. *La distinction, critique sociale du jugement.* Paris: Minuit, 1979.

BOYANCÉ, P. *Properce. Entretiens sur l'Antiquité Classique.* Genève: Fondation Hardt, II, 1956.

BRÉGUET, E. Le thème "alius-ego" chez les poetas latins. *Revue des Études Latines*, XL, 1962.

BRIGHT, D. F. *Haec mihi fingebam:* Tibulis in his World. Leyde: Brill Academic, 1978.

BROOKS, O. *Harvard Studies in Classical Philology*, 1965.

BRUNT, P. A. *Italian Manpower 225 HC-AD 14.* Oxford: Clarendon Press, 1971.

BUECHELER, F. *Carmina epigraphica*. Lipsiae: Teubner, 1895.

_____; LOMMATZSCH, E. *Supplementum*. Lipsiae: Teubneri, 1895-1926. 3v.

BURCK, E. Römische Wesenszüge der Liebeselegie. *Hermes*, LXXX, 2, 1952.

BUTLER, H.; BARBER, E. (Ed.). *The elegies of Propertius*. Hildesheim: Olms, 1964.

CAIRNS, F. *Tibullus:* A Hellenistic Poet at Roma. London: Cambridge University Press, 1979.

CALÍMACO, *Hinos*.

CARCOPINO, J. *Revue de Philologie*, 1946.

CARITON, III.

CATULO. II, VI, VIII, XVI, LI, LXIV, LXII, LXVIIIB, LXX, LXXVI, LXXIII, CVII.

CHUANG-TZU. *L'oeuvre complète de Tchouang-tseu*. Trad. Kia Hway. Paris: Gallimard, 1969.

CÍCERO. *Ad Atticum*.

_____. *Ad familiares*.

_____. *Ad Quintum fratrem*.

_____. *Brutus*.

_____. *Catilina*.

_____. *De oratore*.

_____. *Hortensius*.

_____. *Pro Caelio*.

_____. *Tusculanas*.

_____. *Verrinas*.

CÓDIGO JUSTINIANO, VI, VII.

COMMUNICATIONS, n.35, 1982.

COPLEY, F. O. *Exclusus amator*. Oxford: Blackwell, 1956.

CORBETT, P. E. *The Roman Law of Marriage*. Oxford: Clarendon Press, 1930.

CORNÉLIO NEPOS. *Atticus*.

CORPUS INSCRIPTIONUM LATINARUM (C.I.L.). Berlin: Berlin--Brandenburgische Akademie der Wissenschaften, I (2.Aufl.), V, VI, X, XIII. Index VI.

CROCE, Benedetto. *Poesia antica e moderna*. Bari: Laterza, 1950.

CROME, J. F. *Spinnende Hetairen?* Heidelberg: C. Winter, 1966. Séries *Gymnasium*.

DANIEL, R. W. Libéral Education and Semiliteracy in Petronius. *Zeitschrift für Papyrologie und Epigraphik*, XL, 1980.

DAVIAULT, A. (Éd.). *Comoedia togata: fragments*. Paris: Les Belles Lettres, 1981.

DAY, A. *The Origins of Latin Love-Elegy*. Oxford: Blackwell, 1938.

DE FRANCISCIS, A. *Gli affreschi pompeiani nella villa di Oplonti*. [s.l.: s.n.], 1975.

DEROUX, C. L'identité de Lesbie. *Aufstieg und Niedergang der Römischen Welt*, I, 3, 1973.

DESSAU, H. n.1519, 2049, 8219

DIBELIUS, M. *Die Formgeschichte des Evangeliums*. Tübingen: Mohr, 1971.

DIGESTO.

DIÓGENES LAÉRCIO, VI.

DION CÁSSIO, XLVII, LIII, LVII.

DION DE PRUSA, VII.

DIOSCÓRIDES. *Antologia*, V, 137-8.

DITTENBERGER, W. *Sylloge*. Lipsiae: S. Hirzelium, 1883.

DOBIAS-LALOU, C. *Revue des Études Grecques*, 1982.

DÖLGER, F. J. *Antike und Christentum*, VI, 4, 1950.

DU BELLAY, J. *Les regrets*. Paris: Robert Laffont, 1958.

DUCROT, O. *Dire et ne pas dire:* principes de sémantique linguistique. 2.ed. Paris: Hermann, 1980.

_____; TODOROV, T. *Dictionnaire encyclopédique des sciences du langage*. Paris: Le Seuil, 1972.

EISENHUT, W. *Deducere carmen:* ein Beitrag zum Problem der literar. Beziehungen zwischen Horaz und Properz. In: RADKE, G. *Gedenkschrift für Georg Rohde*. Tübingen: Max Niemeyer, 1961.

ERBSE, H. *Hermes*, LXXXIII, 1955.

ESPÉRANDIEU, E. *Reliefs*. Paris: PUF, 1966 e 1981.

ÉSQUILO. *Agamemnon*.

ESTÁCIO. *Aquileida*.

_____. *Silvae*.

EURÍPIDES. *Orestes*.

FABRE, G. *Libertus:* recherches sur les rapports patron-affranchi à la fin de la République romaine. Rome: École Française de Rome, 1981.

FERGUSON, J. *A Companion to Greek Tragedy*. Austin: University of Texas Press, 1972.

FLÁVIO JOSEFO. *Antiguidades judaicas*.

_____. *Autobiografia*.

_____. *Bellum judaicum*.

FRAENKEL, E. *Horace*. Oxford: Oxford University Press, 1966.

_____. *Elementi plautini in Plauto*. Fizenre: La Nuova Italia, 1960.

FRÄNKEL, H. *Early Greek Poetry and Philosophy*. Oxford: Blackwell, 1975.

_____. *Ovid:* ein Dichter zwischen zwei Welten. Darmstadt: Wissenschaftliche Buchgesellschaft, 1970.

_____. *Wege und Formen frühgriech. Denkens*, 2. Aufl. München: Beck, 1960.

FREUD, S. *Trois essais sur la théorie de la sexualité*. Paris: Gallimard, 1962.

FRIEDLÄNDER, L. *Darstellungen aus der Sittengeschichte Roms*. 9. Aufl. Leipzig: Hirzel, 1919. v.1

FRIEDRICH, H. *Structures de la poésie moderne*. Trad. Michel-François Demet. Paris: Gonthier, 1976.

FRITZ, K. von. *Antike und moderne Tragödie*. Berlin: De Gruyter, 1962.

_____. *Studium Generale*, 1955.

FRYE, N. *Anatomie de la critique*. Trad. Guy Durand. Paris: Gallimard, 1969.

FUZIER, J. *Les sonnets de Shakespeare*. Paris: Armand Colin, 1970.

GALENO, *Opera*. Ed. Karl Gottlob Kühn. Leipzig: Car. Cnoblochii, 1824. v.8.

GALLETIER, E. *Étude sur la poésie funéraire romaine d'après les inscriptions*. Paris: Hachette, 1922.

GATZ, B. *Weltalter, goldene Zeit und sinnverwandte Vorstellungen*. Hildesheim: G. Olms, 1967.

GENETTE, G. *Palimpsestes:* la littérature au second degré. Paris: Le Seuil, 1982. Coll. "Poétique".

_____. *Introduction à l'architexte*. Paris: Le Seuil, 1979. Coll. "Poétique".

_____. *Figures III*. Paris: Le Seuil, 1972.

GIGANTE, M. *Civiltà delle forme letterarie nell' antica Pompei*. Napoli: Bibliopolis, 1979.

GOUDINEAU, C. *Histoire de la France urbaine*. Dir. Georges Duby. Paris: Le Seuil, 1980. v.1.

_____. *Les fouilles de la Maison du Dauphin:* recherches sur la romanisation de Vaison-la-Romaine. Paris: CNRS, 1979. v.1.

GRIFFIN, J. Propertius and Antony. *Journal of Roman Studies*, LXVII, 1977.

_____. Augustan Poetry and the Life of Luxury. *Journal of Roman Studies*, LXVI, 1976.

GROETHUYSEN, B. *Anthropologie philosophique*. Paris: Gallimard, 1953.

GUARDUCCI, M. *Domus Musae:* epigrafi greche e latine in un'antica casa di Assisi. *Atti della Accademia Nazionale dei Lincei, Memorie*, XXIII, 1979, fasc. 3.

GUILLEMIN, A.-M. Properce, de Cynthie aux poèmes romains. *Revue des Études Latines*, XXVIII, 1950.

GUILLEMIN, A.-M. L'élément humain dans l'élégie latine. *Revue des Études Latines*, XVIII, 1940.

HADOT, P. *Exercices spirituels et philosophie antique*. Paris: Études Augustiniennes, 1981.

_____. Patristique latine. In: École Pratique des Hautes Études (Éd.). *Problèmes et méthodes d'histoire des religion*. Paris: PUF, 1968.

_____. De Tertullien à Boèce: le développement de la notion de personne. In: MEYERSON, I. (Éd.). *Problèmes de la personne: exposés et discussions*. Paris, 1960. Colloque de Royaumont sur la Personne. Paris: Minuit, 1960.

HAFFTER, H. Das Gedichtbuch als dichterische Aussage. In: ABLEITINGER, D.; GUGEL. G. (Hrsg.) *Festschrift Karl Vretska, zum 70.* Heidelberg: Carl Winter, 1970.

HÄUSLE, H. *Das Denkmal als Garant des Nachruhms*. München: Beck, 1980.

HEILER, F. *La prière*. Trad. Étienne Kruger e Jacques Marty. Paris: Payot, 1931. (Trad. de *Dos Gebet*, 5. Aufl. München: E. Reinhardt, 1923.)

HENRICHS, A. (Hrsg.). *Die Phoinikika des Lollianos*. Bonn: R. Habelt, 1972.

HERMESIANATO. *Elegias*.

HERTER, H. *Kleine Schriften*. München: W. Fink, 1975.

HOCKE, G. R. *Manierismus in der Literatur*. Hamburg: Rowohlt, 1959.

_____. *Die Welt als Labyrinth:* Manier und Manie in der europäischen Kunst. Hamburg: Rowohlt, 1957.

HOEKSTRA, A. The Absence of the Aeginetans: On the Interpretation of Pindar's Sixth Paean. *Mnemosyne*, XV, 1962.

HOLTHEIDE, B. *Zeitschrift für Papyrologie und Epigraphik*, XXXVIII, 1980.

HOMERO. *Ilíada*.

HOOPER, R. 1975.

HORÁCIO. *Epístolas*.

_____. *Odes*.

_____. *Sátiras*.

HUBBARD, M. *Propertius*. London: Duckworth, 1974.

HUGO, V. *Les rayons et les ombres*. Paris: Charpentier, 1841.

INSCRIPTIONES GRAECAE AD RES ROMANAS PERTINENTES. Paris: Ernest Leroux, 1901-1927. v.I, III, IV.

ISER, W. *Der implizite Leser*. München: Fink, 1972.

JACHMANN, G. Eine Elegie des Properz: ein Überlieferungsschicksal. *Rheinisches Muséum*, LXXXIV, 1935.

JAEGER, W. *Paideia*. 3. Aufl. Berlin: De Gruyter, 1959. v.1

JAUSS, H. R. *Pour une esthétique de la réception*. Trad. Claude Maillard. Paris: Gallimard, 1978.

JERÔNIMO, são. *Adversus jovinianum*. Ed. Jacques Paul Migne. Paris: Garnier, 1883. Patrologia Latina, XXIII.

_____. *Cartas*.

_____. *De viris illustribus*.

JOUGUET, P. *Dédicaces grecques de Médamoud*. Le Caire: Bulletin de l'Institut d'Archéologie Orientale, 1930. v.XXXI.

JUVENAL, VI.

KASER, M. *Römisches Privatrecht*. München: Beck, 1981. v.1.

_____. *Ausgewählte Schriften*. Napoli: Jovene, 1976. v.1.

KERN, O. *Die Inschriften von Magnesia am Maeander*. Berlin: W. Spermann, 1900.

KLEINKNECHT, H. *Die Gebetsparodie in der Antike*. Berlin: Kohlhammer, 1937.

KLINGNER, F. *Hermes*, LXII, 1927.

KNOCHE, U. *Philologus*, XC, 1936.

KOCK, T. (Ed.). *Comicorum atticoum fragmenta*. Lipsiae: Teubneri, 1880-1888. v.2.

KREYSSNER, K. Die bildende Kunst bei Properz. *Würzburger Studien*, XIII, 1938.

KRÖHLING, W. *Die Priamel (Beispielreihurg) als Stilmittel in der griechischen-römischen Dichtung*. Greifswald: J. Abel, 1935.

KROLL, W. *Studien zum Verständnis der römischen Literatur*. Stuttgart: Metzler, 1924.

KUNDERA, M. *La vie est ailleurs*. Paris: Gallimard, 1973.

KURFESS, A. *Sibyllinische Weissagungen*. München: Heimeran, 1951.

LA ROCCA, E.; DE VOS, M.; COARELLI, A. *Guida archeologica di Pompei*. Milano: Mondadori, 1981.

LATOMUS, XL, 1981.

LEMONNIER, H. *Étude historique sur la condition privée des affranchis aux trois premiers siècles de l'Empire romain*. Paris: Hachette, 1887.

LILJA, S. *The Roman Flegists' Attitude to Women*. Helsinki: Suomalainen Tiedeakatemia, 1965.

LÍSIAS. *Olympikos*.

LOTMAN, I. *La structure du texte artistique*. Paris: Gallimard, 1973.

LUCRÉCIO. *De natura rerum*, IV.

LURIA, S. Herondas' Kampf für die veristische Kunst. In: ROSTAGNI, A. *Miscellanea di studi alessandrini in memoria a A. Rostagni*. Torino: Bottega d'Erasmo, 1963.

LÜTHI, M. *Shakespeares Dramen*. Berlin: De Gruyter, 1957.

MACRÓBIO, *Saturnálias*.

MANILIUS, IV.

MARCIAL, II, III, IV, VI, VII, IX, XI, XIV.

MARCIAL. *Epigrammaton Libro*. Hrsg. Ludwig Friedländer. Leipzig: Hirzel, 1886.

MARQUARDT, J. *Das Privatleben der Römer*. Darmstadt: Wissenschaftliche Buchges, 1980. v.2.

MARTIN, R. La vie sexuelle des esclaves d'après les *Dialogues rustiques* de Varron. In: COLLART, J. (Éd.). *Varron:* grammaire antique et stylistique latine. Paris: Les Belles Lettres, 1978.

_____; GAILLARD, J. *Les genres littéraires à Rome*. Paris: Scodel, 1981. v.2.

MELEAGRO. *Antologia*, XII.

MERKELBACH, R. Safo und ihr Kreis. *Philologus*, C., 1957.

_____. *Zeitschrift für Papyrologie und Epigraphik*, 1968.

MISCH, G. *Geschichte der Autobiographie*. 3. Aufl. Bern: Francke, 1949. v.1.

MOMMSEN, T. *Römisches Strafrecht*. München: Beck, 1982.

MOREAU, P. *Clodiana religio*. Paris: Les Belles Lettres, 1982.

NELLI, R.; LAVAUD, R. *Les troubadours*. Paris: Desclée De Brouwer, 1960. Coll. "Bibliothèque Européenne", v.2.

NEWMAN, J. K. *Augustus and the New Poetry*. Bruxelles-Berchem: Latomus, 1967.

NIETZSCHE, F. *Humain, trop humain*. Paris: Gallimard, 1968.

_____. *Philosophenbuch*. Stuttgart, Kröner, s.d. v.10.

NILSSON, M. *The Dionysiac Mysteries of the Hellenistic and Roman Age*. Lund: C. W. K. Gleerup, 1957.

NOCK, A. D. *Essays*. Oxford: Clarendon Press, 1972. v.1.

NORDEN, E. *Kleine Schriften zum klassischen Altertum*. Ed. B. Kylzler. Berlin: De Gruyter, 1966.

_____. *Agnostos Theos*. Leipzig: Teubner, 1929.

ORIBÁSIO, VI.

ORIBÁSIO. *Oeuvres complètes*. Trad. Ulco C. Bussemaker et Charler Daremberg. Paris: Imprimerie Nationale, 1851. v.1.

OTIS, B. *Harvard Studies in Classical Philology*, LXX, 1965.

OVÍDIO. *Amores*.

_____. *Ars amatoria*. Hrsg. Paul Brandt. Leipzig: Dieterich, 1902.

_____. *Heroides*.

_____. *Pônticas*.

_____. *Remedia amores*.

_____. *Tristes*.

OXFORD LATIN DICTIONARY. Oxford: Oxford University Press, s.d.

PASQUALI, G. *Orazio lirico*. Firenze: F. Le Monnier, 1966.

PASSERON, J.-C. Preface. In: CHEVALDONNÉ, F. *Communication iné-gale*. Paris: CNRS, 1981.

PAULO. *Sentenças*.

PEREZ, M. *Charles Trenet*. 2. éd. Paris: Seghers, 1979.

PETRÔNIO. *Satiricon*.

PICHON, R. *Index verborum amatorius*. Hildesheim: Georg Olms, 1966.

_____. *De sermone amatorio apud elegiarum scriptores*. Paris: Hachette, 1902.

PÍNDARO. *Nona Olímpica*.

_____. *Pítica*.

PLASSARD, J. *Le concubinat romain*. Paris: Sirey, 1921.

PLATÃO. *Leis*.

PLAUTO. *Captivi*.

_____. *Casina*.

_____. *Cistellaria*.

_____. *Curculio*.

_____. *Pseudolus*.

_____. *Stichus*

_____. *Mercator*.

_____. *Miles Gloriosus*.

PLÍNIO, o Antigo. *História natural*, XXXIII.

PLÍNIO, o Jovem. *Cartas*.

_____. *Panegírico*.

PLUTARCO. *Lúculo*.

_____. *Moralia*.

_____. *Quomodo adulescens poetas*.

POLÍBIO, III.

POUND, E. *Quia pauper amavi*: Homage to Sextus Propertius (1919). In: _____. *Selected Poems of Ezra Pound*. New York: New Directions Books, 1957.

POWELL, J. U. (Ed.) *Collectanea Alexandrina*. Oxford: Claredon Press, 1925.

PRESTON, K. *Studies in the Diction of the Sermo Amatorius in Roman Comedy*. Dissertation, Doctor of Philosophy. Chicago, 1916.

PROPÉRCIO. *Elegias*.

PSEUDO-DEMÓSTENES. *Contra Neera*.

PSEUDO-QUINTILIANO. *Declamationes minores*. Hrsg. C. Ritter. Leipzig: Teubner, 1884.

PYNE, B.; SURRIDGE, A. *The Oxyrhinchus Papyri*. London: London Egypt Exploration Society, 1920. v.14.

QUINTILIANO, I, V, VI, VII, VIII, X.

RAWSON, B. Roman Concubinage and Other De Facto Marnages. *Transactions of the American Philosophical Association*, CIV, 1974.

_____. Family Life among the Lower Classes at Rome in the First Two Centuries. *Classical Philology*, LXI, 1966.

REITZENSTEIN, E. Wirklichkeitsbild und Gefühlsentwicklung bei Properz. *Philologus*, supl. XXIX, 2, 1936.

REITZENSTEIN, R. *Hellenistische Wundererzählungen*. Leipzig: Teubner, 1906.

REVUE DE PHILOLOGIE, LIV, 1980.

REVUE DES ÉTUDES ANCIENNES, LIV, 1952.

RIBBECK, O. (Hrsg.). *Scaenicae Romanorum Poesis Fragmenta*. Leipzig: Teubneri, 1873.

RICHTER, G. Was Roman Art of the First Centuries B.C. and A.C. Classicizing? *Journal of Roman Studies*, XLVIII, 1958.

RIFFATERRE, M. *La production du texte*. Paris: Le Seuil, 1979. Coll. "Poétique".

RIG VEDA. Trad. Louis Renou. Paris: Gallimard, 1956.

ROBERT, J.; ROBERT, L. *Revue des Études Grecques*.

ROSS, D. O. *Backgrounds of Augustan Poetry*. London: Cambridge University Press, 1975.

ROSSIAUD, J. La prostitution dans les villes françaises au XVe siècle. *Communications*, n.35, 1982.

ROSTAGNI, A. L'influenza grega sulle origini dell' elegia erotica latina. *Entretiens sur l'Antiquité Classique*. Genève: Fondation Hardt, II, 1956.

_____. A. *Poeti alessandrini*. Turin: Bocca, 1916.

Rothstein, M. *Philologus*, LIX, 1900.

SALÚSTIO. *Catilina*.

_____. *Jugurta*, XCV, 3

SCARRON. *Roman comique*.

SCHMID, U. *Die Priamel der Werte im Griechischen von Homer bis Paulus*. Wiesbaden: Harrassowitz, 1964.

SCHUSTER, M. *Tibull-Studien*. Wien: Hölder-Pichler-Tempsky, 1930.

SÊNECA. *A Lucílio*.

_____. *Ad Helviam*.

_____. *Ad Marciam*.

_____. *Apocoloquintose*.

_____. *De beneficiis*.

SÊNECA. *Fedra.*

_____. *Hércules no Eta.*

_____. *Troianas.*

SILIUS ITALICUS, IX.

SEMONIDES DE AMORGOS, Fr. VII.

SISANI, S. *Guide Archeologiche Laterza:* Umbria, Marche. Roma: Laterza, 1980. v.4.

SOLMSEN, F. Propertius and Horace. *Classical Philology*, XLIII, 2, 1948.

SORANO. *Les maladies des femmes.* Ed. Dietz.

SPIES, A. *Militat omnis amans:* ein Beitrag zur Bildersprache der antiken Erotik. Diss., Tübingen, 1930.

SPITZER, L. *Études de style.* Trad. Alain Coulon, Michel Foucault e Éliane Kaufholz. Paris: Gallimard, 1980.

STRIEDTER, J.; STEMPEL, W.-D.; KOSNY, W. *Texte der russischen Formalisten.* München: W. Fink, 1969. Band 1.

SUETÔNIO. *Augusto.*

_____. *Calígula.*

_____. *César.*

_____. *Domiciano.*

_____. *Nero.*

_____. *Otão.*

_____. *Tibério.*

_____. *Vespasiano.*

SULLIVAN, J.-P. *Propertius:* A Critical Introduction. Cambridge: Cambridge University Press, 1976.

SYME, R. *The Roman Revolution.* Oxford: Oxford University Press, 1980.

_____. *History in Ovid.* Oxford: Oxford University Press, 1979.

_____. *Sallust.* Berkeley: University of California Press, 1974.

TÁCITO. *Anais*, I, II, III, IV, VI, XI, XIII.

_____. *Germania*, XX.

_____. *Histórias*, I, III, IV.

TARN, W. W. Alexander Helios and the Golden Age. *Journal of Roman Studies*, XXII, 1932.

TERTULIANO. *Ad uxorem.*

_____. *De cultu feminarum.*

_____. *De pudicitia.*

_____. *De virginibus velandis.*

THIBAUDET, A. *Histoire de la littérature française de 1789 à nos jours.* Paris: Stock, 1936.

TIBULO. *Elegias*, I, II, III.

TIBULO. *Elegiarum*, I. Éd. Jacques André. Paris: PUF, 1965.

_____. *Carmina quae exstant omnia*. Ed. Christian Gottlob Heyne et Ernest Karl Friedrich Wunderlich, Augustae Taurinorum: Ex typis viduae Pomba et filiorum, 1821.

TODOROV, T. *Mikhail Bakhtine: le principe dialogique*. Paris: Le Seuil, 1981.

_____. *Théorie de la littérature:* textes des formalistes russes. Paris: Le Seuil, 1966. Coll. "Tel Quel".

TUCÍDIDES, VI.

TURCAN, R. *Latomus*, 1965.

ULPIANO. *Regulae*, V.

VALÉRIO MÁXIMO, VI, VIII.

VELLEIUS PATERCULUS, II.

VEYNE, P. *Le pain et le cirque*. Paris: Le Seuil, 1976. Coll. "Univers Historique". [Ed. bras.: *Pão e circo*. São Paulo: Unesp, 2015.]

_____. Le folklore à Rome et les droits de la conscience publique sur la conduite individuelle. *Latomus*, n.42, 1983.

_____. Critique d'une systématisation: les *Lois* de Platon et la réalité. *Annales, Économies, Sociétés*, v.37, n.5-6, 1982.

_____. *Revue de Philologie*, 1980.

_____. *Diogène*, n.106, 1979.

_____. *Annales de la Faculté des Lettres d'Aix*, XLIII, 1968.

_____. *Revue des Études Anciennes*, XLVI, 1964.

VILLE, G. *La gladiature en Occident:* des origines à la mort de Domitien. Rome: École Française de Rome, 1982.

VIRGÍLIO. *Appendix vergiliana:* Ciris.

_____. *Appendix vergiliana:* Culex.

_____. *Bucólicas.*

_____. *Catalecta.*

_____. *Eneida.*

_____. *Geórgicas.*

VRETSKA, K. *Tibull's Paraklausithyron. Wiener Studien*, LXVIII, 1955.

WEAVER, P. R. C. *Familia Caesaris*. London: Cambridge University Press, 1972.

WEINREICH, O. *Ausgewählte Schriften*. Amsterdam: Grüner, 1969-1979. Band 1, 3.

_____. *Hermes*, LXVII, 1932.

WEINREICH, O. Gebet und Wunder, II: Türoffnung in Wunder. In: FOCKE, F. et al. *Genethliakon Wilhelm Schmid*. Stuttgart: W. Kohlhammer, 1929.

_____. *Hermes*, LVI, 1921.

WELLEK, R.; WARREN, A. *Théorie littéraire*. Paris: Le Seuil, 1971. Coll. "Poétique".

WHEELER, A. L. Erotic Teaching in Roman Elegy. *Classical Philology*, Jan. 1911.

_____. Propertius as Praeceptor Amoris. *Classical Philology*, 5, 1, 1910.

WILAMOWITZ-MOELLENDORFF, U. von. *Hellenistische Dichtung*. Zurich: Weidmann, 1973. Band 2.

_____. *Der Glaube der Hellenen*. Berlin: Weidmannsche Buchhandlung, 1931-1932. Band 1.

WILI, W. Die literarischen Bezichungen des Properz zu Horaz. In: BOESCH, H. et al. *Festschrift für Edouard Tièche*. Berne: H. Lang, 1947.

WILINSKI, A. Zur Frage des Latinern ex lege Aelia Sentia. *Zeitschrift der Savigny-Stiftung für Rechtsgeschichte*, LXXX, 1963.

WILLE, G. *Musica romana*. Amsterdam: P. Schippers, 1967.

WILLIAMS, G. *Change and Decline:* Roman Literature in the Early Empire. Berkeley: University of California Press, 1978.

_____. *Tradition and Originality in Roman Poetry*. Oxford: Oxford University Press, 1968.

WIMMEL, W. Tibull und Delia. *Hermes*, XXXVII, 1976.

WISSOWA, G. *Religion und Kultus der Römer*. München: Beck, 1971.

XENOFONTE. *Anábase*.

ZAGAGI, N. *Tradition and Originality in Plautus:* Studies in the Amatory Motifs. Göttingen: Vandenhoeck & Ruprecht, 1980.

SOBRE O LIVRO

Formato: 14 x 21 cm
Mancha: 23 x 39 paicas
Tipografia: Iowan Old Style 10/14
Papel: Off-white 80 g/m² (miolo)
Cartão Supremo 250 g/m² (capa)
1ª edição: 2015

EQUIPE DE REALIZAÇÃO

Capa
Estúdio Bogari

Edição de texto
Silvio Dinardo (Copidesque)
Vivian Miwa Matsushita (Revisão)

Editoração Eletrônica
Sergio Gzeschnik (Diagramação)

Assistência Editorial
Alberto Bononi

Cromosete
Gráfica e editora ltda.
Impressão e acabamento
Rua Uhland, 307
Vila Ema-Cep 03283-000
São Paulo - SP
Tel/Fax: 011 2154-1176
adm@cromosete.com.br